ベトナム北部における貿易港の考古学的研究

――ヴァンドンとフォーヒエンを中心に――

菊池 百里子 著

雄山閣

口絵1　コンタイ島第3地区（左側）とコンドン島（右側）をのぞむ

口絵2　昇竜皇城遺跡出土のベトナム・薄胎白磁

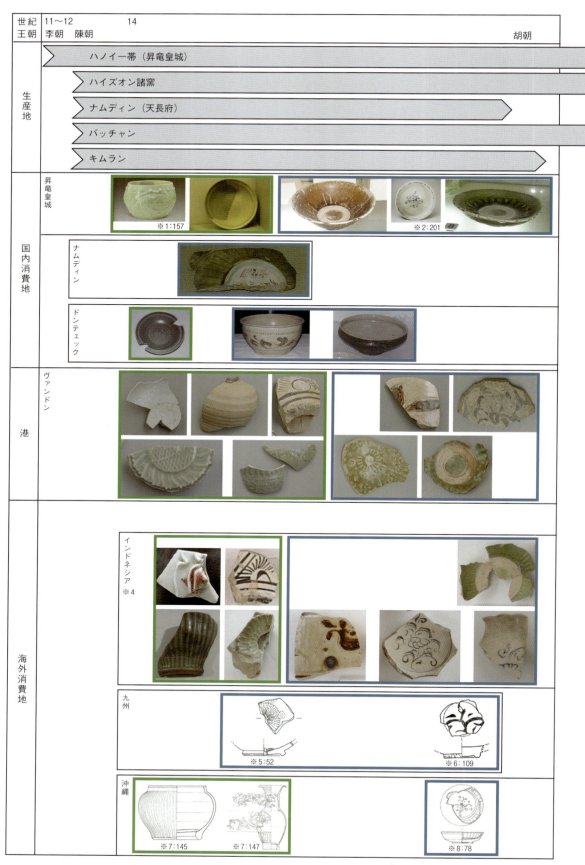

口絵3　ベトナム陶磁器の流通と消費

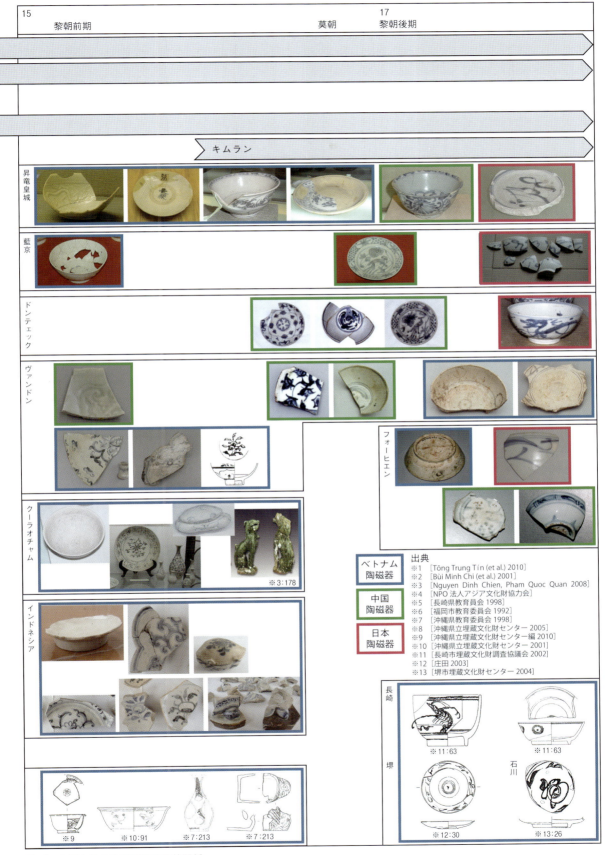

1　コンタイ島第5地区出土　中国・青磁瓶

2　コンタイ島第3地区表採陶磁器

3　コンタイ島第4地区表採ベトナム・青花タイル

4　コンタイ島第3地区表採ベトナム・青花

口絵4　コンタイ島出土遺物

1　ベトナム・青花鉄絵印判手菊花文深皿

2　中国・漳州窯系青花皿

3　中国・徳化窯系青花碗

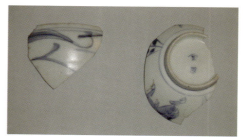
4　日本・肥前染付碗

口絵5　フォーヒエン出土遺物

1　中国・元豊通寶

2　日本・元豊通寶
（長崎貿易銭）

3　ベトナム・順天元寶

4　ベトナム・紹平通寶

口絵6　一括出土銭の銭貨

目　次

序　章 ……………………………………………………… 5
第 1 節　研究の目的と方法 ……………………………… 6
第 2 節　海域アジア史研究への考古学的アプローチ …… 7
第 3 節　研究史 …………………………………………… 10
第 4 節　研究課題 ………………………………………… 20
第 5 節　本書の構成 ……………………………………… 21

第 1 章　大越国における陶磁生産 ……………………… 25
はじめに ………………………………………………… 26
第 1 節　李朝〜明支配期の磁器生産地
　1.　ハノイ一帯　27
　2.　天長府　27
　3.　ヴァンイエン　28
　4.　バッチャン　28
第 2 節　黎朝期の磁器生産地 …………………………… 31
　1.　ナムサック地域　32
　2.　ビンザン地域　32
　3.　フンイエン　35
　4.　旧ハバック省、その他　35
第 3 節　小　結 …………………………………………… 36

第 2 章　ヴァンドン地域における考古学調査 ………… 37
はじめに ………………………………………………… 38
第 1 節　貿易港雲屯 ……………………………………… 38
　1.　史料からみる雲屯　38
　2.　雲屯港跡の考古学研究史　41
第 2 節　クアンニン省ヴァンドン地域 ………………… 42
　1.　概　要　42
　2.　調査の目的と範囲　43

第 3 節　考古学調査結果……………………………………44
　　1．チャーバン島の踏査　44
　　2．クアンラン島の踏査　45
　　3．コンクイ地点の発掘調査　52
　　4．ゴックヴン島の踏査　57
　　5．コンドン島の踏査　57
　　6．コンタイ島の踏査　57
　　7．コンタイ島第3地区地点の発掘調査　65
　　8．コンタイ島第5地区地点の発掘調査　66

第 4 節　小　結……………………………………………76

第 3 章　フォーヒエンの考古学調査……………………81

はじめに………………………………………………………82
第 1 節　フンイエンの概要………………………………82
　　1．現在のフンイエン市　82
　　2．フンイエンの歴史　84
第 2 節　フォーヒエンにおける考古学調査の概要………87
　　1．ホンチャウ地区　87
　　2．クアンチュン地区　90
第 3 節　出土遺物……………………………………………97
　　1．ベトナム陶磁　97
　　2．中国陶磁　105
　　3．日本陶磁　106
　　4．銭　貨　106

第 4 節　小　結……………………………………………107

第 4 章　李朝から陳朝の交易様相………………………109

はじめに………………………………………………………110
第 1 節　李朝期の陶磁器 —昇竜皇城遺跡出土品から—……110
　　1．昇竜皇城遺跡　111
　　2．昇竜皇城遺跡で出土した李朝以前の陶磁器　112

第 2 節　李朝期の交易……………………………………………114
  1．李朝期の港　114
  2．「交趾洋」の交易　116

第 3 節　陳朝王宮で使用されていた陶磁器……………………118
  1．昇竜皇城　118
  2．天長府　119
  3．胡朝城　120
  4．少数民族墓出土の陶磁器　121

第 4 節　海外に運ばれた陳朝陶磁器……………………………123
  1．日本出土の陳朝陶磁器 —沖縄、九州の遺跡を中心に—　123
  2．インドネシア出土の陳朝陶磁器 —マジャパヒト王国の遺跡を中心に—　126

第 5 節　小結 —陳朝期・交易の初期段階—……………………128
  1．陳朝の陶磁器生産　128
  2．陳朝期の貿易港　130
  3．陳朝期の交易活動　133

第 5 章　黎朝前期の交易 …………………………141

はじめに………………………………………………………………142

第 1 節　黎朝王宮で使用されていた陶磁器……………………142
  1．昇竜皇城遺跡　142
  2．藍京遺跡　143

第 2 節　海外に運ばれた黎朝前期の陶磁器……………………144
  1．日本出土黎朝前期の陶磁器　144
  2．ラオス出土の黎朝前期の陶磁器　147
  3．インドネシア出土の黎朝前期の陶磁器　148
  4．フィリピン出土の黎朝前期の陶磁器　150
  5．沈没船から引き揚げられた黎朝前期の陶磁器　151

第 3 節　小結 —黎朝前期・交易の最盛期—……………………154
  1．黎朝前期の陶磁器生産　154
  2．黎朝前期の交易活動　157
  3．黎朝前期の貿易港　161

第6章　黎朝後期の交易様相 …………………………… **167**

はじめに ……………………………………………………………168
第1節　鄭氏政権下で使用されていた陶磁器 ……………………168
　　1.　トンキンで流通していた陶磁器　168
　　2.　藍京遺跡出土の陶磁器　169
　　3.　ドンテェック遺跡出土の陶磁器　170
第2節　海外に運ばれた黎朝後期の陶磁器 ………………………175
　　1.　日本出土の黎朝後期の陶磁器　175
　　2.　東南アジア出土の黎朝後期の陶磁器　178
　　3.　黎朝後期の陶磁器生産と流通　179
第3節　ベトナム北部における銭貨の使用 ………………………181
　　1.　一括出土銭の調査　181
　　2.　陳朝期から明支配期の銭貨　187
　　3.　黎朝前期から莫朝期の銭貨　188
　　4.　黎朝後期の銭貨の使用　193
第4節　小結 ― 輸入品からみた17世紀の交易 ― ………………195
　　1.　黎朝後期の貿易港　195
　　2.　朱印船貿易時代の交易様相　196
　　3.　ヨーロッパ商船の時代　198
　　4.　ヨーロッパ商人の撤退　199

終　章 ………………………………………………………… **207**

はじめに ……………………………………………………………208
　　1.　雲屯港の構造　208
　　2.　中継貿易の場としての雲屯　212
　　3.　黎朝前期の雲屯港の役割　213
　　4.　外国商人の活動と黎朝の対外国人政策　215
まとめ ………………………………………………………………217

おわりに ……………………………………………………………219

引用・参考文献一覧 ………………………………………………223

序　章

序　章

第1節　研究の目的と方法

　南北に細長いS字型をしたベトナム社会主義共和国（以下、ベトナムとする）は、北辺は中華人民共和国（以下、中国とする）、西辺はラオス人民民主共和国（以下、ラオスとする）とカンボジア王国（以下、カンボジアとする）に国境を接する。そして東から南側にかけては長い海岸線がつづき、その距離は北端である中国国境に接するモンカイ（Móng Cái）から、西南端のカンボジア国境に接するハティエン（Hà Tiên）まで、およそ3200kmにたっする（図1）。この、長い海岸線の先にひろがる南シナ海[1]は、中国の秦代から海域アジア[2]において展開された南海交易の舞台となり、また西アジア世界と中国とをむすぶ東西交易、いわゆる「海のシルクロード」の要衝であった。

　ベトナムの海上には、クーラオチャム（Cù Lao Chàm）やコンダオ（Côn Đảo）群島、フークォック（Phú Quốc）島などの島々が浮かび、古くから航海上の目印として、あるいは食糧や真水の補給地として知られていた。同時に、ベトナムの地は人びとが渇望した南海物産の宝庫でもあったため、沿岸部の各地には港が開かれていった。そしてその特産品である生糸や真珠、内陸部の森林生産物である香木などをもとめ、東南アジア各国の商船や中国船が、大航海時代をむかえた近世には日本やヨーロッパの商船が波頭をこえてベトナムの地をめざしていった。ゆえにベトナムは、中国や日本、東南アジア各地の産品も同時に入手することができる地でもあった。とりわけ、海のシルクロードにおける重要な交易品である中国陶磁器の吸引力は絶大なものであった。

　ロバート・フォックス（Robert Fox）は、アジアの9〜16世紀の様相を"Age of Contacts and Trade with the Great Traditions of South and East Asia, particularly South China"とする〔Fox 1970：10〕。このような時代にあって、海域アジアで展開していた交易に、大越国[3]の各王朝はどのように関与していたのだろうか。

　本研究の目的は、海域アジアで広く展開していた交易ネットワークにおける、大越国の

図1　ベトナム主要遺跡分布図

位置づけや役割について、考古遺物として出土する交易品、特に陶磁器や銭貨の生産、流通、消費の各段階に焦点をあてて考察するものである。

考古学研究は物質をあつかう研究であり、とりわけ交易品としての手工業製品は、生産、流通、消費の各段階の遺物の比較研究が重要となってくる。なかでも流通遺跡である港遺跡は生産地と消費地を結ぶ存在であり、また、国内流通と海外流通の結節点でもある。港は生産地から物資があつまり海外に運ばれ、同時に海外の製品が国内外に運ばれる流通の拠点である。そのため、港遺跡から出土する遺物は、国内の生産・輸出状況や海外からの交易品をあきらかにすることができる重要な考古遺跡である。

本研究は、大越国の貿易港である雲屯[4]とフォーヒエン（Phố Hiến）[5]に注目し、その考古学調査の成果によって港の成立から衰退までの歴史、および港としての構造をあきらかにする。そして、その港に運ばれた交易品の生産地の状況と、その交易品が運ばれた消費地の状況や共伴する各国の交易品を比較することで、海域アジアにおける交易ネットワークに大越国の製品が運ばれた背景を考古学的に明らかにする。大越国の交易を論じた論文は多数あるが、本研究は生産と消費をつなぐ存在としての港を軸とし、流通していた交易品から大越国の交易の様相を探る研究であることに特色がある。大越国はこの海上交易ネットワークから何をえていたのか、どの程度の規模で何を交易していたのか、といった交易の様相について時代ごとの特色を導き出す。

現在のベトナムの地には、約一千年にわたる中国の支配から独立し、1009 年に長期政権である李朝が成立した。翌 1010 年に首都を昇竜[6]、現在の首都ハノイ（Hà Nội）に定め、1054 年に国号を大越国とし、1225 年までつづいた。以降、ベトナム北部の地には、陳朝（1225～1400 年）、黎朝前期（1428～1527 年）、莫朝（1527～1592 年）、黎朝後期（1533～1789 年）の各王朝がたち、いずれも国号を大越と自称していた。また、1400 年に胡季犛が陳朝から王権を簒奪してたてた胡朝（1400～1407 年）は国号を大虞国とし、その後、黎朝が再興するまでは明支配期となる。本研究が対象とする地域は、この大越国が支配していたベトナム北部地域とする。

本研究が研究対象とする時代は、大越国が国際貿易港を設置し、海域アジアの交易ネットワークを経由した交易活動を活発化させた 13 世紀から 17 世紀までとする。なお、大越国は黎朝後期になると皇帝は名目的な支配者にすぎず、実権は臣下の武人である鄭氏と広南阮氏[7]に支配されていた。16 世紀中頃になると、広南阮氏はあらたに支配下に組みこまれた中部地域の実権を掌握し、北部の鄭氏政権とは異なる支配体制を敷いて、独自の交易活動を展開していたため、本研究の対象から除く。

第2節　海域アジア史研究への考古学的アプローチ

本研究では、大越国が設置した貿易港の出現と発展の過程を考古学的調査研究からあきらかにす

る。それは、流通遺跡である港遺跡、その港を介してつながる交易品の生産地遺跡と消費地遺跡について、遺跡の年代観や性格、交易品の出土状況や様相の比較から考察するものである。ゆえに筆者は、この研究を達成するためにベトナムや日本、東南アジアの各地で遺跡踏査や発掘調査、資料化作業などの考古学調査をおこなってきた。本書ではその成果を集成し、考察している。

　本書では、調査報告書や研究論文、図録などから引用したものには出典を明記した。出典の明記されていないものは、筆者が製図、撮影をおこなったものである。

　また、ベトナムの文献史学には長年の研究の蓄積があり、本書ではその成果をふまえて、史書『大越史記全書』[8]やオランダ東インド会社（以下、VOCとする）、イギリス東インド会社（以下、EICとする）の商館資料や旅行者の日記などの記述も大いに引用した。考古学は、遺構や遺物から、それらを残した過去の人間の文化を研究する学問であるが、本研究は文字で記された史料が残る歴史時代の考古学研究であり、考古遺跡、遺物の解釈や考察にあたって重要な情報になりうるからである。そしてこれまで主に文献史学によって構築されてきたベトナム史に対し、考古学的方法によって新たな、そしてより具体的な歴史像を提示することが可能となる。なお、筆者にとって原文を読むことが困難なオランダ語やフランス語で書かれた史料については、そののち英語やベトナム語、日本語に翻訳され、出版されたものを引用した。

　以下に、本研究で筆者が実施してきた考古学調査を記す。

ベトナムにおける港遺跡の考古学調査

　ベトナム北部クアンニン（Quảng Ninh）省のヴァンドン地域において雲屯の考古学調査を実施した。ハノイ国家大学（Đại học Quốc gia Hà Nội）やクアンニン省文化課（Sở Văn hóa, tỉnh Quảng Ninh）、ヴァンドン県文化課（Sở Văn hóa, huyện Vân Đồn）と共同で、2002年から2003年にかけて5次にわたり実施してきた。船を使いハロン湾の島々を回り、遺物や遺跡の分布を確認する踏査や、遺構や遺物の存在を確認するための発掘調査、踏査や発掘調査で得られた遺物の実測や写真撮影といった整理作業などをおこなった。同時に、クアンニン省の沿岸部の遺跡において踏査を実施した。踏査したのは、ヴァンニン（Văn Ninh）、イエンフン（Yên Hưng）、ガオザン（Gao Giang）地域の各地点である。

　また、ベトナム北部フンイエン（Hưng Yên）省のフォーヒエンにおいてもハノイ国家大学やフンイエン市文化課（Sở Văn hóa, thành phố Hưng Yên）、フンイエン省博物館（Bảo tàng tỉnh Hưng Yên）と共同で、2000年から2011年の間に4次にわたり遺跡一帯の遺物と碑文の分布調査、発掘調査、遺物整理などを実施した[9]。碑文調査では、年代のわかる碑文の拓本も採取している。

　なお、発掘調査で出土した遺物は、現地ベトナムにおいて、筆者が考古学的手法による遺物の実測、拓本、写真撮影等の資料化をおこない、現在はベトナム各地の省博物館において収蔵、展示されている。

図2　ベトナム北部の遺跡分布

消費地遺跡出土のベトナム陶磁器の考古学調査

　ベトナムや日本、インドネシアなどの消費地遺跡における、過去の調査で出土・表採された陶磁器の調査も実施した。この調査は、おもに各地の発掘調査現場や埋蔵文化財センター、博物館などにおいておこなってきたものであり、現地機関の研究員の方々のご協力によるところが大きい。

　日本の遺跡から出土している考古資料は、精度のたかい発掘調査報告書が刊行されている場合がほとんどであるため、調査ではおもに写真撮影を実施し、研究にあたっては報告書に掲載されている図面を引用することができた。

　ベトナムで実施されている考古学調査の成果は、年1回刊行される考古学調査略報集である *Những phát hiện mới về Khảo cổ học năm~*、（以下『~年考古学年報』とする）や考古学研究の専門誌 *Tạp chí Khảo cổ học*、（以下『ベトナム考古学雑誌』とする）に掲載されているが、図面や写真はほとんどない。そのため、筆者が現地の博物館や遺跡に足を運び、実見したうえで、必要があれば遺跡の測量をしたり、重要な遺物については遺物実測、拓本、写真撮影などの資料化作業をおこない、研究に供した。

　ベトナムにおける主な調査は、ホアビン（Hòa Bình）省ドンテェック（Đông Thểnh）遺跡の調査を1998、1999年に、タインホア（Thanh Hóa）省藍京[10]遺跡、ハノイ市内チャンティエン（Tràng Tiền）遺跡の調査を2002年に、ハイズオン（Hải Dương）省チュウダウ（Chu Đậu）遺跡をはじめとする窯跡群の調査を2002年に、タインホア省胡朝城の調査を2002年、2003年に、ベトナム歴史博物館所蔵クーラオチャム沖沈没船出土遺物の調査を2003年に、昇竜皇城遺跡の調査を2003年、2012年に実施した。このほかにも、多数の遺跡を調査している。

　インドネシアで出土した考古資料については、NPOアジア文化財協力協会（理事長：大橋康二）

序　章

が組織したトロウラン（Trowulan）遺跡の調査に筆者も参加し、研究データの収集をおこなった。

ベトナムにおける銭貨調査

　具体的な経済活動、交易活動をしめす考古資料である銭貨の考古学調査も実施した。ベトナムでは、1983年以来『～年考古学年報』や『ベトナム考古学雑誌』に一括出土銭[11]の出土情報が掲載されているため、本書ではこれらの情報を収集し分析した。また、2006年から菊池誠一、櫻木晋一、三宅俊彦らが中心となり、日本人研究者グループによるベトナム北部発見の一括出土銭の考古学的研究が開始されており、筆者も参加している。この調査は貨幣を考古学における遺物ととらえ、一枚一枚詳細に調査し、その型式や銭銘の様式、材質ごとに分類して数量や大きさ、厚み、重さを記録し、拓本、写真撮影などをおこなうもので、日本考古学においては一般的な研究方法である。しかし、ベトナムでははじめての調査形態である。さらに2011年からは、北部における銭貨流通の特色を浮かび上がらせるため、筆者らが中心となってベトナム中部における一括出土銭の調査も実施しており、本書では一連の調査成果をまとめた各報告書のデータや写真を活用している。

第3節　研究史

　本研究は、ベトナムにおける港遺跡の調査研究であり、その出土品のほとんどが陶磁器と銭貨である。世界各国の港市遺跡でも、その出土品のほとんどが陶磁器と銭貨であり、絹織物や香辛料などの有機質の製品は土中で朽ちてしまうのにくらべ、無機質の陶磁器は朽ちることなく長い歴史のなかで残存しつづけるためである。また、その壊れやすい性質から、長い航海のなかで破損した場合、港で積荷の揚げ降ろしのさいに投棄されることによる。ゆえに、海域アジアにおける交易ネットワークの発展過程を考察するうえで、港遺跡から出土した中国やタイ、ベトナム、日本の陶磁器が多弁であることは、東南アジア地域における過去の調査研究から、ゆるぎないものとなっている。

　以下に、ベトナムにおける港遺跡の研究史およびベトナム陶磁器の研究史、ベトナムにおける銭貨研究史をそれぞれまとめる。本書では、ベトナム出土の中国や日本の陶磁器についても言及しているが、これらの研究はアジア各国でさかんであり、日本においても優れた研究、専門書が多数あるため、本書であらたてまとめるまでもない[12]。本書が論拠としている中国の陶磁器の編年や分類は、日本考古学において一般的に用いられている〔森田1982〕〔上田秀夫1982〕〔小野1982〕に、日本の磁器については〔大橋・尾崎1986〕〔大橋1989〕に基づいている。

1.　ベトナムにおける港遺跡の研究史

　大越国の貿易港をあきらかにする研究は、外国人研究者によって開始された。その始まりは雲屯

についてである。ギュスターヴ・デュムティエ（Guatave Dumoutier）は雲屯の位置をヴァンニンであるとし、日本人が貿易上の植民地を置いた、とした〔デュムティエ 1891：24-25、33〕。これに対して、金永鍵は文献史料や地図の記述から現在のクアンニン省ホアインボー（Hoành Bồ）に属する雲海総であるとし、また日本人がいたことを否定した〔金 1937：67、69〕。その後、山本達郎は1939年に雲屯港の位置について中国の史料も加えて考察し、実際に現地に赴いて陶磁器の分布を確認し、雲屯の位置を雲海島と推定した〔山本達郎 1939〕。

　山本が編集した『ベトナム中国関係史』には、ベトナムの各王朝による対外関係や交易の様相について文献史料から考察した論考が多く掲載されている〔山本編 1975〕。それは前述の業績とあわせて大越国の交易様相の研究に大きな進展をもたらしたとともに、現在にいたるまで研究の基礎となっている。李朝の研究をすすめた片倉穣は、李朝の交易について官制貿易がおこなわれていた、と考察しており〔片倉 1967〕、大越国の交易の体制とその背景を探る研究の嚆矢と位置づけられる。

　ベトナムでは、1970年代にはドー・ヴァン・ニン（Đỗ Văn Ninh）が山本の研究に基づいて、雲屯港跡の遺跡踏査を実施し、その成果をまとめ〔Đỗ Văn Ninh 1997〕、雲屯港研究をベトナム史学の研究の俎上に押しあげた。しかし、このころの歴史考古学の主要な研究対象は寺院や墳墓などの立体的な遺跡に集中しており、港遺跡の考古学調査が実施された痕跡はない。

　1990年代になると、対外交易や国際関係といった課題への取り組みが本格化しはじめた。たとえば1990年に中部港市ホイアンにおいて国際シンポジウムが〔日本ベトナム研究者会議編 1993〕、1992年には北部の華人街フォーヒエンにおいて国際シンポジウムが相ついで開催された〔Ủy ban nhân dân tỉnh Hải Hưng（ed.）1994〕。これらのシンポジウムでは文献史料からのみならず、建築、考古学、民族学といった他分野の研究者が日本をはじめ欧米などからも多数参加し、ドイモイ政策（Đổi Mới）[13]による研究の国際化のはじまりをつげる、象徴的なできごとであった。これを契機に、ベトナム国内に閉じていた貿易港の研究は外に向けて発展し、その貿易様相や対外政策を考察する研究がさかんになる。

　日本人研究者では、桃木至朗が中国との交易関係からベトナムの国際交易への関与、地位について論じている〔桃木 1990、2005〕。またベトナム中部においては、考古学者の菊池誠一が1992年からホイアンの発掘調査を開始し、ホイアン地域の地域形成史をあきらかにするとともに、日本と広南阮氏との交易関係を考古学から解明した〔菊池編 1998〕〔菊池 2003〕。ベトナムの港市遺跡における本格的な考古学調査のはじまりと位置づけられる。

　ベトナム北部においては、1991年に考古学者のチン・カオ・トゥオン（Trịnh Cao Tưởng）がヴァンドン地域における遺跡踏査を本格的に実施し、その報告会で雲屯港の構造に関する論考を発表している〔Trịnh Cao Tưởng 2000〕。ヴァンドン地域における考古学調査は、その後、クアンニン省博物館や日本人研究者グループによって踏査が数度おこなわれてきたが、いずれも出土する陶磁器の様相を把握する調査にとどまっている〔Trần Trọng Hà 2008〕〔青柳他 1992〕〔安里他 1998〕。筆者により2002年に開始した発掘調査は、ヴァンドン地域で出土する陶磁器を通して交易様相を考察するは

じめての研究と位置づけられる〔阿部 2004〕。

同時に、2000 年代以降は、英語によって大越国の交易様相がかたられた時代であった。2004 年にタイ陶磁器を研究するロクサナ・ブラウン（Roxanna M.Brown）は、明代の弘治期（1488〜1505 年）の沈没船を最後にベトナム陶磁器が沈没船から発見されることがなくなるため、この時期をベトナム陶磁器輸出の最終段階である、とした〔Brown 2004〕。

また、リ・タナ（Li Tana）は、1471 年に大越がヴィジャヤを陥落させたことにより、チャンパー（Champa）を拠点としていたムスリム商人と大越の関係が絶たれ、結果として雲屯は史料から姿を消す、とした。そして 16 世紀後半以降はフォーヒエンにおける交易が繁栄するとしている〔リ・タナ 2004〕〔Li Tana 2006〕。黎朝の国家支配体制を論じてきたジョン・ウイットモア（John K.Whitmore）は、雲屯と施内(14)が 12 世紀に南宋の貿易発展の影響で勃興し、1467 年以降雲屯は史料上から姿を消すため、15 世紀後半の消極的な対外政策と「莫ギャップ」により、大越の交易システムは 16 世紀終焉をむかえ、その機能は施内やホイアンなど中部に移行したとしている〔Whitmore 2011〕。

これらの英語圏の研究機関に属する研究者らの一連の研究は、16 世紀初頭までに雲屯は港としての役割は終焉し、大越国の交易活動は衰退すると論じており、その原因を大越国内の事情にもとめている。しかし、これらの論考は雲屯港跡の実地調査をしたうえでの結果ではない。

近世の貿易港については、フォーヒエンにおいてハノイ総合大学（Trường Đại học Tổng hợp Hà Nội、現在のハノイ国家大学）、ハノイ師範大学（Trường Đại học Sư phạm Hà Nội）、そして省博物館が 1960 年代と 80 年代に発掘調査をおこなったが、それは寺院や廟内で実施され、地域の歴史をあきらかにするための調査であった。1992 年になると、フォーヒエンにあったとされる VOC 商館の位置を確認するための調査がおこなわれ〔Tăng Bá Hoành 1994〕、それまでの調査とは性格が異なる。2000 年と 2011 年には筆者らによる発掘調査が開始し、町の成立過程から外国人商人が営んできたトンキン貿易の様相を考察する研究に進展させている〔阿部 2013a〕。

これらの研究により、近年、ベトナムの歴史学研究者らは、ベトナムをめぐる国際交易関係に強い関心をしめし、様々なテーマで国際シンポジウムを開催し、その記録を研究書としてまとめている。それは、2007 年の 16〜17 世紀のアジア貿易に関するシンポジウムや、2008 年のヴァンドン地域に関する総合的なシンポジウム、2008 年のベトナムとオランダの交流に関するシンポジウムなどである。また、2011 年には Người Việt với Biển（『海とベトナム人』）が刊行され、ベトナムと外国の関係を論じる論文が収録されている。これらの研究書に掲載されている論考のなかで、ホアン・アイン・トアン（Hoàng Anh Tuấn）はスペインのフィリピン支配により中国と島嶼部を結ぶ東側の海上ルートが発展し、ベトナムに沿う西側ルートが地位を失ったこと、ポルトガル人のアジア海域への進出、さらに 1567 年の明の海禁解除により東南アジア陶磁器の時代が終わることから、莫朝期（16 世紀中葉）に雲屯は衰退したとしている〔Hoàng Anh Tuấn 2008〕〔Hoàng Anh Tuấn 2011a〕〔Hoàng Anh Tuấn 2011b〕。グエン・クアン・ゴック（Nguyễn Quang Ngọc）はドメア（Domea）の港としての歴史的成立と発展について論じている〔Nguyễn Quang Ngọc 2008〕。また、グエン・ヴァン・キム（Nguyễn

Văn Kim）は近年の雲屯港に関する研究成果から、雲屯港の中心は 12〜15 世紀にはコンタイ（Cống Tây）、コンドン（Cống Đông）島、16〜18 世紀にはカイラン（Cái Làng）地点であり、周辺の島々や河川の港は雲屯の外縁部の港として重要で、特にコンクイ地点やクアドイ地点は港の保安・防衛の拠点であったという、港の構造に関する論考を発表している〔Nguyễn Văn Kim 2008〕〔Nguyễn Văn Kim 2014〕。

2. ベトナム陶磁器研究史

　1954 年のディエンビエンフー（Điện Biên Phủ）の戦いでフランスの傀儡政権を打ち破ったベトナムは、1956 年に遺跡保存の専門機関を設立し、1968 年に国立の考古学院（Viện Khảo cổ học）を設立した。ベトナム戦争中からその終結ののちまで、ベトナム考古学は、ベトナム人としてのアイデンティティーを確立する学問であり、ベトナム人自身の手によって自国の歴史や文化を解明するために先史時代の遺跡を中心に調査が進められてきた。そして、1970 年代には、各時代の手工業製品解明のための窯跡の発掘調査もおこなわれ、1990 年代初頭にいたり、ベトナム考古学院に歴史考古学部門が設置された。

　このころのベトナム人研究者による陶磁器研究の多くは、陶磁器の個別研究や美術史的研究であり、遺物調査報告がその主要なものであった。陶磁器研究の進展には、生産地の特色やその編年、生産地間相互の影響関係などを明確にする調査研究が必要となる。しかし、ベトナム国内では、窯跡の発掘調査が実施されてもその報告書の刊行はほとんどなく、わずかに『〜年考古学年報』や『ベトナム考古学雑誌』誌上に文字のみで紹介される程度であった。そのため、比較研究や様相の把握が可能となるような窯体や遺構、出土陶磁器類の実測図の掲載、公開はほとんどなかった。

　1986 年のドイモイ政策を契機に、1990 年からは資本主義国の研究者の現地調査が可能となり、それはベトナムにおける陶磁史研究、ひいては歴史考古学研究にとって大きな画期となった。窯跡の発掘調査がベトナムと外国人研究者の共同で実施されるようになることで、外国における最新の知識や陶磁器研究方法がベトナム人研究者の知るところとなり、ベトナムにおける陶磁研究の重要性が認識されるようになったからである。

　この流れの中でチュウダウ窯の発掘調査を実施したタン・バー・ホアイン（Tăng Bá Hoành）はチュウダウ製品が高級品であること、明の海禁政策の影響で 14 世紀後半からベトナム陶磁器が海外に輸出されはじめること、15〜16 世紀に生産が発展し、17 世紀後半には衰退したことなどを考察している。さらに衰退の原因を 16 世紀にはじまった黎朝と莫朝の抗争に求め、陶磁器生産地の南策が戦場となったため、としている〔Tăng Bá Hoành 1993：32-33〕。

　ベトナム陶磁器は 14 世紀頃からさかんに海外に輸出されるようになり、日本をはじめ東南アジアや中東の各国で出土している。諸外国の研究者がベトナム陶磁器の存在を理解することで、ベトナム陶磁器を輸入した諸地域とベトナムとの交流関係や商品流通といった研究にも進展していく。ベトナム国外における輸出されたベトナム陶磁器研究の進展は、同時に、ベトナム人研究者にとっ

序章

ても、ベトナム国内で情報が不足しているベトナム陶磁器の流通という側面に資する資料を確認することにつながり、ベトナム国内の考古学研究を発展させる。同時に海域アジア交易ネットワークに関与する各国の考古学研究においても、相互に有益な情報をもたらすことにつながる。

このような、ベトナム陶磁器に関するベトナムと諸外国双方向の調査研究からのアプローチがなされ、ベトナム陶磁器研究の進展において、重要な役割を果たしたのが日本の考古学研究であることを忘れてはならない。日本人研究者とベトナム人研究者によるベトナム現地での共同調査は、歴史時代の遺跡発掘事例がまだ少なく、陶磁器の年代を比定する資料に乏しかったころのベトナム歴史考古学界にとっては、研究の進展につながる有益な情報源でもあった。

日本出土のベトナム陶磁器は李朝陶磁器からはじまり[15]、黎朝期に多くなり、青花や鉄絵、焼締陶器などがみられる。このため、日本におけるベトナム陶磁研究には長い歴史がある。古くは、1937年に刊行された『南海古陶瓷』において首里城跡正殿前から出土した青花磁器が紹介されている〔伊藤・鎌倉 1937〕。1984年に『世界陶磁全集16 南海』が刊行され、ジョン・ガイ（Johon Gay）、三上次男らによりベトナム陶磁の生産と貿易に関する考察が、満岡忠成、西田宏子らにより茶道具として伝世しているベトナム陶磁の概要が解説されている〔満岡他 1984〕。また、茶陶をまとめた図録が刊行され、九州や沖縄ではベトナム陶磁を銘打った展覧会が開催されるなど、美術館に収蔵された美術品としてのベトナム陶磁の存在が周知されるようになった。

日本の遺跡発掘調査においては、上述の首里城跡の発見以降、1970年に大宰府遺跡において鉄絵花文皿が発見され、共伴遺物の年代から14世紀中頃という年代があたえられるなど、単発的な研究がなされてきた。しかし、1990年代にはいると状況が一変する。1990年の第11回貿易陶磁研究集会では、日本各地で出土した東南アジア陶磁器について報告され、その成果は翌年『貿易陶磁研究』No.11の誌上にまとめられた。

ドイモイ政策により外国人研究者がベトナムの研究機関と共同でフィールド調査をすることが可能になると、1991年に長谷部楽爾を団長とする調査団が結成され、ベトナム北部地域の古窯跡や港の踏査がおこなわれた〔青柳他 1992〕。とりわけ、ベトナム陶磁に関る調査成果は、東京・青山の根津美術館で開催された展覧会「南蛮・島物—南海請来の茶陶」にあわせて刊行された『南蛮・島物—南海請来の茶陶』〔根津美術館 1993〕に集約された。茶陶の世界に伝世されていた美術品としてのベトナム陶磁とともに、日本出土の考古遺物としてのベトナム陶磁、そしてベトナム現地調査に基づいたベトナム陶磁の生産地情報がしめされ、それが研究者の注目を集めることとなった。ここにいたり、歴史を物語る考古遺物としてベトナム陶磁の実像が提示されたのである。

日本出土のベトナム陶磁を集成した論考には、森本朝子の一連の業績があげられる〔森本 1993a、c、2000、2002〕。このような集成が可能となった背景には、日本の中世・近世遺跡出土陶磁器のなかで、これまで産地不明陶磁器とされてきたものに、ベトナムやタイ、ミャンマーなどで生産された東南アジア陶磁器があり、その実態があきらかになったことである。それは、1990年代の東南アジア陶磁器の生産地側の考古学調査の進展や国際的な調査研究活動の隆盛により、日本人研究者

第3節　研究史

の間にも東南アジア陶磁器に関する認識がひろまったことの証である。

　1999年にはハノイでハノイ国家大学と昭和女子大学が主催する国際シンポジウム「歴史の中の日・越関係―15～17世紀の陶磁器交流を通して―」が開催され、日本出土のベトナム陶磁に関する研究の成果をベトナム人研究者に提示、共有する機会となった。このシンポジウムの成果は『近世日越交流史―日本町・陶磁器―』として刊行され、ベトナム人研究者によるベトナム陶磁研究や日越交流史の論考も多数掲載されている〔櫻井他2002〕。

　こうした状況のなか、ベトナム陶磁研究に大きな進展をもたらす発見があった。ベトナム中部沖で引き揚げられたクーラオチャム沖沈没船資料である。膨大な量のベトナム陶磁器が沈没船から引き揚げられ、15世紀後半のベトナム陶磁器の一括資料として、そしてその上質な青花磁器が話題となり、ベトナム陶磁の名を一気に世界にひろめることとなった。同時に、ベトナム陶磁の生産地の情報を収録した本、*Gốm Hoa Lam Việt Nam*（『ベトナムの青花』）が2001年にベトナムで出版された〔Bùi Minh Chí, Kerry Nguyen Long 2001〕。同書はベトナム語と英語で併記され、窯跡出土資料や各地の伝世品、収蔵品を多くのカラー写真で紹介している。これは外国人研究者にとって生産地側の情報を知るうえで貴重な文献となった。

　クーラオチャム沖沈没船資料は、残念ながらほとんどがオークションで売却されてしまった。しかし、その一部は日本の美術館にも収蔵され、日本でもベトナム陶磁が脚光をあびることになった。2003年には町田市立博物館で『精選　東南アジア陶磁』展が開催され、沖縄をはじめ鹿児島や壱岐、対馬、博多、関西地域、東京で出土した東南アジア陶磁も多数展示・紹介された〔町田市立博物館2003〕。

　2004年には東南アジア考古学会・九州国立博物館誘致推進本部・鹿児島大学埋蔵文化財調査室が主催するシンポジウム『陶磁器が物語る交流―九州・沖縄から出土した東南アジア産陶磁器―』〔東南アジア考古学会他2004〕が開催された。近年では『海の道と考古学―インドシナ半島から日本へ―』〔菊池他編著2010〕や『周縁の文化交渉学シリーズ4　陶磁器交流と西海地域』〔荒武編2011〕のなかでベトナム陶磁に関する論考が多数発表された。これらはベトナム陶磁の出土報告にとどまらず、現地の窯跡や日本各地の遺跡で出土した東南アジア陶磁器との比較、また東南アジア海域の沈没船引き揚げ遺物との比較研究がなされている。遺跡出土の意義や流通過程の考察から、歴史のなかにその存在を位置づける研究へ発展し、そしてその成果は詳細な編年研究へと結実しつつある。

　以上みてきたように、日本における発掘調査・研究の成果は、ベトナムにおける陶磁研究に対し一定の貢献をしてきた歴史がある。2000年以降、日本の考古学研究者の間でもベトナム陶磁器に関する理解が深まり、日本国内でのベトナム陶磁器出土情報が年々ふえていることがその要因である。こうした情報は、近年の良好な日本とベトナム両国の友好関係によってベトナム人考古学者に逐次伝えられるとともに、それに関連した最新のベトナム考古遺跡調査情報が日本人研究者と共有され、双方の遺跡、遺物理解を進展させている。それは、考古資料からみた日本とベトナム、および諸外国の交流史の解明へと発展し、ベトナム歴史考古学の国際化を促進させているのである。

序章

　なお、一般的に焼き物は土器、陶器、磁器にわけられる。本研究であつかう李朝期から黎朝期にベトナムで生産されていた陶磁器には土器、炻器（焼締陶器）、無釉陶器、施釉陶器などがある。施釉陶器のなかには、胎土が灰白色をした半磁胎の焼き物で、有色の釉や透明釉をかけるものがある。透明釉をかけるものには釉下彩や上絵付されたものもあり、これらの半磁胎の施釉陶器の生産の意図は中国で生産されていたような青磁や白磁、青花、五彩、つまり磁器を志向していた。厳密な意味では磁器ではなく施釉陶器である。しかし、日本人研究者はこれまで、このような半磁胎の施釉陶器を磁器としてあつかうことが多く、本研究においてはこれに従う。

　また、青料によって釉下彩される磁器のうち、中国やベトナムで生産されたものは青花と、日本で生産されたものは染付と記述する。

3. ベトナムにおける銭貨研究史

　ベトナムでは、自国の銭貨を鋳造する歴史があり、最初に鋳造された銭貨は中国の支配から独立した丁朝（968-980年）の「太平興寶」である。以降、ベトナム最後の王朝である阮朝の保大帝まで、各王朝では方孔円銭の銭貨を鋳造、使用すると同時に、国内では中国銭や日本銭も流通していた。

　ベトナムにおける銭貨研究は越南国と称していた阮朝までさかのぼる。フランスの植民地下のサイゴンでフランス人のデジレ・ラクロア（Désiré Lacroix）が *Numismatique Annamite*（『安南古銭学』）を出版した。歴代のベトナム銭がはじめて文字と写真で資料化され、ベトナム古銭学の存在を世にしめした最初の業績として位置づけられる〔Desire 1900〕。以後、ベトナム銭の研究はおもに外国で進められていた。1963年には、イギリス人研究者のバーナード・パーマー（Bernard J. Permar）が自身のベトナム銭コレクションを *Catalogue of Annam Coins 958-1955*（『安南銭貨カタログ 958-1955』）として出版、実に641種類の貨幣を紹介した〔Permar 1963〕。また、日本では三浦吾泉が1963年から1975年にかけて『安南泉譜』（手類銭部、大銭銀銭部、歴代銭部）をまとめ、系統的にベトナム銭を紹介している〔三浦編 1963-1975〕。

　ベトナムにおける銭貨研究成果の発表はベトナム戦争に突入した1960年代まで待つことになる。1968年に *Nghiên cứu Lịch sử*，（以下『ベトナム歴史研究』とする。）に、ベトナム人研究者チャン・コア・チン（Trần Khoa Trịnh）がクアンニン省の莫朝城で壺にはいった金の貨幣や装飾品、銀塊の出土を報告している〔Trần Khoa Trịnh 1968〕。また、グエン・タイン・ニャー（Nguyen Thanh Nha）がベトナムの経済史をフランス語でまとめており、古銭学以外の視点からベトナム貨幣史を概観したはじめての業績と位置づけられる〔Nguyen Thanh Nha 1970〕。

　ベトナム戦争が終結した1975年以降、ベトナムの貨幣研究はベトナム人研究者が牽引する新時代をむかえる。1977年にはジップ・ディン・ホア（Diệp Đình Hoa）によって銭貨が化学分析され、貨幣が歴史研究における資料としての地位を獲得した〔Diệp Đình Hoa 1977〕。1978年にはドー・ヴァン・ニンが『ベトナム歴史研究』に「西山時代の古銭」（Tiền cổ thời Tây Sơn）を発表、以後1985年にいたるまで13回にわたってベトナムの各王朝、各皇帝の貨幣について形式学的特徴などを連載し、

1992年にはこれらをまとめて Tiền cổ Việt Nam（『ベトナム古銭』）として出版し、ベトナム銭研究を総括した〔Đỗ Văn Ninh 1992〕。また、1979年にドーは、パーマーの『安南銭貨カタログ 958‐1955』に掲載されている貨幣のなかに、偽造されたものがあることを指摘した〔Đỗ Văn Ninh 1979〕。一連のドーの業績は、ベトナム人研究者による銭貨研究の嚆矢と位置づけられ、以後のベトナム銭貨研究発展の基礎となるのである。

1980年代以降のベトナム銭貨研究は出土銭情報と銭貨研究の2系統にわかれる。以後、考古学研究の2大雑誌『〜年考古学年報』と『ベトナム考古学』に掲載された情報を整理しながらその動向をまとめる。

出土銭情報は、1982年以降90年代まではあわせて10報告程度であった。報告内容も簡略で、銭銘と年代を羅列するにすぎなかった。しかし、2000年以降、2008年前半までの約9年間をみると、46報告に増大している。とくに、2007年には11報告あり、報告には写真や拓本が用いられるようになった。これには、後述する2006年に開始した日本の一括出土銭調査団の研究方法が大きな影響をあたえていると考えられる。また、銭貨の寸法や重さなどを記載している報告もあるが、日本の研究に用いられているそれとくらべると、大まかな数字である。

出土銭情報のなかでも、一括出土銭の調査報告が多いのは研究資料としての価値がたかいとの認識からであろう。1982年、ハノイ近郊で農民が耕作中に紐で綴られた大量の銭貨を発見したと届け出た。この銭貨を調査したグエン・ディン・チエン（Nguyễn Đình Chiến）らは、1983年にその成果を『1982年考古学年報』に発表、これがベトナムにおける一括出土銭のはじめての報告である〔Nguyễn Đình Chiến (et al.) 1983〕。以後、一括出土銭の報告数は、当初は86年1報告、88年1報告とまばらであった。しかし、99年3報告、2000年2報告、01年3報告、02年2報告、04年3報告、05年3報告、06年6報告、07年は6報告、となり、総数31報告、37個体となっている。このうち、銅・鉛の一括出土銭は34個体、銀貨の一括出土銭は3個体である。一括出土銭の容器は、壺29個体、袋1個体、容器がないものは7個体であった。ほとんどの報告には総量、総数、銭銘が報告されているが、銭貨ごとの枚数まで詳細に記載した報告は少ない。

銭貨が一括で埋められた理由については、①墳墓にともなう、②戦乱時に埋められた、③昔の古銭収集家が集めた貨幣を埋めて保管した、などの諸説があげられている。一連の報告数の増大は、ドーの『ベトナムの古銭』が出版され、地方研究者にも古銭の鑑定が可能となったことに起因していよう。

銭貨研究では、ジョン・ウイットモアがベトナムの貨幣流通についてまとめているほか〔Whitmore 1983〕、フランソア・ティエリー（François Thierry）が Catalogue des monnaies vietnamiennes（『ベトナム銭貨カタログ』）を刊行している〔Thierry 1987〕。ベトナムでは、『ベトナムの古銭』の出版以降、1990年代初頭まではドーによる褒章としての銭貨研究やグエン・アイン・フィ（Nguyễn Anh Huy）による鉛銭の研究といった、特殊な銭貨の研究がなされていた〔Đỗ Văn Ninh 1991, 1993〕〔Nguyễn Anh Huy 1994〕。しかし、出土銭報告の増加や近年のベトナム考古学のめざましい発展と国際化は、ベトナ

ムにおける銭貨研究を開花させた。

とりわけ、文字の厳密な比較や文献を駆使した近年のベトナム銭貨研究は、ファム・クォック・クアン（Phạm Quốc Quân）とグエン・アイン・フィの2氏が主導する。

グエン・アイン・フィは1997年に"Phát hiện mới về "Họ Mạc đúc tiền""（「莫氏鋳造銭貨の新発見」）で、ドーが莫朝（16世紀）の貨幣であるとした安法元寳などを18世紀の鄭氏の貨幣であると指摘し〔Nguyễn Anh Huy 1997〕、2001年の"Những phát hiện mới về "họ Mạc đúc tiền""（「鄭氏鋳造銭貨の新発見など」）ではドーの論拠を覆す論証を提示した〔Nguyễn Anh Huy 2001〕。また、2005年には"Tiền thời Cảnh Hưng, một bí ẩn lịch sử cần được khai phá"（「景興銭の謎を解明する」）で景興銭の書体や規格の特徴を指摘したうえで、背面の文字について生産年や生産地、意味を特定し、考察を加えた〔Nguyễn Anh Huy 2005〕。

ファム・クォック・クアンは、中国人研究者との共同研究の成果として、2005年に研究成果をまとめたTiền kim loại Việt Nam（『ベトナムの金属銭貨』）を〔Phạm Quốc Quân (et al.) 2005〕、2006年には個人のコレクションをまとめたKho báu tiền cổ Đại Việt（『大越古銭の宝庫』）をハノイ歴史博物館からつづけて出版している〔Phạm Quốc Quân (et al.) 2006〕。これらの本は、カラーで銭貨の写真を掲載しており、索引も充実していることから、2006年以降の出土銭報告の増大を引き起こしたと考えられる。なお、これに対し2006年に、グエン・アイン・フィはファム・クォック・クアンの『ベトナムの金属銭貨』で報告されている莫朝銭14枚のうち10枚は間違っていると指摘、それぞれの年代を特定し、解説している〔Nguyễn Anh Huy 2007〕。2007年には、ファム・クォック・クアンは泰平興寳や紹道王家、昭道通寳、大越通寳銭に関する多数の論考をまとめている。

2氏以外では、グエン・ヒュー・タム（Nguyễn Hữu Tâm）が、中国・新疆で発見されたベトナム銭の情報や中国における黎朝・西山朝銭の鋳造・流通と清朝の禁令についての論文を発表しており、ベトナム銭貨研究の視野は海外へも向きはじめ国際化がみてとれる〔Nguyễn Hữu Tâm 1999, 2002〕。

一方日本では、中世初頭の遺跡からベトナム銭が出土しており、その流入開始時期を1560年代ととらえることで[16]、一括出土銭時期区分の指標とする考えが提示されている〔永井 2001b〕。

2006年からは、菊池誠一、櫻木晋一、三宅俊彦を中心とする日本人研究者グループがベトナムの一括出土銭に対する考古学的研究を開始する〔菊池編 2009〕。それは貨幣を考古学における遺物ととらえ、一枚一枚詳細に調査し、その型式や銭銘の様式、材質ごとに分類して数量や大きさ、厚み、重さを記録し、拓本、写真撮影などをおこなうもので、日本考古学においては一括出土銭調査の一般的な研究方法である。それまでのベトナム人研究者の調査では、総量、総数、銭銘が報告されているが、各出土銭の寸法や重量、拓本といった詳細まで記載した報告はない。

三宅俊彦は、その調査成果と中国の一括出土銭調査事例の比較分析から、枚数の多い銭銘の上位30位までは中国国内で流通していた銭貨とほぼ類似していることを指摘し、また制銭[17]と私鋳銭による二重通貨の存在を指摘した〔三宅 2009：185-186〕。ベトナムの銭貨を系統的に化学分析した飯塚義之らは亜鉛メッキされたベトナム銭の存在を確認している〔飯塚他 2009〕。このように、日

本人研究者による一括出土銭研究は、銭貨の流通・使用等の諸問題に対してあらたな局面をもたらした。

2011年からは、筆者らが中心となって、ベトナム中部で出土した一括出土銭の調査を開始しており、その成果を北部の資料と比較することで、中部、北部双方の銭貨流通の特色を抽出する研究に進展している〔阿部 2013b〕。

一括出土銭研究

ベトナムと同様に古代より銭貨を使用してきた日本では、7世紀末には自国の銭貨、富本銭を発行していた[18]。しかし、日本において銭貨が貨幣として一般的にひろく使用されるようになるのは中世の頃からであり、それは中国の北宋銭であった。

日本においても銭貨の研究には歴史がある。古くは江戸時代に中国清朝の古銭学の影響のもとで日本でも古銭の収集がおこなわれはじめた。明治以降になると、科学的な考古学研究が開始され、専門書である『考古学講座』に「銭貨」項目が設けられるようになる。1920には入田整三が「発掘銭に就いての考察」という論文を発表し総数554,714点の銭貨を分析した。日本では、元豊通寶、皇宋通寶、熙寧元寶、開元通寶、元祐通寶の順に出土枚数が多く、このほかに「安南銭」（ベトナム銭）、朝鮮銭、琉球銭などの存在をあげた。そして「皇朝銭廃絶後に於けるわが国の通貨はもっぱら、開元銭以後のシナ銭にして、しかもその多数が北宋銭なることを証明するを得たり」と北宋銭の多さを指摘している〔入田 1920：35〕。また、宋元時代に中国から日本に銭貨が運ばれていたことも指摘している〔藤田 1918〕。

このことは、その後の考古学調査でも検証され、日本中世では宋銭、とくに北宋銭が日々の取引に使用されていた貨幣であったことを現資料から裏づけたのである。

戦後になると、発掘調査における一括出土銭の偶然の発見がふえたため、坂詰秀一は膨大な考古学資料のデータを簡潔にまとめ、考古学の視点からの銭貨研究書である『出土渡来銭—中世—』を1986年に刊行した〔坂詰編 1986〕。その後、この20年ほどの銭貨研究は、出土銭貨を対象とした研究に牽引されてきたといえる。それは、発掘調査によって銭貨の鋳造工房が発見、調査されるようになったためであり[19]、国内における模鋳銭生産の実態が判明してくることで、あらたな問題提起がなされるようになった。

日本各地で個別に出土する銭貨のデータ集積がすすめられ、永井久美男によると、日本の中世に流通していた銭貨は、中国銭は27王朝の150種類ほど、朝鮮銭は2王朝の7種類、ベトナム銭は6王朝の24種類、琉球銭は3種類などであり、渡来銭だけで184種類が確認されているという〔永井 2009：97-98〕。

このような日本への銭貨流入は、12世紀後半以降であることは、すでに定説となっている〔小葉田 1943b〕〔森克己 1950〕。そして、中国から銭貨が流出する画期は、金の銭貨禁止令（1215年）や元が紙幣を発行したことによる銭貨需要の減少であった、と指摘されている〔大田 1995〕。三宅も中

国における一括出土銭の調査成果から、元になると一括出土銭が激減し、中国国内で銭貨の資産としての地位が低下し、銭貨が「埋めて隠す」対象から外されたことにより日本へ銭貨が流入してきた、と考えている〔三宅 2005：60-62〕。

　また、調査事例の増加によって、大量の銭を地中に埋める行為が全国的に確認される。時代的には13世紀後半～16世紀後半の約300年にわたりみられ、減少はするが近世、近代初期まで存在していることが確認されている。そこで問題となったのが、いわゆる「備蓄銭」か「埋納銭」という問題である。峰岸純夫、鈴木公雄らによる銭の一時的な隠匿（備蓄銭論）、つまり再利用目的の経済的行為という説〔峰岸 1999：247-266〕〔峰岸 2002：49-52〕〔鈴木公雄 1999：93-100〕、あるいは橋口定志、網野善彦らによる宗教的・呪術的な銭貨（埋納論）〔橋口定志 1998：65-66、2002：25-27〕〔橋口定志 2002：25-27〕〔網野 1991：54-55〕、つまり銭貨の非経済的・経済外的使用という説が存在する。これらの論争に対し、栄原永遠男はこれを銭貨使用の様々な側面ととらえ、つまり銭貨の多様性・多義性であり、その前提として銭貨の経済的使用という観念があった、ことを指摘している〔栄原 2011：6〕。

　このような流れのなかで、近年は一つの遺構から一括して大量に出土する銭貨資料について、「備蓄銭」や「埋納銭」といった特定の意味合いを持ち、性格・性質をしめす「評価」がともなう名称ではなく、埋められた原因の評価を名称に含めない、発掘されたことをしめす「一括出土銭」[20]という名称の使用が提唱されている〔櫻木 2005：15〕〔櫻木 2007：47〕。本書でもこの名称を用いる。

　そして、最近の一括出土銭の研究は、おもに日本出土銭をあつかった櫻木晋一の研究〔櫻木 2009a〕と中国における一括出土銭をあつかった三宅俊彦の研究が知られている〔三宅 2005〕。

　ベトナムでは、北部から南部にいたるまで一括出土銭の出土が確認されている。しかし、前項で述べたように、ベトナム人研究者による銭貨研究は、希少な銭貨やめずらしい形の銭貨を収集し、形状や銭銘、書体などを紹介する古銭学の領域をでないものがほとんどである。これに対し、日本における一括出土銭の詳細な調査研究活動は、古くから銭貨を考古遺物としてとらえてきたことに起因する。その延長線上に、現在日本で一般的となっている一括出土銭の調査研究方法が確立している。それは、具体的な経済活動をしめす考古資料として、銭貨の鋳造や流通・使用に関する考察をおこなう一級資料としての価値があったためである。

第4節　研究課題

　以上のように、これまで雲屯やフォーヒエンの研究は、港の位置や構造、成立過程と終焉時期といった港としての歴史的変遷を考察する研究に終始しており、その港を通して運ばれていた交易品たる陶磁器の様相が研究の論証に使用される例は少ない。その交易品たる陶磁器の研究は、ベトナムにおいては独自に進展しており、窯跡ごとの文様や製作技法の特色をあきらかにし、消費地遺跡

からその製作年代の比定をおこなう研究に限定される。そして主要な消費地遺跡であり、ベトナム陶磁器の研究がさかんな日本においては、日本出土のベトナム陶磁器を集めて編年資料とする陶磁器研究はさかんだが、それが日本に運ばれてきた背景をベトナムの対外貿易政策から論じる研究は皆無であった。

ブロンソン（B. Bronson）は東南アジアの港市支配者と外来者、後背地住民との関係を類型化し河川交易モデルを提示した〔Bronson 1977：42〕。このモデルがしめすように、生産と流通、そしてその先にある消費は緊密に関連しており、相互に関連づけられて研究されるべきである。しかし、ベトナム北部においてはそれが切り離され、個別的な研究が先行し、比較研究・検討される機会がなかった。それは、港市遺跡における考古学調査がほとんど実施されてこなかったことにも起因する。

本研究は、これまで個別に研究されてきた生産・流通・消費の各段階をグローバルヒストリー研究の枠組でとらえなおし、港を媒介として海賊アジアで動いていたモノを相互に関連づけ、その歴史的背景をベトナムの対外貿易政策から論じるものである。その成果はベトナムの文献史研究成果と相互に補完されることで、一方で史料の記述を補強し、また一方では史料批判において有効な材料をもたらす意義を有する。そしてそれは、ベトナム歴史学にあらたな研究の方向性をもたらすと筆者は考えている。

先述の先学の研究のなかで、共通して論じられているいくつかのテーマがある。それは、第1に雲屯の港としての構造について、第2に雲屯の港としての役割および大越国の交易活動が衰退する時期とその経過、理由について、第3にトンキンにおけるヨーロッパの各貿易会社の活動について、第4に17世紀末にトンキン貿易が衰退し、VOCやEICが商館を閉鎖する経過と理由について、である。本書では、その解明を第一義に掲げる。

第5節　本書の構成

本書は、筆者らがおこなったベトナム北部地域の考古学調査成果を活用して、大越国の交易様相の解明の研究に取りくむ。本書はつぎの構成をとる。

第1章では、本研究がおもにあつかう、大越国の手工業製品であるベトナム陶磁器の生産地についてまとめる。

第2章では、ベトナム北部クアンニン省ハロン（Hạ Long）湾の北側、ヴァンドン県において実施した発掘調査の概要をまとめ、港の設置と構造、歴史的変遷について考察する。

第3章では、ベトナム北部フンイエン省フンイエン市の中心地で実施した発掘調査の概要をまとめ、フォーヒエンの国際貿易港としての成立年代と歴史的変遷について考察する。

第4章では、李朝と陳朝の陶磁器が出土するベトナム国内外の遺跡についてその概要をまとめ、

序章

ヴァンドン地域で出土する陶磁器と比較することで、雲屯港において陶磁器の輸出を開始した時期を検討するとともに、その背景と様相について考察する。

第5章では、黎朝前期の陶磁器が出土するベトナム国内外の遺跡についてその概要をまとめ、ヴァンドン地域で出土する陶磁器と比較することで、大越国の陶磁器輸出が最盛期をむかえる背景として陶磁器生産技術の向上があったことを指摘するとともに、その交易の背景および様相、雲屯港の役割について考察する。

第6章では、黎朝後期の陶磁器が出土するベトナム国内外の遺跡についてその概要をまとめ、ヴァンドン地域やフォーヒエンで出土する陶磁器と比較することで、各貿易港の役割について検討する。また、ベトナム北部出土の一括出土銭の成果をベトナム銭貨の歴史のなかに位置づけ、その出土銭貨の様相や、ベトナム北部から陶磁器が輸出された背景などから、大越国が海域アジアの交易ネットワークから離れていった原因について考察する。

終章では、各章で考察してきた交易様相についてまとめ、大越国の貿易様相について総括する。

本論文であつかう遺跡の位置、地名は図1～2の地図にまとめた。適宜参照されたい。

註

(1) ベトナム語では Biển Đông（東海の意味）とよぶ。
(2) 陸の視点で区切られた東アジア、東南アジア、南アジアなどの枠組みを超え、広くアジア全体を海からの視点で捉える。その研究意義は〔桃木編 2008：1-12〕を参照。
(3) 「大越国」は自称であり、中国の各王朝は、大越国を「交趾国」あるいは「安南国」とよんでいた。本書では、ベトナムの地を支配した各王朝が国号としてきた「大越国」を用いる。
(4) 雲屯は、ベトナム語では「ヴァンドン（Vân Đồn）」と発音する。現在もヴァンドン（Vân Đồn）県という地名がのこる。本書においては、歴史的な名称を指す場合には「雲屯」と記述し、現在の遺跡名や地名を指す場合には「ヴァンドン」と記述する。
(5) 時代によって「華楊」「憲南」「舗憲」などの名称でよばれていたが、遺跡の集中している地区を総称して「フォーヒエン」とよぶことがベトナム歴史学会において慣例となっているため、本書においても「フォーヒエン」と表記する。詳細は本書第3章第1節を参照。
(6) ベトナム語では「タンロン（Thăng Long）」と発音する。その都城遺跡は、ユネスコの世界文化遺産に登録されており、登録の日本名は「タンロン王城」である。本書では歴史的名称である「昇竜」という漢字表記を用いる。以下、他の名称、地名、遺跡名も同様に、本書では、歴史的な名称を指す場合には漢字で記述し、現在の地名、名称を指す場合にはカタカナで記述する。
(7) 1802年に成立した阮朝の阮氏と区別するために、黎朝政権下のベトナム中部を支配した阮氏を「広南阮氏」と記述する。
(8) 『大越史記全書』は、漢文による編年体で書かれたベトナム通史であり、黎朝の史官である呉士連が以前の史書などを参考にして、国初から黎太祖が即位する1428年までをまとめて15巻とし、洪徳10年（1479年）に完成した。その後も修史がつづけられ、景治3年（1665年）に范公著が全23巻とした。さらに黎僖が校訂・追加し、正和18年（1697年）に従来の部分とあわせて全24巻が版刻され、これが現存する『大越史記全書』の最古の刊本である。現存する『大越史記全書』にはほかに4種類があり、本書では陳荊和が諸伝本を校勘して1984～1986年に東京大学東洋文化研究所附属東洋学文献センターで出版した『校合本　大越史記全書』（上・中・下）を使用した。この資料は国初から1789年までをあつかう。

（9） 2000年の調査における日本側の参加者は菊池誠一と筆者であり、以降2011年までの調査は筆者が単独で実施している。
（10） ベトナム語では「ラムキン（Lam Kinh）」と発音する。
（11） 本書においては、一つの遺構から一括して大量に出土する銭貨資料を一括出土銭とする。詳細は19頁を参照。
（12） 各国の、輸出された貿易陶磁の生産や流通に関する最新研究は、〔アジア考古学四学会編 2013〕に詳しい。
（13） 1986年に提起された、社会主義を実現するための過程の発想を刷新する政策。農業を重視した現実的経済の建設、市場経済原理の導入、国際的協力関係の拡大をスローガンとした経済政策〔古田 1995：240-241〕。
（14） 「Tinai（ティナイ）」のこと。中南部ビンディン省にあるチャンパー王国の貿易港。
（15） ただし、日本にある李朝陶磁器は李朝期に輸出されたものではなく、近世以降に日本にもたらされたものであろう。
（16） 中世段階は中国銭にまじって、1660年代以降はベトナムとの直接交易によって渡来したものとされる〔永井 2001b：96〕
（17） 歴代の王朝が正式に鋳造した銭貨。
（18） 1999年に奈良県飛鳥池遺跡で富本銭の鋳型や鋳造関連遺物が発見され、富本銭の鋳造年代が和同開珎に先行することが確定している。
（19） たとえば、古代の遺跡ととしては大阪府細工谷遺跡で和同開珎の枝銭が発見されている〔大阪市文化財協会 1999〕。中世では茨城県村松白根遺跡で永楽通寶の枝銭が発見された〔茨城県教育財団 2005〕。鎌倉の今小路西遺跡（15世紀初頭）や堺環濠都市遺跡（16世紀中頃から後半）でも銭鋳型が発見されている〔永井 2009：94-96〕。
（20） ベトナムでは「Hũ tiền」「Chum tiền」で、ともに「壺銭」という意味。この「壺銭」とう呼称には「備蓄銭」や「埋納銭」といった特定の意味合いはない。

第 1 章

大越国における陶磁生産

第1章　大越国における陶磁生産

はじめに

　世界各国の歴史的な港遺跡から出土する遺物は、そのほとんどが陶磁器であり、そのため、交易の実態をあらわす資料として研究されてきた。貴重な交易品であった絹織物や香辛料などは有機質の製品であるため、土中では朽ちてしまうのに対し、無機質の陶磁器は朽ちることなく長い歴史のなかで残存しつづける製品だからである。また、その壊れやすい性質から、長い航海のなかで破損した場合、港で積荷の揚げ降ろしの際に投棄されることによる。

　本研究では、港遺跡や消費地遺跡で出土した陶磁器をおもな研究資料としてあつかうものであり、それは中国やベトナム北部、日本の陶磁器が中心となる。なかでも、ベトナム陶磁器は、大越国の交易の様相を雄弁にものがたる交易品である。

　ベトナム陶磁器については、序章の研究史でのべているように、国内外の研究者によって多くの研究がなされている。陶磁器生産地については日本人研究者の業績があるほか[1]、ブイ・ミン・チー（Bùi Minh Chí）とケリー・グエン・ロン（Kerry Nguyen Long）による Gốm Hoa Lam Việt Nam（『ベトナム青花』）があり、生産地における考古学調査の成果や伝世品について、写真を多用して詳細にまとめている〔Bùi Minh Chí, Kerry Nguyen Long 2001〕。

　ベトナム陶磁には青花をはじめ鉄絵、白磁、青磁、五彩、褐釉磁、緑釉磁などの磁器類、焼締陶器などの陶器類がある。これらのうち、磁器類の生産地はハノイ、ハイズオン（Hải Dương）、バクニン（Bắc Ninh）、ナムディン（Nam Định）などがあげられる。現在のベトナムの領域において磁器生産をおこなっていたのはベトナム北部のみであった。現在は、ベトナム南部においても磁器生産がおこなわれているが、その歴史はあたらしい。ベトナム中部においては、ビンディン省にチャンパー王国の窯業地ゴーサイン（Gò Sành）があり、中国の青磁を志向した、チャンパー陶磁とよばれる施釉陶器を生産していた。15世紀に生産が開始され、海域アジアに運ばれていた。生産活動は、18世紀まで続いていた〔Đinh Bá Hòa 2008〕。陶器は、高温で焼成した焼締陶器がひろくベトナム各地で生産されており、現在でも伝統的土器作り村で生産がさかんである。黎朝期の焼締陶器は、形態の特徴によって北部産と中部産に分類できる。長胴瓶では北部産は頸部が長く、口縁部が玉縁状で分厚い。肩部に沈線と、いわゆる「縄簾」文[2]が施されている。ハイズオン省ベンリンサー（Bến Linh Xá）窯やランゴム（Làng Gốm）窯、タインホア省やゲアン（Nghệ An）省でも生産されていた。

　本書では、ベトナム北部における陶磁器の輸出や消費の様相を論の中核としている。このため本章では、本研究の前提としてベトナム北部で生産された陶磁器、とりわけ海外に運ばれたベトナム磁器[3]の生産地について、上述の一連の研究や筆者による生産地の踏査成果を交えながら、時代、製品の種類、生産地などについてまとめる。なお、本章であつかう遺物の年代の範囲は、紀元後11世紀から17世紀にベトナム北部で生産された製品とする。

第1節　李朝～明支配期の磁器生産地

　一千年にわたる中国の支配から独立したベトナム北部には、李公蘊の長期独立封建国家が誕生した。李朝（1009～1225年）は都を華閭から1010年に昇竜（現在のハノイ市中心部）に移し、中央集権政策をとり、国号を大越国とした。

　李朝期のベトナム陶磁には、白磁や青磁、白釉褐彩磁製品などがある。蓮や竜の文様が多用され、宋代陶磁器の影響を大きくうける。李朝期の窯跡はハノイのほかにやタインホア省にもあるというが、その実態はまだわかっていない。

　陳朝期（1225～1400年）には、種類や文様、製作技法が多様化し、多くの地点で陶磁器の生産がおこなわれていたと想定できる。陳朝期の遺跡は、ナムディン、ハイズオン、タイビン（Thái Bình）、クアンニンの各省内に比較的多く、おもに白磁や青磁、褐磁、白釉褐彩磁などの製品が作られ、陳朝末期にはこれに元青花を模倣した青花や鉄絵が加わる。白釉褐彩磁製品は陳朝期の遺跡で多く発見されているため、李朝期よりもこの時期に発展したものと考えられている〔Trần Khánh Chương 1986：66-101〕。

　陶磁器の生産は、昇竜皇城内のほか、ナムディンのトゥックマク（Tức Mạc）やコンチェー（Cồn Chè）で確認されている。また、ベトナム青花の生産地として名高いハイズオン一帯やバッチャン（Bát Tràng）でも生産を開始していた。これらの生産地は、陳朝につづく胡朝や明支配期においても生産をおこなっていた。

1. ハノイ一帯

　近年、昇竜皇城遺跡内における発掘調査では熔着した遺物や陶磁器の施文道具などが出土している（図4-1）。陳朝期の生産窯の存在がうかがえ、官窯が想定されている〔Phan Huy Lê (ed.) 2005〕。昇竜城一帯にあった窯跡はダイラ（Đại La）ともよばれる。ハノイのベトナム歴史博物館では、ダイラで採集された熔着した資料が展示されており、窯跡出土品とされる（図4-2）。また、ハノイ市内西部コンヴィ（Cống Vị）では、李朝から陳朝期までの青磁や褐磁、白磁、初期青花の生産窯の存在が知られている〔Đặng Văn Thắng 1999：15〕。

2. 天長府

　ハノイの南約90km、ナムディン省には陳朝の副都がおかれ、上皇が居住していた。1262年の陳聖宗のとき天長府となる。1971年に考古学院主導のもとに集中的に各地で調査がおこなわれた。トゥックマク（Tức Mạc）では、デンチャン（Đền Trần）、フォーミン（Phổ Minh）仏塔の地区に集中して陳朝期の陶磁器生産跡が発見されている〔Đỗ Văn Ninh 1976〕。デンチャンでは大量の陶磁器が

出土し、13世紀後半の青磁の底部に「天長府製」という文字が鉄銹で記される遺物（図4-3）があったことから、この地域に生産窯があったと考えられている〔西野2001〕。この製品を焼いた窯跡としては、ナムディン省ロックヴォン（Lộc Vương）社で熔着した資料が発見されており、陳朝王族のための官窯であった可能性が指摘されている〔Đào Đình Tửu 1970：89-92〕。

デンチャンの近く、ビンザン（Vĩnh Giang）川の右岸には陶磁器が大量に出土したバイハラン（Bãi Hạ Lan）があり、青磁、白磁、外褐内白釉磁製品のほか、環状のハマなどが発見されている。同時に、中国の青白磁や枢府手の白磁、竜泉窯青磁も発見されており〔森本1993b：131-132〕、港の性格があったとされる〔西野2001〕。陶磁器の生産は、14世紀中頃でいったん途絶していた〔西野2013：221〕。

コンティン（Cồn Thịnh）、コンチェーでは磁器碗・皿、多数のサヤ鉢やトチンなどの窯道具を発見したほか、コンティンでは窯跡の床面も検出されている〔西野他2008〕。また、コンチェーでは李朝の陶磁器が確認されており、陳氏が政権を握る以前から荘園内で陶磁器が生産されていた可能性が指摘されている〔西野2013：220-221〕。

3. ヴァンイエン

ヴァンイエン（Vạn Yên）は、ソムホン（Xóm Hồng）ともよばれ、ハイズオン市から北西30kmのナムサック（Nam Sách）県チーリン（Chí Linh）地区フンダオ（Hưng Đạo）のトゥオン（Thương）河の左岸にひろがる（図3）。元軍の襲来を退けた陳興道の采邑（田庄）であり、こうした陳朝皇族の居住拠点では、陶磁器生産をおこなっていたことが推測されている〔Nishino（et al.）2001〕。

ヴァンイエンでは、印花文の青磁や白磁碗が多数表採できる（図4-4）。1984～89年、96年に発掘調査がおこなわれ、下層部から13～14世紀の陳朝期と考えられる青磁、褐釉磁、内白外褐釉磁、初期青花・鉄絵などの各種製品が出土した。また、トチンやサヤ鉢などの窯道具、そして最下層で焼土が検出されたため、窯跡の可能性が指摘されている〔Tăng Bá Hoành 1988b：215〕。その上層からは15～16世紀の黎朝～莫朝の特色をもつチュウダウ様式の青花が出土した。また、中国宋代から元代の青磁・青白磁なども出土した〔Trần Anh Dũng, Hà Văn Cẩn（et al.）1998：321-323〕。周辺では、チャムディン（Trầm Điền）、キェットゾアイ（Kiệt Doài）、ランゴム（Làng Gốm）、バイチュトゥオン（Bãi Tru Thương）など黎朝期の窯跡がも発見されている。

大宰府遺跡から出土したベトナムの初期鉄絵は、共伴した遺物から14世紀中ごろから15世紀初頭の遺物と考えられており〔森本2002：284-285〕、年代の判明する貴重な資料である。ヴァンイエンで生産された可能性が指摘できる。

4. バッチャン

バッチャンはハノイの南東の紅河沿い、ザーラム（Gia Lâm）県に属し（図2）、今もなおベトナムの有名な磁器生産地のひとつである。『大越史記全書』の14世紀後半の記事に「鉢社」の名前があることや、阮鷹が書いた『輿地志』（1435年）のなかに「鉢場」の地名があらわれ、そこで生産されて

第1節　李朝〜明支配期の磁器生産地

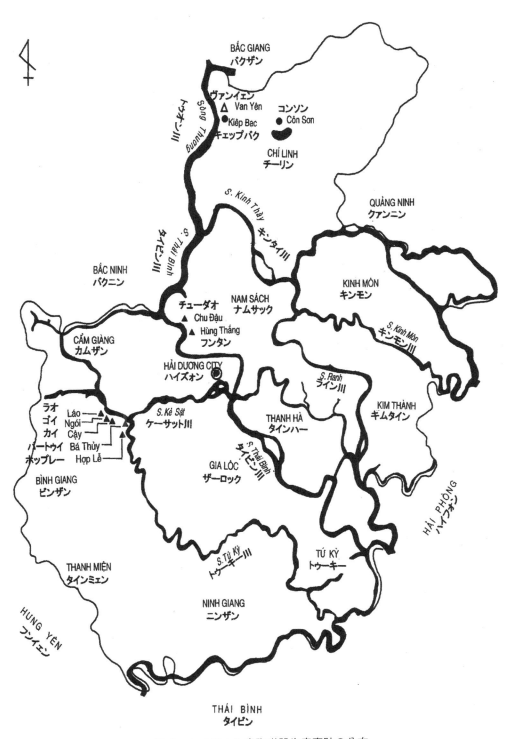

図3　ハイズオン省陶磁器生産窯跡の分布
（[Bùi Minh Chí, Kerry Nauyen Long 2001：122][長橋他 2003]に一部加筆）

第1章　大越国における陶磁生産

1　タンロン地区発見・施文具［ハノイ歴史博物館展示品］

2　ダイラ発見・未製品［ハノイ歴史博物館展示品］

3　ナムディン省出土品［ハノイ歴史博物館展示品］

4　ヴァンイエン窯跡表採遺物

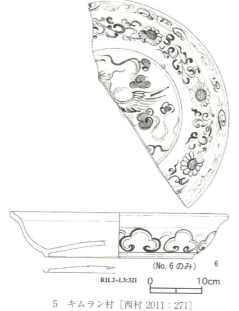

5　キムラン村［西村 2011：271］

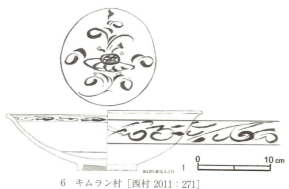

6　キムラン村［西村 2011：271］

図4　陳朝期の生産地遺跡出土・表採遺物

いた陶磁器が中国に運ばれていたとされていることから、15世紀前半にはバッチャンで陶磁器が生産されていたと考えられている〔Phan Huy Lê (*et al.*) 1995：13-19〕。莫朝期の製品のなかにある、製作年代や依頼者、陶工の名が記されている製品の存在が注目される。銘文からは依頼主が公的にたかい地位にいた人物であったことがわかっており、バッチャン窯は貴族むけ、あるいは宗教的な需要に応えて生産活動をしていた窯であったと考えられている〔Phan Huy Lê (*et al.*) 1995：13-16〕。

1958年に、バッチャンの北、フンハイ（Hưng Hải）で水路を掘削したさい、12〜13mの深さから古窯跡が発見され、16〜18世紀の陶磁器が出土した〔Phan Huy Lê (*et al.*) 1995：15〕。

また、バッチャンの近くのキムラン（Kim Lan）社では、現在も磁器生産をしており、近年、唐代から黎朝後期（17〜18世紀）の陶磁器が発見されている。陶磁器生産窯として操業を開始したのは李朝期とされ、陳朝期には大規模な生産活動を開始し、バッチャンとの交流関係が指摘されている〔西村 2011：259-277〕〔西村他 2013：217〕。青磁、白磁、内白外褐釉磁、青花・鉄絵などが出土しており（図4-5、6）、青花は質が良いため、海外に輸出された製品であることが指摘されている〔Bùi Minh Chí, Kerry Nguyen Long 2001：32〕。

バッチャン窯は昇竜近郊の大規模な陶磁器生産地であったことは確かである。しかし、その製品の様相や生産開始の時期など、ほどんど研究が進んでいない。それは、厚い堆積土によってバッチャン窯跡の発掘調査が困難なためである。隣接するキムランや、王宮との関係も指摘されており、バッチャン窯の解明は、ベトナム陶磁研究における最大の課題となっている。

第2節　黎朝期の磁器生産地

陳朝末期には内乱や政治的混乱が続き、1400年に陳王家の外戚である胡季犛が帝位を簒奪し、胡朝（1400〜1407年）をたてる。しかし、その簒奪を理由に明はベトナムに干渉し、1407年に大越の地を明の領土に編入した。これに対してベトナム人の反乱がおこり、その指導者である黎利が明軍を破り、1428年に黎朝をひらいた。黎朝期は黎朝前期（1428〜1527）、黎朝後期（1533〜1788）に区分され、その間に莫朝期（1527〜92）がはいる。

黎朝・莫朝の時代は、陶磁器生産が発展した時代といえる。ベトナム青花については、海外での出土状況から、14世紀後半には輸出を開始していたと思われる。また、トルコのトプカプ（Topkapi）宮殿博物館に収蔵されている品質のたかい天球瓶には、1450年製造の銘が記され、15世紀中頃にはその製作技術と芸術性が最高潮にたっしていたことがわかる。また五彩も生産が開始される。

黎朝期に陶磁生産をおこなっていた窯跡は、陳朝期から生産を継続していたハノイ一帯やヴァンイエン、バッチャン以外に、おもにハイズオン省に集中する。チーリン県ではチャムディエン、バイチュトォン、キェットゾアイ、ランゴムが、ナムタイン（Nam Thanh）県ではベンリンサー（Bến Linh Xá）、ゴムクアオ（Gốm Quao）、チュウダウが、カムビン（Cam Bình）県ではフックラオ（Phúc

Lão)、ゴイ（Ngói）、カイ（Cậy）、バートゥイ（Bá Thủy）、ホップレー（Hợp Lễ）があげられる（図3）。

以下に、ハイズオン省内で青花を生産していた代表的な窯跡について、ナムサック地域とビンザン（Bình Giang）地域にわけて概説する。

1. ナムサック地域

ナムサック地域はタイビン川沿いにあり、ハイズオン市から北東へ3kmのデルタ地帯にある。陳朝宗室が経営した田庄がおかれていた〔八尾 2009：197〕。窯跡は、チュウダウ、ミーサー（Mỹ Xá）、フンタン（Hùng Thắng）などで発見され、青花、青磁、内白外褐釉磁、五彩が生産されていた。

現在のチュウダウとミーサーは堤防で隔てられているが、もとは一つの地域であった。そのため、チュウダウとミーサーを総称して「チュウダウ陶磁」ともよばれる。ナムタイン県タイタン（Thái Tân）社に属し、タイビン川の左岸に立地する。

チュウダウ地点では1986年から91年の間に5回の発掘調査がおこなわれた。その報告書が調査者のひとり、タン・バー・ホアイン（Tăng Bá Hoành）によって出版されている〔Tăng Bá Hoành 1993〕。なお、1990年の調査はオーストラリアのアデレード大学東南アジア陶磁研究センター（Research Center for Southeast Asian Ceramics, University of Adelaide）との合同調査であった。

報告書によると、物原遺構からは、碗・皿・盤・瓶・小壺・合子などの青花・五彩・青磁・褐釉磁、そしてトチンやサヤ鉢などの窯道具が出土した。碗の見込みには、「福」「正」「士」などの字が書かれているものや皿や盤の底にチョコレートボトムのあるもの、碗の見込みに輪状釉剥ぎや目跡のあるものがみられる。遺物の分布範囲は40,000㎡にたっし、遺物集中範囲は3,000㎡、かなり大きな窯場と考えられる。高級磁器を生産することが可能な窯業地であったが、16世紀にはじまる黎朝と莫朝の抗争により南策州が戦場となったことから衰退したとされる〔Tăng Bá Hoành 1993：32-33〕。

一方で、ミーサーに伝わる阮朝期に記録された家譜には、16世紀末から17世紀初期に、大勢の陶工がバッチャンなどほかの場所に移住したと記載されており、このことがチュウダウ陶磁器生産を衰えさせた要因であるという説もある〔Bùi Minh Chí, Kerry Nguyen Long 2001：36〕。

踏査では、青花碗のほかに青磁や色絵を表採している。青磁には馬上坏もあり、器種の豊富さがわかる（図5-1）。

フンタンは、莫朝後期の陶工、ダン・フェン・トン（Đặng Huyền Thông）の故郷であり、氏を祭った廟には端泰3（1588）年の碑文が残されており、16世紀には陶磁生産をおこなっていたことがわかる。16世紀の中国陶磁器を模倣した青花が生産されていた（図5-2）。このほかに、リンサー（Linh Xá）やフィーマオ（Phí Mao、あるいはクァオ Quao）では無釉陶器や土器を生産していた〔Bùi Minh Chí, Kerry Nguyen Long 2001〕。

2. ビンザン地域

ビンザン地域はハイズオン省の南東、ハイズオン市の北東約12kmに位置している。この地域の

第2節　黎朝期の磁器生産地

窯跡は、ゴイ、カイ、バートゥイ、ホップレーなどが知られている。これら窯跡は互いに接しながら2つの社にまたがり、ケーサット（Kẻ Sặt）川両側の西東およそ3kmにわたりひろがっている。

ゴイ窯は、カムビン県フンタン（Hùng Thắng）社に属する。ビンザン地域最大の生産遺跡であり1989年と1990年に発掘調査がおこなわれた〔Tăng Bá Hoành 1993〕。おもに青磁や褐釉磁、白磁、内白外褐釉磁、青花などの製品を生産していた。褐釉磁や白磁の碗や皿は、内面に印花文があり、見込みは蛇の目釉剥ぎされている。とりわけ、魚文や菊花文をつけた白磁碗や皿の見込みに、「官」と記された熔着資料が発見されており、官窯の存在を示唆している。青花は細く低い高台を持ち、側面は斜めに立ちあがり、口縁が外反し、釉は薄い（図5-3）。青花の碗と褐釉磁が熔着した資料が出土している〔Bùi Minh Chí, Kerry Nguyen Long 2001：38-39〕。チュウダウと類似する遺物が出土しており、同時代の15世紀はじめに生産を開始し、17世紀まで継続したとされる〔Tăng Bá Hoành 1993〕。

ラオ窯はゴイ窯の西方に位置する。川岸には多くの磁器片が集中して分布し、熔着した碗や皿、サヤ鉢、トチンなども発見されている。16世紀後半から18世紀の窯跡で、青花が生産されていた。

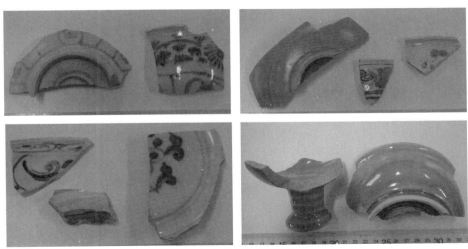

1　チュウダウ窯跡表採遺物

2　フンタン窯跡〔Bui Minh Chi, Kerry Nguyen Long 2001：216〕

3　ゴイ窯跡〔Bui Minh Chi, Kerry Nguyen Long 2001：219〕

図5　黎朝期の生産地遺跡出土・表採遺物（1）

第1章　大越国における陶磁生産

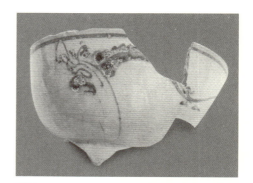

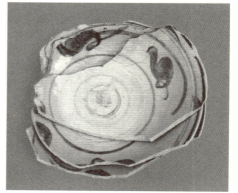

1　カイ窯跡［Bui Minh Chi, Kerry Nguyen Long 2001：233, 239］

2　ホップレー窯跡

3　ホップレー窯跡
［Bui Minh Chi, Kerry Nguyen Long 2001：238、240］

図6　黎朝期の生産地遺跡出土・表採遺物（2）

多くは目跡を持ち、文様は極端に単純で、植物文や菊文が主流である〔Bùi Minh Chí, Kerry Nguyen Long 2001：40-41〕。

　カイ窯では、1989年と90年に発掘調査がおこなわれた。おもに青磁・褐磁・白磁・青花を生産していた。褐磁や白磁には、蓮花や菊、魚の文様の型押文が施される。16世紀の中国陶磁器をまねた碗や皿があり、皿の大部分が見込みに釉剥ぎがあり、またサイズもかなり大きい（図6-1）。青磁も少量あり、おもに口縁は稜花で、見込みに菊花文を配した小皿で、15世紀後半～16世紀前半のものである。製品は一般的に釉剥ぎの痕跡がなく、円形のトチンと、3～4個の突起を持つ輪状

のトチンの二種類を使用している。16世紀末〜17世紀前半には燭台や香炉のような祭祀容器も生産しており、漢字や竜、雲といった文様を有することを特徴とする。香炉の頸部には、「上紅府」「唐安県香江社」と書かれ、製作年代は、1618年であったことから、15〜17世紀の年代があたえられている〔Bùi Minh Chí, Kerry Nguyen Long 2001：41-42〕。図6-1の右は図13-30の景徳鎮窯系の人物文青花碗を模倣したものである。

　バートゥイ窯はケーサット川右岸に位置し、窯跡は川岸に集中している。カイやゴイと同時代の15世紀から生産をはじめ、おもに青磁・褐釉磁・青花などの製品を生産していた。青花は黒く発色するものがみられる。青磁は黄緑色を呈する。17世紀代には、祭祀具も生産され、ベトナム歴史博物館に展示されている端泰2（1588）年銘のある、雲文、鳳凰文、竜文のみられる青花燭台は、バートゥイの製品とされる〔Bùi Minh Chí, Kerry Nguyen Long 2001：42-44〕。

　ホップレーはカイ窯跡とおなじカムビン県ロンスェン（Long Xuyên）社に属し、ケーサット川の主流ドーダイ（Đò Đây）川右岸に位置する。1986年、87年、90年に発掘調査がおこなわれた。窯は燃焼室と焼成室からなり、長さが14.25mで幅が5.4mである。物原が4.2mも堆積していた。最下層で15世紀の褐磁や白磁が出土している〔Phòng Nghiên cứu Khảo cổ học lịch sử và Bảo tàng tỉnh Hải Hưng（ed.）1991〕。磁器片のほかに、ろくろの回転台などの生産道具、窯跡の床面などが検出されている〔Tăng Bá Hoành 1987, 1988a〕。褐釉磁のほとんどに目跡がある。

　青磁の生産は16世紀前半以降のもので、見込みを厚く蛇の目釉剥ぎにしている（図6-2）。また、特徴的な製品として印判による菊花文製品があり、見込みに魚文と葉文を描いた低い高台の碗もある。

　青花は大量に出土し、15世紀代の青花もある。竜と鳳凰文の碗、皿（図6-3〈中〉）は、おそらくホップレー独自の製品と考えられる〔Bùi Minh Chí, Kerry Nguyen Long 2001：42-44〕。また、中国・福建省漳州窯の製品を模倣したものもみられる（図6-3〈下〉）。17世紀後半〜18世紀前半の時期は印判手菊花文深皿の生産が主流で、日本の長崎や大阪、堺、東京の遺跡からも出土している。また図6-3（上）の竜文の碗と同様の遺物が大坂城下町跡からも出土してる（図52-6）。

3. フンイエン

　フンイエン市では、シックダン（Xích Đằng）窯が確認されている。17世紀の貿易港フォーヒエンから西に約3kmの地点で、1989年に試掘調査がおこなわれた。17〜18世紀と考えられる鉄絵が溶着した状態で発見されている。また、付近では窯壁も確認されている〔Tăng Bá Hoành 1994：92-93〕。

4. 旧ハバック省、その他

　旧ハバック（Hà Bắc）省は、現在のバクニン省とバクザン省の地である。調査時点では、旧ハバック省博物館や文化局がかかわっているため、本書では旧ハバック省として報告する。

　1970年から考古学院が調査をし、黎朝期から阮朝前半頃までのいくつかの窯跡が検出されてい

る。しかし、出土している陶磁器は輸出用の製品ではない。ただし、旧ハバック省では窯跡が多くみつかっていることについて、チャン・アイン・ズン（Trần Anh Dũng）らは黎氏政権と莫氏との抗争によって荒廃した寺社などの修復にかかわって、陶磁器生産が発展したと考えている〔Trần Anh Dũng và Trần Đình Luyện 1989：125-136〕。

また、タインホア省でも、考古学院が踏査し窯跡を確認している。しかし、小型の窯跡で瓦片なども確認されており〔Phạm Hồ Đẩu（*et al.*）1992：129〕、国内消費むけの窯であろう。

第3節　小　結

これまでの考古学調査によってあきらかになっていることは、李朝期には、都が置かれていたハノイ一帯で磁器生産が行われていたことである、宮殿で使用される器が生産されていたのだろう。

陳朝期になると、ハノイ及び近郊のバッチャン、キムランのほかに、副都天長府がおかれたナムディンや陳朝皇族の支配地域であるヴァンイエンで陶磁器生産が行われていた。これらの陶磁器は青磁類で内面に笵による印花文を施すものが多い。また、初期鉄絵・青花と呼ばれる14世紀後半に始まる青花類の生産窯でもある。この時期の陶磁器も、宮殿や貴族の生活の中で使用される器が生産されていたのだろう。

黎朝期になると、これまでの生産地に加え、ハイズオンでの青花の生産が盛んになる。一般にチュウダウ陶磁と呼ばれる製品である。その生産量はおびただしく、ベトナム陶磁器の大量生産、大量輸出期を象徴する製品である。ハイズオンは、ベトナム北部の貿易港雲屯の後背地にあたり、網の目のような川で海と、そして雲屯とつながっている。その生産の隆盛には貿易港雲屯の存在が関与していることが想定できる。

17世紀以降貿易港として繁栄するフンイエンでも、17世紀から18世紀に操業していたと思われる窯跡が発見されている。同時期のベトナム中部の港市ホイアンでも、輸出品や日常生活の道具を作るための陶磁器が港周辺で生産されており、港と後背地である生産窯の存在には密接な関係があることがわかる。

註
(1)　主なものに、〔森本 1993a、b〕〔菊池 1998a〕〔Nishino 2002〕がある。
(2)　器表面の調整痕だが、日本の茶陶において「縄簾」文と名付けられ、一般的となっているため本書においてもこの名称を用いる。「縄簾」文は、筒状の竹の工具で、器壁の表面を削るときにできる縦方向の鑿痕であることが指摘されている〔菊池他 1998〕。ベトナム北部製品の特徴である。
(3)　本書では、灰白を呈する半磁胎の施釉陶器を磁器としてあつかう。本書序章第3節2を参照。

第 2 章

ヴァンドン地域における考古学調査

第2章　ヴァンドン地域における考古学調査

はじめに

　約一千年にわたる中国の支配から独立したベトナム北部には、長期政権である李朝が成立し、1010年に首都を昇竜、現在の首都ハノイに定め、国号を大越国とした。本章では、12世紀に李朝によって設置されたと史料に登場する貿易港雲屯について、筆者が実施した遺跡の発掘調査の成果をまとめ、大越国の流通遺跡として機能しはじめる年代と貿易港としての役割を考察する。

第1節　貿易港雲屯

1. 史料からみる雲屯

　北属期を脱した後の11世紀のベトナムでは、北部には大越国が中・南部にはチャンパー王国があった。雲屯は15世紀にまとめられたベトナムの官撰史書『大越史記全書』1149年（李英宗大定10年）2月の条に、

　　爪哇・路貉・暹邏の3か国の商船が海東（トンキン湾）に来航し、居住と売買を求め、島に庄を設け、雲屯と名づけた。貴重な貨物の売買がなされ、その地方に産するものが献上された。
　　（爪哇・路貉[1]・暹邏三國商舶入海東、乞居住販賣、乃於海島等處立庄、名雲屯、買賣寶貨、上進方物。）[2]

とある。これが外国との交易をおこなう商船の停泊地として、雲屯の名が最初に登場する記事である。この雲屯を、金永鍵は雲海総、現在のクアンラン（Quan Lạn）島に比定した〔金 1937：67〕。山本達郎はベトナムと中国の文献をさらに詳しく提示し、雲屯の貿易港としての重要性を再確認するとともに、史料に残された地名や地図から、その場所をハロン湾の中の雲海島[3]と考えた〔山本達郎 1939：17〕。その根拠は、『明実録』1407年（永楽5年）6月の条には「新安府」の「靖安州」のなかに「雲屯州」という地名がみられること、19世紀の阮朝下でまとめられた『大南一統志』（「廣安省堯封縣」）の条に「始廢雲屯州名、獨設雲海總停吏目」とあること、『同慶御覧地輿誌図』「堯封縣」に「雲海總三里社」「觀爛社」「明珠社」「向化里」の地名がみられることなどをあげている〔山本達郎 1939：11〕。

　『洪徳版図』に収められている『安南国中都十三承宣該五十三府一百八十一縣四十九州』（図7）には、東端の海のなかに「雲屯山」と注記された島が描かれる[4]。『同慶御覧地輿誌図』「廣安省　山定府」（図8）には「雲屯海口」の注記があり[5]、その場所はあきらかにハロン湾の北側一帯であることがわかる。「觀爛」はベトナム語で「クアンラン（Quan Lạn）」、「明珠」はベトナム語で「ミンチャウ（Minh Châu）」であり、現在のクアンラン島にのこる地名である。

　ただし、李朝期に雲屯において交易がおこなわれた記事は、『大越史記全書』1184年（李高祖貞府

第1節　貿易港雲屯

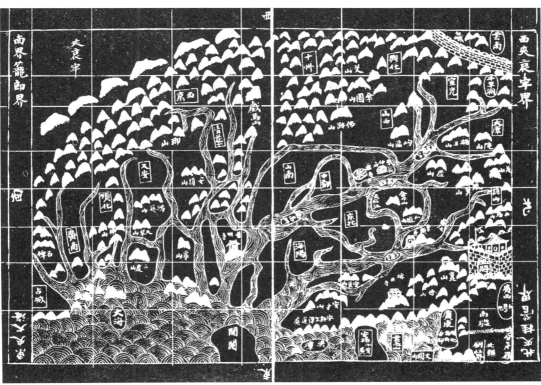

Bửu Cầm (*et al.*)1962 Hồng Đức Bản Đồ『洪德版図』, Bộ Quốc Giáo Giao Dục:5.
図7　『安南国中都十三承宣該五十三府一百八十一縣四十九州』（部分）

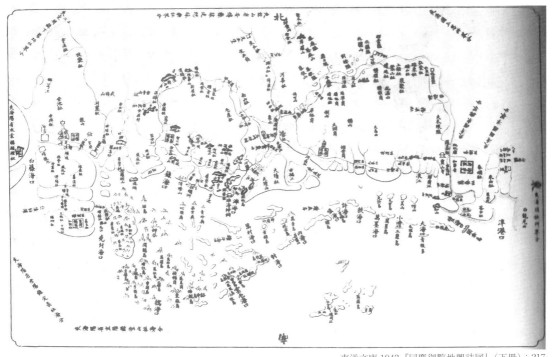

東洋文庫 1943『同慶御覧地輿誌図』（下冊）：217
図8　『同慶御覧地輿誌図』

第2章　ヴァンドン地域における考古学調査

9年）3月の条にも、

> 暹邏・三佛斉などの国の商人が雲屯鎮に入り貴重な品物を献上し、売買を行うことを請うた。
> （暹邏・三佛齋[(6)]（ママ）等國商人入雲屯鎭進寶物、乞行買賣。）[(7)]

とあるが、これら12世紀の史料に登場する地名が後世のよび名であることが指摘されており[(8)]、李朝のときとする雲屯設置の記述は、その信憑性が疑問視されている〔山本達郎 1939：3-4〕。片倉穰は雲屯庄設置の記事が『大越史記全書』のみにあり『大越史略』にないことからも信憑性において疑いがあるとしながらも、『大越史記全書』の記事は貿易港を雲屯のみに規制するような、いわば鎖国政策であり、李朝中期の状況を反映している、としている〔片倉 1967：78〕。

国都から東に遠く150kmも離れた海に浮かぶ小さな島が、港として存在する理由には、その地理的環境があげられる。中国南部の港を出発し、海南島の北側を西に進み、そのまま沿岸を進めば、国都昇竜につながる河口、バックダン（白藤）川に着く。雲屯は、その河口部の入り口に位置する（図2）。

陳朝（1225〜1400年）期には、大越国はモンゴルからたびかさなる攻撃をうける。3回目の侵攻（元寇）について記述した『大越史記全書』1287年（陳仁宗重興3年）の記事には、

> この時、元の水軍が雲屯を攻撃し、陳興道王は雲屯副将仁恵王慶余に国境の仕事のすべてを委ね、慶余は戦いに敗れた。上皇はこれを聞いて、中使を遣わして慶余に鎖をはめ、宮殿にかえした。（中略）元軍は撤退し、ゆえにこの年、人々の傷は前年のように悲惨ではなく、慶余は手柄に預かった。慶余は以前は雲屯を守備し、そこでは、商売を生業とし、飲食や衣服などみな中国の客商に頼る。ゆえに衣服や日用品は中国の風俗をまねている。慶余は各庄の軍を閲兵し、命令するには、雲屯の鎮軍はモンゴル人を防ぎ、押しとどめる拠り所（中略）である、と。（以下略）。（時元舟師犯雲屯、興道王一以邊務委雲屯副將仁惠王慶餘、慶餘戰失利。上皇聞之、遣中使鎖慶餘回闕。（中略）元人果退、故是年百姓瘡痍、非前年之惨、慶餘預有功焉。慶餘初鎮雲屯、其俗以商販為生業、飲食衣服、皆仰北客、故服用習北俗。慶餘閱諸庄軍、令曰雲屯鎮軍、所以防遏胡虜、（以下略）。）[(9)]

とある。山本は、同じ記事が『元史』巻209「安南伝」にもあることを指摘し、その内容は張文虎率いる兵糧運搬船が広東からベトナムにむけ出航し、1287年12月に屯山にいたり、陳軍の慶余の軍船と戦った。この戦いに勝利した元軍は禄水洋[(10)]に進むが、ますます陳軍の船が多くなるのをみて、兵糧を海なかに投棄して海南島まで退却した、というもので、この屯山を雲屯である、としている〔山本達郎 1939：5〕〔山本達郎 1975a：128-129〕。中国の史料からも屯山＝雲屯は、中国人商人が来航してベトナム人とのあいだで商業活動がおこなわれていた港であったことがわかる。

また、『島夷誌略』交趾国条（1351年）に

> 舶人はその地で商売はせず、ただ密輸船が断山上下に止まり、官場にいけなかった。中国人がその国の実情を窺がうことを恐れたためである（舶人不販其地、惟儧之舟止於斷山上下、不得至其官場、恐中國人窺見其国之虛實也）[(11)]

とあり、山本は、高熊徴がしるした『安南志原』(1527年)1巻山川の条に、「雲屯山卽斷山」とあることから、『島夷誌略』に記される舶人の赴いた場所は雲屯であったとしている。そして『安南図誌』、「福建往安南国針路」の記述から、福建、広東方面からベトナムにいたる航路は、海南島を経由するとしないにかかわらず雲屯を目的地としていた、と述べている〔山本達郎 1939：7〕。蘇継頎は『大徳南海志』(1304年)第7巻に「團山」の地名があり、これを「雲屯」としている〔汪 1981：55〕。

中国からベトナムの地へいたる航路上に位置し、そのままホン河に入り国都昇竜へいたることのできる雲屯は、貿易港としてだけでなく、政治的にも重要な地点であったといえよう。

2. 雲屯港跡の考古学研究史

雲屯に関する研究は、その初期の段階では雲屯の位置について、近年では雲屯港の中心地についての研究がなされている。

雲屯の研究において、ハロン湾の島を実際に踏査したのは山本達郎である。光珠社[12]では南宋の影響をうけたベトナム青磁皿や北宋時代のベトナム青白磁皿、北宋の白磁を、観欄社[13]では明末以降の中国青花を表採したことから、往時の雲屯港の中心地は光珠社であった、と考えた。この業績により、雲屯がハロン湾の島にあったことが論証され、現在ではこの説が定説となっている〔山本達郎 1939〕。

雲屯港跡を研究対象とした考古学調査の開始は、山本が雲屯の位置を特定した論文を発表してから30年以上経過した1970年であった。ベトナム史学院の研究者ドー・ヴァン・ニンとクアンニン省文化課は、山本の論文を参考にしながらハロン湾の島々で詳細な踏査をおこない、各島において李朝、陳朝、黎朝各時代の陶磁器を表採した。その成果から、大陸側の港でベトナムの物産を集荷し、荷船に積み替えたのち、コンドン島、ゴックヴン（Ngọc Vừng）島を経由しクアンラン島に行き、ここで外国船に積み荷を積み替えた後、あらたな荷を積んで陸に戻っていったと考えた〔Đỗ Văn Ninh 1997：211-213〕。

ベトナム考古学研究所のチン・カオ・トゥオン（Trịnh Cao Tưởng）も、同様に各島を踏査し、1991年にクアンニン省で開催された雲屯港に関する学術会議において、各島によって分布する遺物の年代が異なることから、各時代によって雲屯港の中心地が移動したという説を唱えた。それは、陳朝期の中心地はコンドン島にあり、黎朝末期にクアンラン島に移動し、阮朝期になるとコンドン島に戻るというものである〔Trịnh Cao Tưởng 2000〕。

1991年、長谷部楽爾を団長とする日本人の調査グループがヴァンドン地域の踏査をおこない、コンタイ島・コンドン島で13～14世紀の元代の陶磁器、クアンラン島で16～17世紀の明代の陶磁器を表採している〔青柳他 1992〕。

近年では、1998年に沖縄県史編纂にともなう調査で日本人研究者によるヴァンドン地域の踏査がおこなわれており、ゴックヴン島で13～15世紀の中国青磁やベトナム陶器が、コンドン島で13～14世紀の中国青磁やベトナム陶器が、コンタイ島で15～16世紀のベトナム青花や陶器が、クアン

ラン島で16～18世紀の中国青花やベトナム青花、陶器がみられたことから、時期によって港が移動していたと考えた。また、ドー・ヴァン・ニンが踏査し、李朝の陶磁器を発見したと報告しているカイラン地点において、再度当該陶磁器を確認したところ、李朝のものではなく、15世紀から16世紀のベトナムの陶磁器であったことが確認されている〔安里他 1998〕。

上述した、雲屯港跡における考古学調査の成果をまとめると、研究者によって考え方や遺跡・遺物の年代観は様々であるが、雲屯港の構造と年代には大きく2つの考え方にわけられる。ひとつは湾全体を李朝から阮朝期までつづく一つの港と考え、荷船が各島を経由しながら外国船が停泊していたクアンラン島と陸の間を往復していたという、ドー・ヴァン・ニンの説である。いまひとつは、各時代によって雲屯港の中心が移動していたというもので、陳朝期の中心地はコンドン島にあり、黎朝期にクアンラン島に移動したという説である。

以上述べてきたように、多くの研究者がこの雲屯港の遺跡において同じような地点を踏査しているが、研究者によって意見や年代は様々である。それは、1990年代初頭以前において、ベトナムにおける陶磁器研究はまだはじまったばかりであり[14]、研究者によって陶磁器の年代観に違いがあったことが大きな理由である。このころのベトナム陶磁研究は外国人研究者によって牽引されてきた経緯があり、ベトナム陶磁研究の一環でおこなってきた日本人研究者による雲屯港跡の踏査は、遺物の年代比定がその主要な成果として提示され、結果、雲屯港の時代ごとの中心地をさぐる研究に関心が偏ってしまっていた。そのため、港としての歴史や機能、構造、交易品の具体的な様相などをあきらかにするための考古学発掘調査が後回しにされてきたといえる。大越国の国際貿易港という重要な遺跡でありながら、筆者によって調査されるまで、港遺跡を対象とした発掘調査はおこなわれてこなかった。

第2節　クアンニン省ヴァンドン地域

1. 概　要

クアンニン省は南シナ海に面し、沿岸部に沿って東西に長い省である。面積は5,938km²、省の総人口は1,004,500人で、4つの市と9つの県合わせて13の市行政単位からなる[15]。そのうちハロン市、カムファー（Cẩm Phả）市、モンカイ市、ダムハー（Đầm Hà）県、ハイハー（Hải Hà）県、ヴァンドン県、イエンフン県の6つの市や県が沿岸部にあり、コートー（Cô Tô）県はクアンニン省沖約25kmに浮かぶ複数の島からなる。

沿岸部の各市県の沖合には多くの島が存在し、省都ハロン市に属するハロン湾海域には、カルスト台地が波で削られた、3,000以上の奇岩や島が浮び、海の桂林ともよばれ、1994年に世界自然遺産に登録されている。ハロンとは漢字で「下竜」と書き、侵略者に怒り、天から降りた竜によって作られたという伝説がのこる。ヴァンドン県に属する海域は、世界自然遺産のバッファーゾーンに

含まれる。チャーバン（Chà Bàn）島やクアンラン島など比較的大きな島が多く、漢墓や寺、陶磁器などの遺跡、遺物が多く分布することでも知られている。調査対象地域であるヴァンドン県の面積は551.3km²、県の人口は33,900人（2002年時点）である。

ハロン湾地域では、古くは後期新石器時代よりハロン文化が栄えていた。ハロン文化は紀元前2000年頃のバウチョー（Bàu Tró）文化と平行する時期と考えられている。ハロン文化人は洞窟に長期間居住していたようで、その経済活動は狩猟に依存していた。高度な石器製作技術を有し、磨製技術と穿孔技術によって、さまざまな石製品を製作している。石器の様相は、東南アジア地域のものとは異なり、中国広東省地域のそれと類似する特色がある。土器製作では、回転台を使用していたことがわかっている〔ハ 1991：107-111〕。

紀元前2世紀頃になると北部ベトナムは中国の支配下に入り、これ以後、約千年にわたり中国の支配をうける（北属期）。このころになると、北部ベトナムの各地には塼室墓がつくられ、漢代、唐代の文物が多く流入した。ヴァンドン県で最も大きな島であるチャーバン島は、多くの塼室墓があることで知られ、6基の塼室墓が確認されている。そのうち3基が1968年、ベトナム考古学院とクアンニン省、ヴァンドン県文化課によって発掘され、2号墓と3号墓から大量の遺物と五銖銭が出土した。2号墓の塼室部の大きさは5m×2m、成人男性の墓で中国陶磁器のほかに青銅器や鉄器、銅鏡が副葬されていた。出土した銭貨は全て五銖銭で数量は1200枚。600枚ずつ紐で綴られていた。3号墓の塼室部の大きさは4m×0.8m、成人女性の墓で中国陶磁器のほかに青銅器や鉄器、銅鏡、金銀製品、瑪瑙などが副葬されていた。銭貨は五銖銭と貨泉で総数は445枚、紐で綴られていた〔Đỗ Văn Ninh 1997：35-130〕。

2　調査の目的と範囲

本書はベトナム北部を支配していた大越国李朝（11～13世紀）から黎朝（15～18世紀）にいたるまでの各政権によって展開された南海交易の様相を考古学的手法からあきらかにすることを目的としている。

筆者は2001年から2003年にかけてクアンニン省で考古学調査を実施した。この調査では、李朝が公式な貿易港として1149年に設置したとされる雲屯港の成立から衰退までの歴史、および港としての構造、交易品の様相をあきらかにすることを目的としており、ハロン湾の各島で雲屯貿易港関連遺跡の踏査と発掘調査をおこなった。

ヴァンドン地域の踏査では、雲屯が設置されていたとされるハロン湾において、比較的大きな島が多く点在するヴァンドン県の島々を船で巡った。各島では、遺物の分布状況について複数の島民に聞き取り調査をおこなうとともに、各島内を徒歩でまわり、遺物の分布状況を調査した。

ハロン湾海域で、人の住む島はチャーバン島、クアンラン島、ゴックヴン島、コンタイ島、コンドン島、コートー島など大きな島に限られる。これらの島の各家には井戸があり、真水をくみあげることができる。ハロン湾の島々を結ぶ定期船は1日1便で、早朝に陸側のホンガイ港を出港し、

第2章　ヴァンドン地域における考古学調査

住民の多い島であるコンタイ島、クアンラン島、コートー島の順に停泊しながら夜ホンガイ港にもどる。定期船の停泊する島とはいえ、2003年の調査時点で、24時間電気を供給する電線が通っていたのはクアンラン島のみで、役所や学校のあるコンタイ島でさえ電気は自家発電で、19時から2時間のみ電灯がともる。21時には、わずかに月明かりが海面を照らすのみで、足元すら漆黒に包まれる。水平線で星空と海面は一体となり、闇に沈んだ島を包みこんで、宇宙と一体になったかのような錯覚に陥る。

ハロン湾の島々は、石灰岩からなるカルスト台地が海の浸食をうけてできたカルスト地形であり、大きな島でも沿岸は崖のように切り立ち、あるいは海岸にすぐ山がせまり、人びとは海岸線や、少し山をあがった斜面に家を建て、張りつくように生活している。そのため、島々の踏査のために小舟で島を巡ったさいも、船は何の護岸施設もない天然の岸壁に着岸していた。

踏査の結果、12世紀以降の遺物で集中的な分布が確認できた地点を図9にしめす。特に、遺物が多かったのは、クアンラン島、ゴックヴン島、コンタイ島、コンドン島の下記の地点で、いずれも人の住む大きな島である。また、海岸付近に狭いながらも平坦地があり、その一帯に陶磁器が大量に落ちていた。

貿易陶磁器の分布が確認できた地点

クアンラン島（④）：コンクイ地点（⑤）、カイラン地点（⑥）、ジェンティエン地点（⑯）、ティエンハイ地点（⑰）

ゴックヴン島（⑦）：コンイエン地点

コンタイ島（⑧）：第3地区地点（⑨）、第4地区地点（⑩）、第5地区地点（⑪）、チュオンボー地点（⑫）、チュアカット地点（⑬）

コンドン島（⑭）：ヴンヒュエン地点（⑮）

一連の雲屯港関連遺跡踏査の結果をうけ、港に関係した遺跡である可能性がたかいと判断した、コンクイ（Con Quy）地点、コンタイ島第3地区地点、コンタイ島第5地区地点で発掘調査を実施した。以下に、各地点で採集した遺物と発掘調査の結果の概要を報告する。なお、発掘調査で出土した遺物は、クアンニン省博物館に収蔵され、展示されている。

第3節　考古学調査結果

1. チャーバン島の踏査

チャーバン島（①）は、ヴァンドン県の海域のなかで最も大きな島である。しかし、島の沿岸部は平地が少なく民家もまばらである。遺跡は北属期の塼室墓が多く発見されており[16]、中国陶磁器の

ほかに青銅器や鉄器、銅銭（五銖銭）、銅鏡、鉄器、金銀製品、瑪瑙製品などが出土している。

　チャーバン島では、島の西側、クアドイ（Cửa Đối）海口を望める2カ所の入り江であるコンオン（Cổng Ông）地点とコンバー（Cổng Bà）地点に上陸し、周辺を踏査した。コンバー地点にはバー（Bà）廟があり、船舶の安全を祈願して、島民から信仰されている。この地点では、1968年にドー・ヴァン・ニンが踏査をおこなっており、住民が白磁の燭台を保管していたことを報告している〔Đỗ Văn Ninh 1997〕。この白磁燭台がどこで発見されたものなのかは不明である。筆者の住民への聞き取り調査では陶磁器の分布は確認できなかった。踏査では入り江付近にベトナム焼締陶器が若干分布するのみで、陶磁器が集中するような地点は確認できなかった。

2. クアンラン島の踏査

　クアンラン島（④）はクアンラン社とミンチャウ社からなる。島を縦貫する舗装道路があり、バイクのほか、セーラムとよばれる乗り合いバスが走っている。ミンチャウ社はクアンラン島の北部一帯で、島の北端にはクアドイ海口がある。クアンラン島の西側、チャーバン島との間にはマン（Mang）川とよばれる海域があり、その名の通り、川のように細長く、ハロン湾の海域にあっては比較的水深が深い。このマン川は、クアンラン島に沿ってそのままクアドイ海口へ流れ、遠海へそそぐ。また、ハロン湾では真珠の養殖がおこなわれている。そのため、クアドイ海口を望むミンチャウ社の北端部にはベトナム沿岸警備隊の詰め所があり、密漁や密輸、密入国の監視にあたっている。また、ミンチャウ社一帯には真っ白な珪砂の砂丘があり、大規模工場による珪砂の採掘がおこなわれている。クアンラン島で生活する住民のうち80パーセントの世帯がこの珪砂工場で働いている（2003年時点）。島の住民のほとんどは、島の中央部（クアンラン社）の市街地に居住する。この市街地の西側には、カイラン地区があり、市街地とは干潟で区切られる。このため、満潮時にはカイラン地区は島の様相を呈する。

　踏査を実施したのは、コンクイ地点（⑤）、ジェンティエン（Giếng Tiên）地点（⑯）、ティエンハイ（Tiên Hải）地点（⑰）、カイラン地点（⑥）である。

　コンクイ地点：クアンラン島ミンチャウ社の西側の岸辺に位置する。この地点は山本達郎が1936年に踏査した地点と思われる。山本が踏査したのは雲海島の光珠社、別名 La Tortue 地点で珪砂工場があったと記述されている〔山本達郎 1939：19〕。雲海島は現在のクアンラン島で、光珠社は現在のミンチャウ社の前身である。また、La Tortue とはフランス語で「亀」を意味するが、コンクイもベトナム語では「亀」の意味である。これは、岸辺に亀の甲羅の形をした大きな岩山があったことから住民が「亀の岸（Bến Con Quy）」と名付けたことに由来する。

　現在もこの地点には珪砂工場があり、ミンチャウ社一帯から採掘された珪砂はこのコンクイ地点に集められ、船に積みこんで出荷されている。工場長の話では、この珪砂工場は、戦前に日本の三井財閥によって建てられたという。山本は日本人駐在員の案内で、コンクイ地点を訪れており、調査した La Tortue 地点はたしかにこの地点であったろう。山本はクアンラン島を実際に踏査し、光

第2章　ヴァンドン地域における考古学調査

珠社では南宋の影響をうけたベトナム青磁皿や北宋時代のベトナム青白磁皿、白磁を、観欄社では明末以降の中国青花を表採し、多数の銭貨も表採したと報告している。そこで山本は、往時の雲屯港の中心地は光珠社であったと考えたが、「雲屯の中心地に関する論断は今暫く之を避けて置きたい」〔山本達郎 1939：32〕としている。

　踏査は、珪砂工場の建物から内陸側に1km程入った珪砂の砂丘一帯でおこなった（図10）。骨壺として利用されていたベトナム北部産の陳朝の白釉掻落褐彩壺の破片等の陶磁器や中国・元代の磁器、古くは五銖銭から、咸豊通寶（初鋳：1851年）まで多くの銭貨が分布していた。また、珪砂工場の作業員が採掘中に発見したという13世紀末～14世紀前半と考えられる上田編年A類〔上田秀夫 1982〕の中国・竜泉窯の青磁碗（図11）や水注、白磁の香炉を確認することができた。

　ジェンティエン地点：コンクイ地点の南側、クアンラン島の北東部の珪砂の砂丘一帯を踏査した。ベトナム北部産の陳朝期の陶磁器が多く分布していた。

　ティエンハイ地点：コンクイ地点の北側、クアンラン島の北部一帯で、島のなかでは比較的大きな町を形成している地点で踏査を実施した。ベトナム北部産の陳朝期の陶磁器が多く分布していた。景徳鎮窯系の青白磁器も確認できた。

　カイラン地点：2003年夏にベトナム考古学院によって発掘調査がおこなわれ、16～17世紀のベトナムや中国の陶磁器が多数出土している〔Phạm Như Hò (*et al.*) 2004〕。踏査では、住民がエビの養殖場をつくるため、穴を掘っていたさい発見した陶磁器を調査することができた。16世紀の景徳鎮窯系の青花や、ベトナム北部産の17世紀の青花や青花・鉄絵印判手菊花文深皿を多数確認した。なお、ドー・ヴァン・ニンはカイラン地点において、李朝期の陶磁器を発見したと報告している。この陶磁器を再度確認したところ、16世紀頃のものであった。他の地点でも、李朝期にさかのぼる陶磁器は確認できなかった。

　以下に、クアンラン島における踏査遺物の概要として、表採した陶磁器と銭貨について報告する。コンクイ地点の遺物は図12-1～7、ジェンティエン地点の遺物は図12-8～14、ティエンハイ地点の遺物は図13-15～21、カイラン地点の遺物は図13-22～30、である。写真は図14に提示した。

a.　ベトナム陶磁器

　最も多くみられたのはベトナム北部産の焼締陶器である。図12-1は鉢、図12-8は浅鉢で外面の肩部から胴部にかけにいわゆる「縄簾」文がのこる。口縁部は断面が三角形に成形され、口縁の頂点は尖る。鉢には、口縁部を作り込むことなく沈線で区画し、口縁の頂部が丸みをおびるものもある（図13-18・23）。陳朝期の製品である。図13-15・16・17・22・24は長胴瓶で、「縄簾」文や沈線、波条文、凸帯文、円形の貼付文など文様は多様である。図12-12は肩部に横耳が付き、四耳壺であろう。ベトナム北部の17～18世紀の製品である。図12-2は蓋のつまみで、取っ手の部分は中空である。本体部分は欠失しているが、浅い丸鉢をひっくり返したような形であろう。

　また、ベトナム北部製品である白釉掻落褐彩壺もみられた。この壺は表面の釉を掻き落として褐

第3節　考古学調査結果

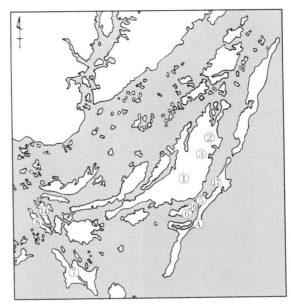

①チャーバン島　　　⑧コンタイ島
②コンオン地点　　　⑨第3地区地点
③コンバー地点　　　⑩第4地区地点
④クアンラン島　　　⑪第5地区地点
⑤コンクイ地点　　　⑫チュオンボー地点
⑥カイラン地点　　　⑬チュアカット地点
⑦ゴックヴン島　　　⑭コンドン島
　　　　　　　　　　⑮ヴンヒュエン地点
　　　　　　　　　　⑯ジェンティエン地点
　　　　　　　　　　⑰ティエンハイ地点

図9　ヴァンドン地域の遺跡分布図

図10　コンクイ地点の砂丘　　　　図11　コンクイ地点青磁

釉で彩文した壺で、13世紀〜14世紀の陳朝期の製品である[17]。

　青磁では碗が多くみられる。図12-3は内面に押し型で花文を施文する。図12-4・9は見込みに三角形の胎土目が数か所残り、目跡同士の間隔から、いずれも目跡は5か所あったと考えられる。高台外側面には3本の沈線がめぐる。高台の削り込みは浅い。図12-5は胎土目のほかにかさね焼きによる高台の痕跡が環状にのこる。このような押し型による文様と胎土目を用いた窯詰め技法は陳朝期の特徴的な製品で、その生産には中国の耀州窯の技術的影響が指摘されている〔Nishino 2002：90-91〕〔西野 2008〕。

　図13-25は白磁碗である。内面に型押しによる文様を施す、陳朝期の製品である。

　図13-20は内白外褐釉碗である。見込みに目跡がのこる。14世紀の陳朝期の製品である。日本では、博多で出土している。

第 2 章 ヴァンドン地域における考古学調査

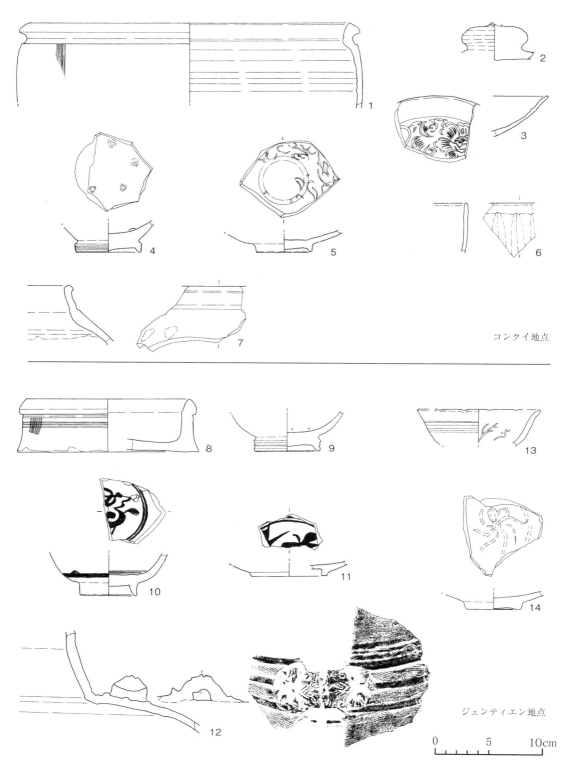

コンクイ地点

ジェンティエン地点

図 12　クアンラン島踏査表採遺物（1）

第3節 考古学調査結果

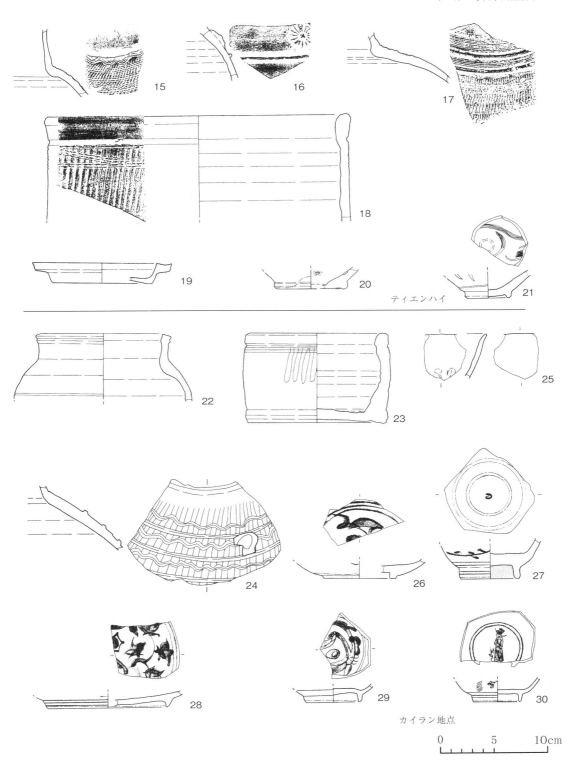

ティエンハイ

カイラン地点

図13 クアンラン島踏査表採遺物（2）

第2章　ヴァンドン地域における考古学調査

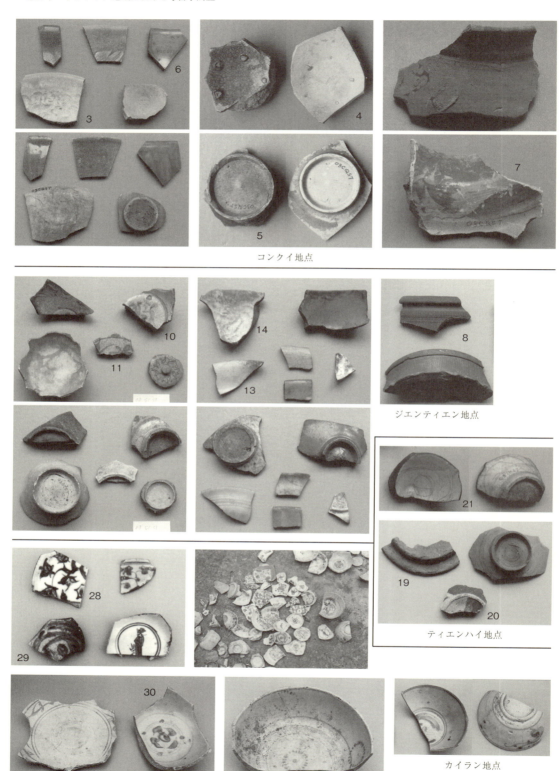

図14　クアンラン島踏査表採遺物（3）

図12-10は青花碗で見込み二重圏線内に「福」の字を描き、青料の発色は良好である。内底部に胎土目が1か所のこる。器形はどっぷりと深く高台はしっかりと削りだされている。胎土は灰白でやわらかい。16世紀の製品でハイズオン省ビンザン地域のカイ窯またはホップレー窯の製品と思われる。図13-27は高台内に鉄錆をぬる碗で見込みを蛇の目釉剥ぎしている。16世紀の製品である。図12-11、図13-26は青花皿で見込みに草花文を描く。青料の発色は淡い。高台の削りは、外側ははっきりとしないが、高台内はしっかりと削りこんでおり、結果として碁笥底風に仕上がっている。胎土は灰白でやわらかい。灰白の透明釉を外側面の腰辺まで掛ける。17世紀の製品で、同類の製品は、日本では石川・広坂遺跡で出土している。
　図14-31は印判で菊花文を施文する深皿で、文様や圏線は青花や鉄絵のものがある。腰から下は露胎とし、内底面は蛇の目釉剥ぎをしている。ハイズオン省ホップレー窯の製品である。この深皿は、第3章で述べるフォーヒエンの発掘調査で多数出土している[18]。

b. 中国陶磁器

　最も多かったのは褐釉四耳壺である。図12-7は中国南部で生産された施釉陶器で、おもに茶葉を運搬するさいのコンテナとして、海域アジアの港に運搬されていた。日本でも、中世以降の港市遺跡や大消費地遺跡で多数出土している。図13-19は土瓶の蓋である。
　青磁では竜泉窯系の製品が多い。図12-6は外面に蓮弁を施す。図12-13は外面には3本の沈線がめぐる碗で、口縁を輪花にする。
　図13-21は景徳鎮窯系の青白磁碗である。見込みに櫛掻きによる文様がある。高台の削りは浅い。14世紀の製品である。
　白磁では、景徳鎮窯系の枢府手の製品がみられた。図12-14は見込みには押し型による花文を施文する。高台の削り込みは浅い。
　図13-28は景徳鎮窯系の青花皿である。図13-29・30は景徳鎮窯系の饅頭心の青花碗である。ともに明の海禁政策が弛緩した16世紀後半から17世紀初頭にさかんに輸出された小野編年E群〔小野1982〕の製品である。

c. 銭貨

　ベンコンクイ地点でおこなった踏査で21枚の銅銭を表採した。また、山本達郎の1936年の踏査では、実に566枚の銭貨を採集し、カイラン地点では数千枚の明命通寳が容れられた一括出土銭を確認している〔山本達郎1939:21-25〕。ドー・ヴァン・ニンの踏査でも多くの銭貨が採集されている〔Đỗ Văn Ninh 1997〕。上述のクアンラン島での調査で報告されている銭貨について表1にまとめる。五銖銭から1851年初鋳の咸豊通寳まで多くの銭貨が発見されていることがわかる。また、カイラン地点ではドー・ヴァン・ニンがスペインの銀貨を表採しており〔Đỗ Văn Ninh 1997:230〕、その報告によるとこの銀貨は、1762年に鋳造され、銀貨の両面には多く漢字が無秩序に陰刻されて

いる。ドーの報告では、これらの漢字がベトナム語表記で記されているため、筆者が正しい漢字をあてはめることは困難であるが、「天」「吉」「正」「貞」「福」「金」等であろう。ドーは、これらの漢字は税関検査所の通過許可の印しであり、この銀貨が雲屯港にもたらされるまでに多くの漢字使用国を経由してきている証拠であると考察している。

3. コンクイ地点の発掘調査

a. 概 要

コンクイ地点での踏査の成果を受け、2003年夏に発掘調査をおこなった。

前述のとおり、コンクイ地点一帯は大規模な珪砂採掘場であるため、当初調査を予定していた地点は、その調査6ヶ月前にすでに採掘され、掘り返されてしまっていた（図15-1）。この地点を採掘した作業員の話しによると、作業中にいくつもの壺や碗、香炉などの陶磁器類がみつかり、そのいくつかの壺には人骨と灰が詰まっていたため、別地点に埋葬し直したという。その場所に案内してもらい掘り返してみると、15世紀頃のベトナム産焼締陶器の壺に、いわゆる「縄簾」文のはいった浅鉢型の焼締陶器の蓋がしてあった。蓋をあけてみるとたしかに人骨が入っていた。ほかにも褐釉の壺が2点あり、一方には18世紀の中国産青花碗がかぶせてあった（図15-2）。壺の中身を確認したかったが、気味悪がった作業員の要望もあり、残念ながらそのまま埋め戻した。

発掘調査は、珪砂採掘場内で採掘がおこなわれていないと思われる場所、3カ所を選定し、トレンチ調査を実施したが、いずれのトレンチでも遺構の検出はなく、若干の遺物が出土した。コンクイ地点の発掘調査で出土した遺物は総数62点であり、すべて陶磁器片であった。トレンチごとの出土陶磁器の内訳は、以下の通りである（表2）。

b. 出土遺物

陶磁器は焼締陶器鉢が多く、磁器はほとんどが小片であった。コンクイ地点で出土した遺物を図15-31～34に提示する。各遺物の観察事項は表3にまとめた。

遺物は大半が図15-31のようなベトナム焼締陶器であった。外面に「縄簾」文のある鉢が多く、口縁部は断面が三角形に成形され、口縁の頂点は尖る。図15-32はベトナム青磁碗で、内面に押し型で施文する。見込みに目跡がのこる。

中国製品では、図15-33のような中国南部で生産される褐釉陶器が多く出土している。また上田編年B-Ⅳ類〔上田秀夫1982〕の15世紀末の竜泉窯系の蓮弁文青磁碗も出土している（図15-34）。

c. 調査の結果

コンクイ地点の発掘調査および周辺の遺跡踏査では、多数の胴長のベトナム焼締陶器鉢や壺、白磁の香炉もみつかっている。また、多数の銭貨が確認されている。ベトナムの考古学調査において、多数の銭貨が出土する遺構は一括出土銭、あるいは埋葬遺構である。一括出土銭であったとす

表1 クアンラン島調査での表採銭貨

中国銭

銭種	時代	初鋳年	地点 ベンコンクイ	ヴンヒュエン	カイラン	備考
五銖	前漢	B.C.118	○			
開元通寶	唐	621	○	○		
乾元重寶	唐	758	○			鉄銭
太平通寶	北宋	976	○			
淳化元寶	北宋	990	○			
至道元寶	北宋	995	○			
咸平元寶	北宋	998	○			
景德元寶	北宋	1004	○			
祥符通寶	北宋	1009	○			
祥符元寶	北宋	1009	○			
天禧通寶	北宋	1017	○			
天聖元寶	北宋	1023	○			
景祐元寶	北宋	1034	○			
皇宋通寶	北宋	1038	○			
至和通寶	北宋	1054	○			
嘉祐元寶	北宋	1056	○			
嘉祐通寶	北宋	1056	○			
治平元寶	北宋	1064	○			
熙寧元寶	北宋	1068	○			
元豊通寶	北宋	1078	○			
元祐通寶	北宋	1086		○		
紹聖元寶	北宋	1094	○			
元符通寶	北宋	1098	○			
聖宋元寶	北宋	1101	○			
政和通寶	北宋	1111	○			
宣和通寶	北宋	1119	○			
淳熙元寶	南宋	1174	○			背十六
大定通寶	金	1178		○		
嘉熙通寶	南宋	1237	○			
淳祐元寶	南宋	1241	○			
皇宋元寶	南宋	1253	○			
洪武通寶	明	1368	○			
康熙通寶	清	1662	○			
洪化通寶	周	1678	○			
乾隆通寶	清	1736	○			
嘉慶通寶	清	1796	○			
咸豊通寶	清	1851	○			

ベトナム銭

銭種	時代	初鋳年	地点 ベンコンクイ	ヴンヒュエン	カイラン	備考
天福鎮寶	前黎	984	○			背黎
端慶通寶	後黎	1505			○	
景興泉寶	後黎	1740	○		○	
景興至寶	後黎	1740	○		○	
景興永寶	後黎	1740	○		○	
景興巨寶	後黎	1740	○		○	
景興順寶	後黎	1740	○			
景興中寶	後黎	1740	○		○	
景興太寶	後黎	1740	○			
景興大寶	後黎	1740	○		○	
景興通寶	後黎	1740	○		○	
泰德通寶	西山	1778	○		○	
昭統通寶	後黎	1787	○		○	
光中大寶	西山	1788	○			
光中通寶	西山	1788			○	
景盛通寶	阮	1792			○	
景盛通寶	阮	1792	○			大銭（径4.7cm）
明命通寶	阮	1820			数千	

その他

銭種	国名	初鋳年	地点 ベンコンクイ	ヴンヒュエン	カイラン	備考
銀貨	スペイン	1762			○	

第 2 章　ヴァンドン地域における考古学調査

表 2　コンクイ地点出土遺物数

	ベトナム陶器	ベトナム磁器	中国陶器	中国磁器	産地不明	総　数
第1トレンチ	24	13	17	1	0	55
第2トレンチ	3	0	1	0	0	4
第3トレンチ	2	0	1	0	0	3
合　計	29	13	19	1	0	62

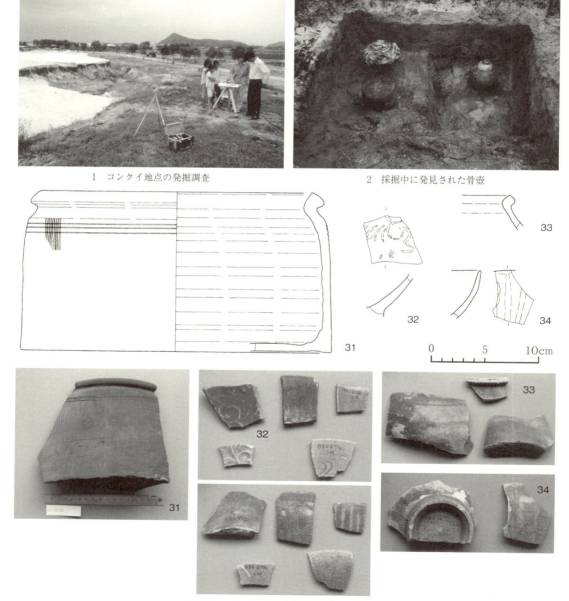

1　コンクイ地点の発掘調査　　　　2　採掘中に発見された骨壺

図 15　コンクイ地点発掘調査出土遺物

表3　ヴァンドン地域発掘調査出土遺物　観察表

クアンラン島コンクイ地点

図	No.	層	産地	生産窯	種類	器種	色調	文様 内面	文様 外面	法量(mm) 口径	法量(mm) 器高	法量(mm) 底径	備考
12	31	1	ベトナム	北部	陶器	鉢	胎土：赤褐・白色土混じる、内・外：灰褐		縄簾	254	285	156	
12	32	1	ベトナム	北部	青磁	碗	胎土：灰白、釉：半透明・オリーブ灰	花					内底面胎土目
12	33	1	中国	南部	褐釉陶	壺	胎土：灰白、釉：不透明・褐						口縁内面から外面施釉
12	34	1	中国	龍泉	青磁	碗	胎土：灰白、釉：半透明・緑灰・厚い		蓮弁				貫入

コンタイ島第3地区

図	No.	層	産地	生産窯	種類	器種	色調	文様 内面	文様 外面	法量(mm) 口径	法量(mm) 器高	法量(mm) 底径	備考
21	74	1	ベトナム	北部	陶器	瓶	胎土・内・外：暗赤褐、自然釉：黄褐			120			肩部に自然釉
21	75	1	ベトナム	北部	陶器	浅鉢	胎土・内・外：暗赤褐で白土混じる		縄簾	160	167	42	赤色粒含む、外底面無調整
21	76	1	ベトナム	北部	陶器	鉢	胎土・内・外：暗赤褐で白土混じる		縄簾・沈線	167	182	121	赤色粒含む、外底面無調整
21	77	1	ベトナム	北部	青花	碗	胎土：灰白、釉：透明・灰白、青料：良	雷文	草花	100	42	58	口縁釉剥、畳付釉剥、高台外面鉄釉
21	78	1	ベトナム	北部	青花	盤	胎土：灰白、釉：透明・灰白、青料：良	草花	ラマ蓮弁				高台内に鉄釉
21	79	1	ベトナム	北部	五彩	盤	胎土：灰白、釉：透明・灰白、五彩はげる						
21	80	1	ベトナム	北部	青磁	馬上坏	胎土：暗灰白、釉：透明・オリーブ灰						貫入
21	81	2	ベトナム	北部	陶器	浅鉢	胎土・内：褐灰、外：黒褐		縄簾・沈線	157			赤色粒含む
21	82	2	ベトナム	北部	青磁	碗	胎土：灰白、釉：透明・オリーブ		蓮弁				黒褐色粒含む、貫入
21	83	2	ベトナム	北部	白磁	碗	胎土：灰白、釉：透明・灰白					55	内底面目跡(4)・砂粒付着、畳付釉剥、貫入
21	84	2	ベトナム	北部	青花	碗	胎土：灰白、釉：半透明・灰白、青料：うすい	花	ラマ蓮弁			55	高台内釉剥、畳付釉剥
21	85	2	ベトナム	北部	青花	蓋	胎土：灰白、釉：透明・灰白、青料：くすむ	－	花	62			内面無釉
21	86	2	中国		青磁	碗	胎土：灰白、釉：透明・緑灰	ラマ蓮弁	蓮弁				口縁輪花

コンタイ島第5地区

図	No.	層	産地	生産窯	種類	器種	色調	文様 内面	文様 外面	法量(mm) 口径	法量(mm) 器高	法量(mm) 底径	備考
24	87	2	ベトナム		陶器	壺	胎土・内：赤褐、外：黒褐	－	凸帯	114			
24	88	2	ベトナム	北部	白磁	蓋	胎土：灰白、釉：透明・灰白	－	蓮弁	69	65	20	外面施釉
24	89	2	ベトナム	北部	白磁	碗	胎土：灰白、釉：透明・灰白	－	－			66	内底面胎土目(5?)、貫入、高台内無釉
24	90	2	中国	南部	褐釉陶	壺	胎土・内：灰、外：黒褐	－	沈線	111			外面褐釉、砂粒含む
24	91	2	中国		青磁	碗	胎土：灰白、釉：透明・緑灰・厚い	花			50		高台一部施釉、高台内無釉
24	92	2	中国		青磁	鍔縁皿	胎土：灰白、釉：透明・緑灰・厚い	蓮弁	蓮弁				口縁稜花
24	93	2	中国		青磁	瓶	胎土：灰白、釉：透明・緑灰・厚い	花・蓮弁	－				

第 2 章　ヴァンドン地域における考古学調査

図	No.	層	産地	生産窯	種類	器種	色調	文様 内面	文様 外面	法量(mm) 口径	法量(mm) 器高	法量(mm) 底径	備考
24	95	2	中国	景徳鎮	青花	さら	胎土:灰白、釉:透明・灰白、青料:良好						口縁輪花
24	96	2	中国	景徳鎮	青花	袋物	胎土:灰白、釉:透明・灰白		花				
25	97	3	ベトナム		陶器	蓋	胎土・内・外:橙	−	−	27			赤色粒含む
25	98	2	ベトナム		陶器	蓋	胎土・内:灰褐、外:黒褐		凸帯	166			赤色・黒色粒含む
25	99	2	ベトナム	北部	褐彩陶	壺	胎土:灰白、釉:透明・淡オリーブ灰・茶褐	−	花				釉掻き落とし後褐彩、貫入、赤色粒含む
25	100	2	中国	磁州窯	褐彩陶	壺	胎土:灰白、釉:不透明・灰白・褐	−	花				
25	101	2	中国	磁州窯	褐彩陶	壺	胎土:灰白、釉:不透明・灰白・褐	−	花	120			内外面施釉、高台内無釉、畳付白釉付着
25	102	2	中国		褐釉陶	壺	胎土:灰白、釉:不透明・茶褐		横耳				
25	103	2	中国	竜泉窯	青磁	碗	胎土:灰白、釉:透明・緑灰	?	雷文	51			口縁輪花
25	104	2	中国	竜泉窯	青磁	碗	胎土:灰白、釉:透明・緑灰・厚い	ラマ蓮弁	沈線	148	56	34	高台一部施釉、高台内無釉、口縁輪花
25	105	2	中国	竜泉窯	青磁	碗	胎土:灰白、釉:透明・緑灰・厚い	花			86		底面貼り付け、貫入、畳付釉剥
25	106	2	中国	竜泉窯	青磁	碗	胎土:灰白、釉:透明・緑灰・厚い	花・ラマ蓮弁	?		59		高台一部施釉、貫入
25	107	2	中国	竜泉窯	青磁	大鉢	胎土:灰白、釉:透明・緑灰・厚い	蓮弁	蓮弁				口縁稜花
25	108	2	中国	龍泉窯	青磁	壺	胎土:灰白、釉:透明・緑灰・厚い				292		
25	109	2	中国	龍泉窯	青磁	壺	胎土:灰白、釉:透明・緑灰・厚い	鳥花					
25	110	2	中国	龍泉窯	青磁	香炉	胎土:灰白、釉:透明・オリーブ茶・厚い			67			獣足(三足)、足裏面一部施釉、貫入
25	111	2	中国	景徳鎮	白磁	碗	胎土:灰白、釉:透明・灰白・厚い	花	−	161			口縁稜花
25	112	2	中国	景徳鎮	白磁	碗	胎土:灰白、釉:透明・灰白	菊花			54		畳付釉剥、高台内無釉
25	113	2	中国	景徳鎮	白磁	碗	胎土:灰白、釉:透明・灰白	花・蔓草			56		高台内無釉、畳付釉剥
26	114	3	ベトナム	北部	褐彩陶	壺	胎土:淡黄灰、釉:透明・淡オリーブ灰・茶褐	−	?				釉掻き落とし後褐彩、貫入
26	115	3	中国		陶器	壺	胎土・内・外:灰白			18			泉州壺、口縁に褐釉、黒色粒・砂粒含む
26	116	3	中国	竜泉窯	青磁	碗	胎土:灰白、釉:透明・緑灰・厚い		蓮弁				
26	117	4	ベトナム	北部	褐彩陶	壺	胎土:灰白、釉:透明・淡オリーブ灰・茶褐	−	?				釉掻き落とし後褐彩、貫入
26	118	4	ベトナム	北部	褐彩陶	壺	胎土:灰白、釉:透明・淡オリーブ灰		?				釉掻き落とし後褐彩、貫入、目跡あり
26	119	4	中国	南部	褐釉陶	壺	胎土:灰白、釉:不透明・褐		横耳				外面褐釉、四耳壺か?
26	120	4	中国	竜泉窯	青磁	碗	胎土:灰白、釉:透明・緑灰・厚い		蓮弁				高台施釉
26	121	5	ベトナム	北部	陶器	鉢	胎土・内:褐、外:黒褐	−		157	60	156	赤色粒含む
26	122	5	ベトナム	北部	褐彩陶	壺	胎土:灰白、釉:透明・淡オリーブ灰・茶褐	−	花				釉掻き落とし後褐彩
26	123	5	中国	竜泉窯	青磁	碗	胎土:灰白、釉:透明・緑灰・厚い		蓮弁				

ると、ほとんどの場合、銭貨同士が壺のなかでしっかりと錆付いている。かりに壺が割れた、あるいは入れ物が有機質のものであったとしても、ある程度の塊として大量に出土する。コンクイ地点では、砂丘にばらばらと散布していた状態であり、小規模に多地点で確認された。

　李朝期の埋葬遺跡の調査は少なく、不明な点が多い。陳朝期の埋葬遺跡の調査は数十遺跡でおこなわれている。一般的に埋葬遺構からは銭貨数十点が出土しており、陳朝期には埋葬時、あるいはその後の祭祀において銭貨を供える風習があったことがわかる〔Hà Văn Tấn（*et al.*）2001：143-150〕。

　コンクイ地点では、珪砂の採掘に伴い多数の埋葬遺構が確認されており、それは胴長のベトナム焼締陶器鉢のなかに人骨を納めたものであった。このため、コンクイ地点は墓域としての性格も有していた地域であり、大量に発見されたベトナム焼締陶器鉢は遺骨を納めた骨壺であったと考えられる。そして、多数の銭貨はその埋葬時に、あるいは祭祀にともない供えられたものと解釈できる。コンクイ地点の砂丘は遅くとも14世紀頃から近世までの墓域であったろう。

4．ゴックヴン島の踏査

　遺物である陶磁器は、ゴックヴン島（⑦）の北側にある沿岸部の入り江、コンイエン（Cống Yên）地点に分布していた（図16-1）。遺物の分布は海岸線のみである。大半はベトナム焼締陶器で、このほかに13世紀から15世紀の竜泉窯系の中国青磁がみられたが、数量は多くない。図16-35は中国の竜泉窯系の青磁で、14世紀の製品である。過去の踏査では、タイ陶器やベトナム初期鉄絵が確認されている〔安里他 1998：154〕

5．コンドン島の踏査

　コンドン島（⑭）はコンタイ島の東側に平行してあり、両島ともタンロイ（Thăng Lợi）地区に属する。南北およそ5kmの島で、北端の第1地区から南端の第5地区にわけられている。島の西側に若干の民家が点在する。舗装道路はなく、移動には細い砂利道を行くか、船を使う。役所や学校など主要な施設はコンタイ島にあり、コンドン島とコンタイ島の往来は渡し船が使われている。

　遺物は島の北部東側、第1地区の入り江であるヴンヒュエン（Vùng Huyên）に集中していた。この一帯は、満潮時には水没し、干潮時になると浜辺に無数の陶磁器片があらわれる（図16-2）。

　表採遺物は、図16-36～38に提示した。後述のコンタイ島第3地区と第5地区の遺物をあわせた様相を呈する。ベトナム製品では焼締陶のほかに緑釉や黒褐釉を施釉した製品、白釉掻落褐彩壺や内白外褐釉碗などで陳朝期の遺物が多い（図16-36）。15～16世紀の青花もみられた。中国製品では青磁や白磁もみられた。図16-37は青磁で沈線によって蓮弁を描く。図16-38は景徳鎮窯系の枢府手の白磁で14世紀の製品である。

6．コンタイ島の踏査

　コンタイ島（⑧）はヴァンドン県の海域のなかでも東南の隅に位置する。コンタイ島の西側に平行し

第2章 ヴァンドン地域における考古学調査

1 コンイエン地点

2 ヴンヒュエン地点

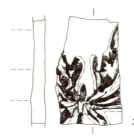
36

35

37

38

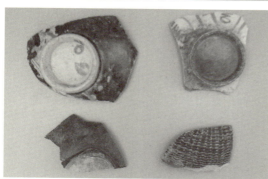

ヴンヒュエン地点

図16 ゴックヴン島、コンドン島踏査

てコンドン島があり、両島ともタンロイ地区に属する。コンタイ島とコンドン島の間には深い海域が細長く通っており、水上生活者の船が多数浮かんでいる。『大明一統志』(1461年)の巻90、安南、山川には、

> 雲屯山は新安府の雲屯県にあり、海のなかにあって両山が対峙している。一帯の水脈が間を貫通し、諸外国の商船が集散する地である。(雲屯山、在新安府雲屯縣、大海中兩山對峙、一水中通、蕃國商舶、多聚于此。)[19]

とある。同様の記事は『安南志原』(1527年)にも記されている〔山本達郎 1939：15〕。コンタイ島とコンドン島の両山が対峙し、その２つの島を裂くように流れる水路のような海は、これらの史料に記される雲屯の様子を彷彿とさせる(口絵１)〔図23-1〕。

役所や学校などの中心的な施設はコンタイ島にあり、ハロン市のホンガイ(Hồng Gai)港からでている定期船もコンタイ島に着岸する。コンタイ島は南北およそ５kmの島で、北端の第１地区から南端の第５地区にわけられている。島の東側には舗装道路があり、この周辺に民家が集中する。役所や学校、船着き場がある島の中心地は第３地区である。

遺物は、島の中央部東側である第３地区から南側の第５地区の沿岸部一帯と第５地区から内陸に入り、山を越えて島の東側の沿岸部の入り江、そして100mほど内陸に入った平地一帯であるチュアカット(Chùa Cát)地点、そこからさらに北にある入り江のチュオンボー(Chương Bo)地点(図23-2)に分布していた。分布する遺物は、島の中央部(第３地区、第４地区)一帯と、南部(チュアカット地点、チュオンボー地点、第５地区)一帯で大きく様相が異なる。

第３地区、第４地区ではベトナム製品が多い。いわゆる「縄簾」文がある焼締陶器や15～16世紀の青花が多くみられた。中国製品も若干あり、15～16世紀の竜泉窯系青磁や景徳鎮窯系白磁、青花などである(口絵4-2・4)。特にビーズ繋ぎ線文で装飾された元代の青花紅釉製品中国製品(口絵4-2)は、質の高いもので、トローラン遺跡でも同様の製品が発見されている。中国製品の量は、ベトナム製品の量からすればわずかである。なお、第３地区地点では発掘調査をおこなっている。

チュアカット地点、チュオンボー地点、第５地区地点ではおもにベトナムの焼締陶器と中国磁器がみられた。中国青磁は竜泉窯系の13～15世紀のものがほとんどであった。ベトナムの磁器製品も若干みられ、内面を印花によって施文した白磁や青料が褐色を呈し、いわゆる鉄絵とばれる製品など、陳朝(13～14世紀)の製品がほとんどであった。ベトナム磁器の量は、中国磁器の量からすればほんのわずかである。なお、第３地区、第５地区では発掘調査をおこなっている。

以下に、コンタイ島踏査で表採した陶磁器について報告する。第１地区の遺物は図17-39、第２地区の遺物は図17-40・41、第３地区の遺物は図17-42～51、第４地区の遺物は図17-52～58、チュアカット地点の遺物は図18-59～61、チュオンボー地点の遺物は図18-62～69、第５地区の遺物は図19-70～73、である。写真は図19・20に提示した。

a. ベトナム陶磁器

図17-42、図18-62、図19-70は焼締鉢で外面の肩部から胴部にかけ、いわゆる「縄簾」文がのこる。図17-52、図18-59は焼締長胴瓶である。図17-45は外面に黒褐釉を施釉した蓋で、凸帯がめぐる。施釉された陶器蓋はめずらしく、ベトナム北部の製品である。図18-63は焼締蓋の宝珠型のつまみで、取っ手の部分は中実と思われる。本体部分は欠失しているが、図17-45のように浅い丸底鉢をひっくり返したような形であろう。

図17-39、図19-72は青磁碗である。ともに、内面に印花で文様を施す。39は高台の削りこみが浅く、72は高台を細く削りだす。ともに陳朝期の製品である。陳朝期の陶磁器の高台部には同じ生産窯でも高台の作りにバラエティがあり、高台の形態の違いが生産窯や年代の違いをあらわすわけではない。

図17-40は褐磁碗である。見込みに胎土目が2か所のこる。高台の削りは浅く、外側には沈線がめぐる。

図17-43・46は緑釉の碗である。43は見込みを蛇の目釉剥ぎにする。46は外面に鎬蓮弁を施す。15世紀初頭の製品である。

図18-64は白磁の碗である。見込みに三角形の小さな目跡が5か所ある。陳朝期の製品である。

図17-44は外褐内白釉碗である。一般に、見込みに目跡があり、14世紀頃の製品とされるが、この遺物は蛇の目釉剥されており、もっとあたらしい、15世紀～16世紀の製品と考えられる。

図17-41・48、図19-71は初期鉄絵の鉢で、14世紀後半の製品である。ハノイ近郊のキムラン村やハイズオンのヴァンイエン窯で生産されていた。元青花を模倣したもので、日本では博多市内や大宰府遺跡で出土しているほか、近年ではベトナム南部海域の沈没船からも大量に発見されており、ベトナム陶磁の大量生産が開始したころの製品と位置づけられる。

図17-47・49、53～57は青花製品である。49・54は小型の盤、53は小壺、55・56は瓶である。56は文様が略筆で空白部分も多く、15世紀後半から末の製品であろう。

47は鳥を象った、型作りの水滴で、57、口絵4-3はタイルである。ともにベトナム国内の遺跡で発見されることはめずらしい。インドネシアのマジャパイト王国の遺跡で多数発見されており、15世紀中頃の製品である。タイルは、カルトゥーシュ枠形片に分類される〔坂井2009：33〕。この遺物以外では、ハノイの昇竜皇城遺跡から確認されているだけである。

b. 中国陶磁器

図18-65は、中国の褐釉四耳壺である。図17-50は、景徳鎮窯系の白磁碗である。器壁は厚くどっぷりとしている。内面に型押しで施文する。文様は不明。畳付きから高台は無釉である。図18-69景徳鎮窯系の白磁碗である。器形は腰付きで、内面には型押しで施文する。ともに14世紀の製品である。

図17-51・58、図18-66～68、図19-73は竜泉窯系の青磁である。図18-67は外面に三本に沈

第3節　考古学調査結果

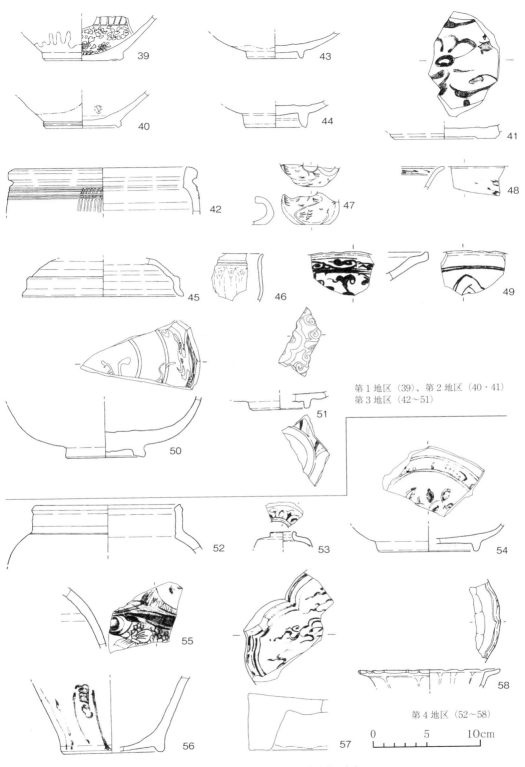

第1地区 (39)、第2地区 (40・41)
第3地区 (42～51)

第4地区 (52～58)

図17　コンタイ島踏査表採遺物 (1)

第2章 ヴァンドン地域における考古学調査

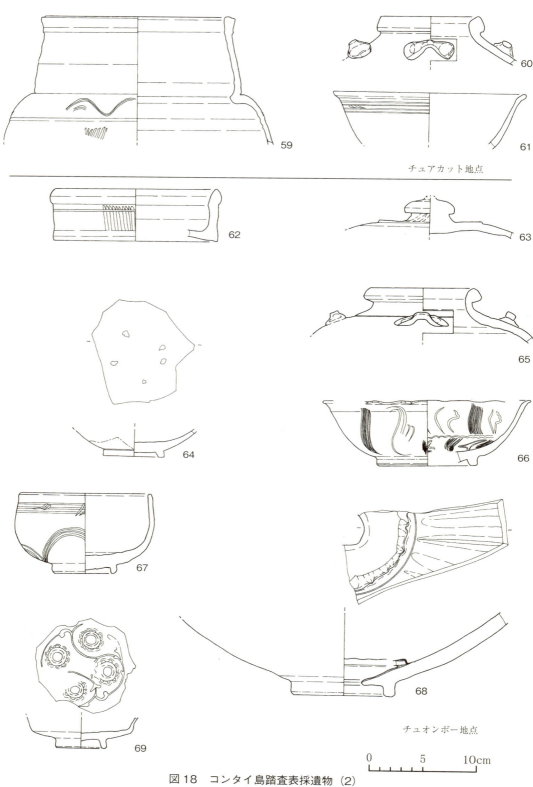

チュアカット地点

チュオンボー地点

図18 コンタイ島踏査表採遺物（2）

第3節　考古学調査結果

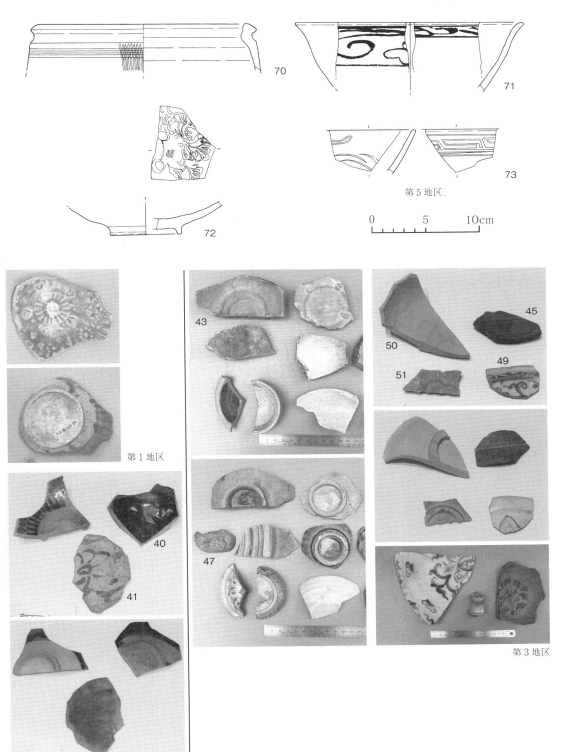

図19　コンタイ島踏査表採遺物（3）

第2章 ヴァンドン地域における考古学調査

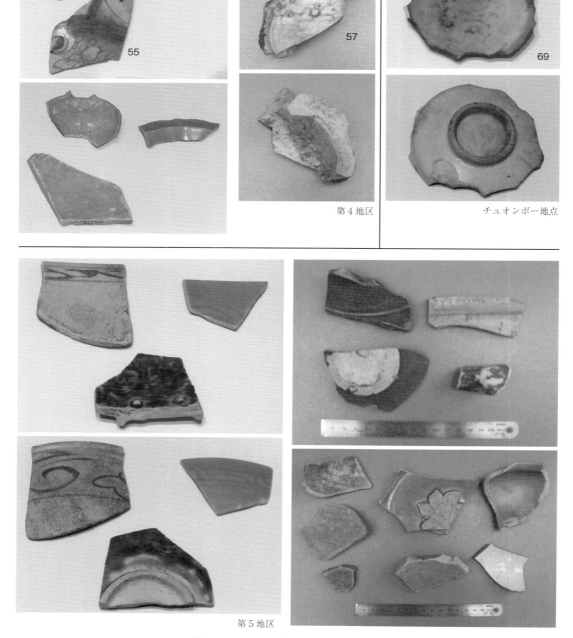

第4地区　　　　　チュオンボー地点

第5地区

図20　コンタイ島踏査表採遺物（4）

線が巡り、一部を箆で区切る。15世紀の製品である。図19-73は箆で雷文を描く。15世紀の製品である。図18-66はヘラで文様を描く。15世紀の製品である。図18-68は大型の鉢で、釉は厚い。底部に穴が開いた状態に成型し、その後、型で紋様を成型した見込み部を内側から張りこんでいる。14世紀後半の製品である。

7. コンタイ島第3地区地点の発掘調査

a. 概要

ハロン湾のヴァンドン県でおこなった踏査により、コンタイ島に多くの遺物が分布していることがわかった。また、コンタイ島のなかでも、地点によって分布する遺物の産地や年代に偏りがあることがわかった。この遺物分布の様相をさらに詳しく調べるため、コンタイ島第3地区において発掘調査をおこなった。

発掘調査は2002年の夏に実施した。コンタイ島の船着き場から北へ500m、第3地区の大きな入り江を調査地点に選定した。周辺の家屋を修復するさい、多くのベトナム青花が出土したという。海岸線から道を挟んだ内陸側の平地部に3×3mのトレンチを設定した。発掘地点のGPSデータはN20°53'05.2"、E107°19'03.1"である。

このトレンチでは遺構は確認できなかった。遺物は1層目（黒褐色土層）から多く出土し、ほとんどがベトナム陶磁器であった（図21-74～80）。2層目（黄褐色土層）の遺物はわずかであった（図21-81～86）。遺物の年代は15世紀から16世紀のものが中心で、踏査の成果を裏づける結果となった。

コンタイ島第3地区地点から出土した遺物総数は201点で、すべて陶磁器片であった。出土遺物を図21・22に提示する。各遺物の観察事項は表3にまとめた。層位ごとの出土陶磁器の内訳は、表4の通りである。

第1層、第2層ともに、ベトナム陶磁器が多数をしめる。上位層である第1層から出土したベトナム磁器のほとんどが青花であったのにくらべ、下位層である第2層からは緑釉や白磁製品が出土しており、製品年代の早晩をしめす出土状況となっている。中国製品では、第1層から青磁や青花が、第2層から青磁が出土しているが少数である。

b. ベトナム陶磁器

図21-74は口縁を玉縁にする焼締陶器の長胴瓶である。図21-75・81は焼締浅鉢で、口縁部は断

表4　コンタイ島第3地区地点出土遺物数

	ベトナム陶器	ベトナム磁器	中国陶器	中国磁器	産地不明	総数
第1層	46	93	1	21	0	161
第2層	17	18	1	4	0	40
合計	63	111	2	25	0	201

面が三角形に成形される。陳朝期の製品である。図21-76は焼締鉢で、口縁の頂点は丸みをおびる。

図21-80は青磁馬上坏の脚部である。

図21-82は外緑内褐釉碗である。外面には蓮弁を施す。15世紀初頭の製品であろう。

図21-83は白磁碗である。見込みに胎土目が4か所のこる。

図21-77・85は青花碗である。77は高台の外側付け根を掘り込み、外面に鉄銹をぬる。同様の高台をもつ碗はハイズオン省ミーサー窯にあり、15世紀の製品である〔Bùi Minh Chí, Kerry Nguyen Long 2001：207-74〕。図21-78・84は青花盤で、79は五彩盤である。79と84は口縁部が釉剥ぎされている。ミーサー窯の製品である。

c. 中国陶磁器

図21-86は中国竜泉窯系の製品で、内面に型押しのラマ蓮弁を施す。口縁は輪花にする。明朝初期の製品である。

d. 調査の結果

陳朝から16世紀にかけての遺物が、コンタイ島一帯に分布することが確認された。第3地区地点の出土遺物は、ほとんどが15～16世紀のハイズオン窯系のベトナム陶磁であり、高台内に鉄銹をぬるベトナム青花碗や蓋、緑釉製品などが多い。これらの製品は、ベトナム国内でも出土しているが、インドネシアでも多数発見されており、15世紀中ごろか広範囲かけて、大規模に輸出されたと考えられている。

8. コンタイ島第5地区地点の発掘調査

a. 概　要

ハロン湾のヴァンドン県でおこなった踏査により、コンタイ島に多くの遺物が分布していることがわかった。また、コンタイ島のなかでも、地点によって分布する遺物の年代が異なることがわかった。この遺物分布の様相をさらに詳しく調べるため、コンタイ島第5地区において発掘調査をおこなった。

発掘調査は2002年の夏に実施した。コンタイ島の船着き場から南へ2kmの地点で、島の南端部である。付近の海岸には多くの中国陶磁器が分布しており、海岸と山地の間には民家が集中する比較的広い平地がある。平地部で民家が集中する地域の道端に中国陶磁器の破片の一部分が数点露頭するか所があり、ここに3×4mのトレンチを設定した。発掘地点のGPSデータはN20°52'35.5"、E107°19'26.8"である。

このトレンチの土層は、7層に分層できたが、第2層から第3層にかけて（深さおよそ30cm）、トレンチの南側から中国陶磁器の破片が折りかさなるようにして出土した。第4層を掘りこんで集積された遺物であろう。第4層は小石を多く含む層である。遺物はベトナム陶器がほとんどで比較的少

第3節　考古学調査結果

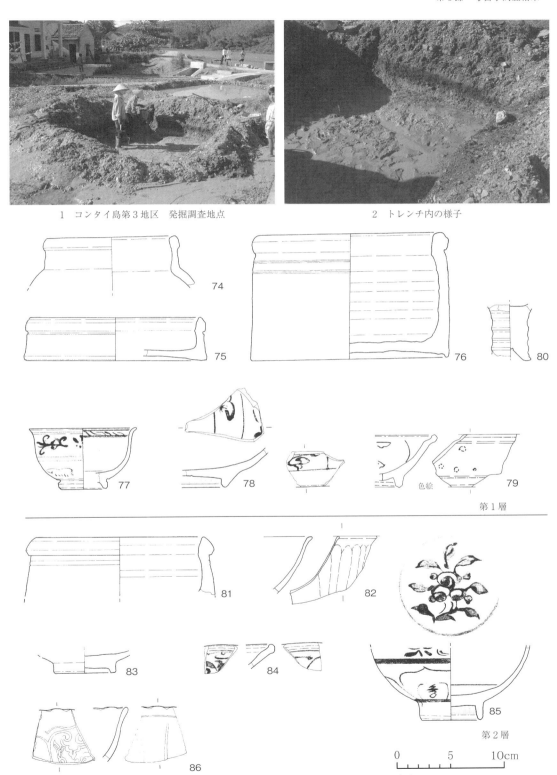

1　コンタイ島第3地区　発掘調査地点　　　　　　2　トレンチ内の様子

第1層

第2層

図21　コンタイ島第3地区発掘調査出土遺物（1）

67

第2章　ヴァンドン地域における考古学調査

第1層

第2層

図22　コンタイ島第3地区発掘調査出土遺物（2）

第3節　考古学調査結果

1　コンタイ島からコンドン島を望む

2　チュオンボー地点

3　発掘調査地点

4　炭化物とともに陶磁器が多数出土

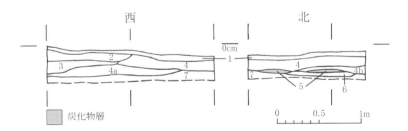

土層注記

層	色調	しまり	粘性	注記
1	黒褐色土	中	弱	表土。
2	暗褐色土	中	弱	遺物多く含む。
3	灰褐色土	中	弱	遺物多く含む。
4	灰褐色土	強	弱	小石、炭化物含む。
4a	灰褐色土	強	弱	小石多く含む。炭化物含む。
4b	灰褐色土	強	弱	小石、レンガ多く含む。炭化物含む。
5	黒褐色土・炭化物	なし	なし	炭化物。遺物多く含む。
6	黄褐色粘土	強	強	小石、炭化物含む。遺物少ない。
7	灰褐色・岩石	強	なし	小石、岩石を多く含む。遺物なし。

図23　コンタイ島第5地区発掘調査

ない。第5層は炭化物を多く含む層で、遺物も多い。遺物は熱をうけたようで、細かく粉砕し、表面が円形に剥離していた。

第6層は第5層の直下で、炭化物と小石を多く含む層である。ここでも遺物が集中して出土した。遺物の年代は13世紀中ごろが中心であった。

膨大な数の中国陶磁器とベトナム陶磁器が共伴して出土し、ベトナム陶磁器の編年研究に良好な資料を提供すると考えられるため、年代特定のための化学分析をおこなうことにした。炭化物を多く含み、他の年代の遺物の混入がみられない第6層から、炭化物をサンプリングし、C14年代測定をおこなった。その結果、炭化物の年代は1220～1280年という結果をえた[20]。この結果は、下層部出土遺物の年代と合致しており、考古学的にも自然化学的にもこの層位が13世紀代の土層であることが証明された。

コンタイ島第5地区地点から出土した遺物総数は2,555点で、すべて陶磁器片であった。出土遺物を図24～28に提示する。各遺物の観察事項は表3にまとめた。ここでは、第4層を中層とし、その上の1～3層を上層に、その下の5～6層を下層部に分けた。各層部位ごとの出土陶磁器の内訳を表5にしめす。

上層では、中国陶磁器が中心となり中でも青磁が多数を占める。ベトナムの製品は焼締陶器が中心となる。下層では、ベトナム陶磁器が中心となり、ベトナムの白釉掻落褐彩壺が出土している。

b. ベトナム陶磁器

図24-87は大型の焼締長銅瓶である。焼締陶器では、このほかにも外面に「縄簾文」のある陶器鉢（図12-1）が多数出土している。蓋では、つまみ部分のみ手びねりで作られるものや（図25-97）、胴部に凸帯があるものがある（図25-98）。ともに無釉である。図26-121は、焼締の浅鉢であるが、大型の甕の蓋でもある。図25-99、図26-114・117・122は、白釉掻き落し褐彩壺である。図24-89は、ベトナムの白磁碗である。見込みに目跡が3か所のこるが、完形であれば5か所あったと思われる。高台は細く厚底である。陳朝期の製品である。図24-88は白磁の硯あるいは器台である。外面に蓮弁を施文する。図26-118は白磁の壺の底部である。内底面に胎土目がある。高台は貼り付け高台となっており、大型製品であろう。

c. 中国陶磁器

図24-90、図25-102、図26-119は中国褐釉の壺である。図25-100・101は磁州窯の白地褐彩壺で14世紀の製品である。磁州窯の製品は、ベトナムではほとんど確認されていない。図26-115は中国南部産の泉州壺である。長胴で頸部が小さくすぼまる。インドネシアなどでも多く出土しており、貿易品の容器である。

図24-91～93、図25-103～110、図26-116・120・123は中国竜泉窯系の青磁である。図24-93、口絵4-1、図25-108・109は大型の瓶である。類例は新安海底遺物にあり、14世紀前半の製

第 3 節　考古学調査結果

表 5　コンタイ島第 5 地区発掘調査出土遺物数

層　位	対応土層	ベトナム陶器	ベトナム磁器	中国陶器	中国磁器	産地不明	総　数
上層部	1〜3層	482	25	184	1,053	8	1,752
中層部	4層	97	10	35	15	3	160
下層部	5〜6層	739	80	599	1,126	11	2,555
総　計		739	80	599	1,126	11	2,555

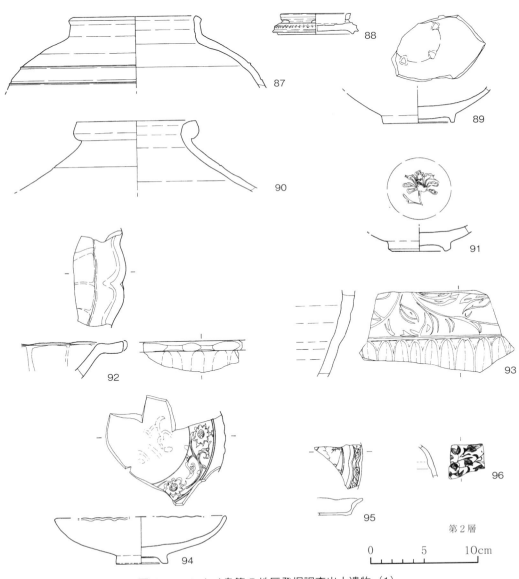

図 24　コンタイ島第 5 地区発掘調査出土遺物（1）

第 2 章　ヴァンドン地域における考古学調査

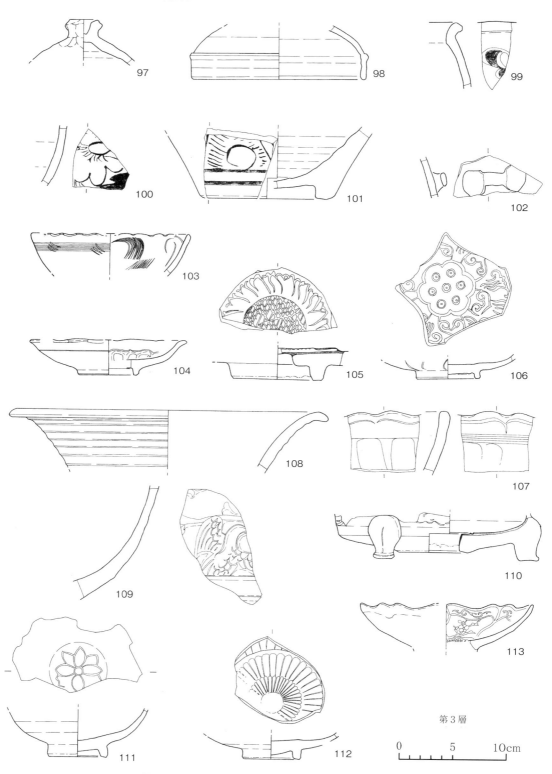

図 25　コンタイ島第 5 地区発掘調査出土遺物（2）

第3節 考古学調査結果

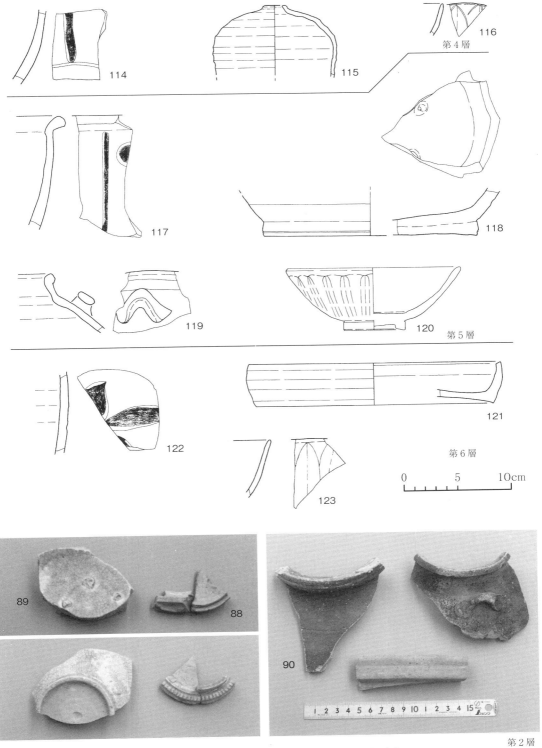

図26 コンタイ島第5地区発掘調査出土遺物（3）

第2章 ヴァンドン地域における考古学調査

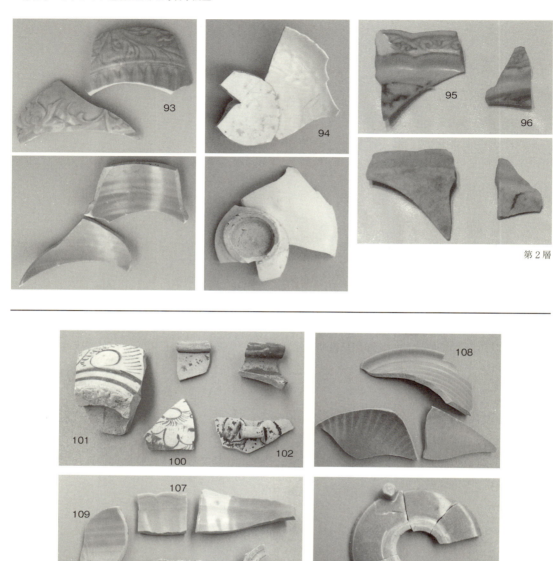

第2層

第3層

図27 コンタイ島第5地区発掘調査出土遺物（4）

第 3 節　考古学調査結果

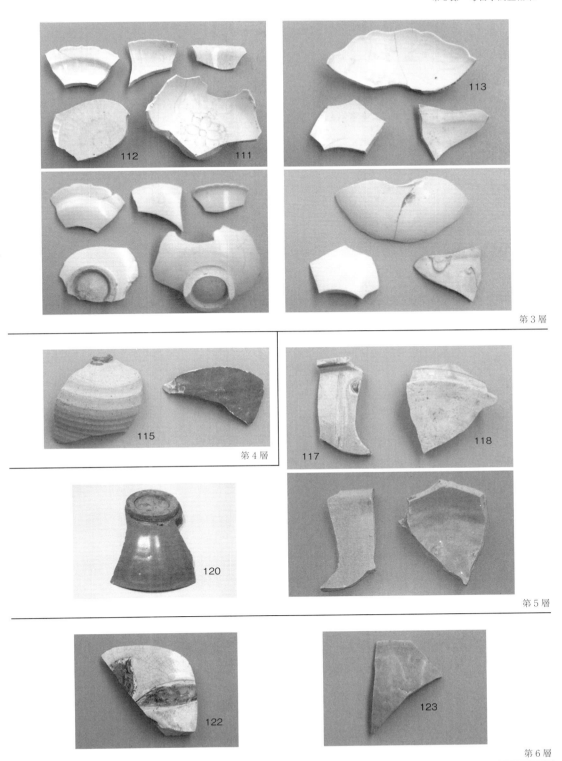

第 3 層

第 4 層

第 5 層

第 6 層

図 28　コンタイ島第 5 地区発掘調査出土遺物（5）

品である。首里城やトロウラン遺跡でも発見されている。図 25-105 は底部に穴が開いた状態に成型し、その後、型で紋様を成型した見込み部を内側から貼りこんでいる。酒海壺の身である。14世紀後半の製品である。図 26-116・120・123 は鎬蓮弁の碗である。120 はⅠ-Ⅴ類で 13 世紀中頃から後半の製品である。元寇の遺跡である鷹島海底遺跡からも同様の製品が出土している。

図 24-94、図 25-111～113 は、中国景徳鎮窯系の白磁碗で、高台は小さく枢府手の製品である。内面に箆で花文を施文する。14 世紀の製品である。図 25-112 は中国景徳鎮窯系の白磁皿で、内面に箆による菊花を施文する。14 世紀の製品である。

図 24-95・96 は元の青花で 14 世紀後半の製品である。

d.　調査の結果

陳朝期から 15 世紀にかけての遺物は、コンタイ島一帯に分布していた。第 5 地点で実施した発掘調査では、上層部で、折りかさなるように大量の中国陶磁器が出土した。竜泉窯系の青磁碗や瓶、香炉、枢府手の白磁、褐釉四耳壺といった、13～15 世紀を代表する中国の貿易陶磁器が出土遺物の 7 割をしめ、なかでも、14 世紀後半の元末明初の製品が多かった。これらの陶磁器は、優品として名高い新安海底遺物や首里城跡に類例をみることができる。考古学的にも美術史的にも学術的価値のたかい遺物である。また、中層部からは、中国の泉州港跡で発見された沈没船から大量に出土した、長胴で頸部がすぼまる泉州壺も出土しており、貿易港としての特色をしめしている。下層部では、ベトナムの白釉掻落褐彩壺が多数出土しており、すべて小型の壺であった。白釉掻き落し褐彩壺は第 3 地区の発掘調査では出土しないため、その生産は陳朝期にさかんであったと考えられる。

出土遺物の様相が第 5 章 2 節 3 でのべるトロウラン遺跡の表採遺物と似通っていることは特筆すべきであろう。

第 4 節　小　結

『大越史記全書』に記された雲屯港設置当初である李朝時代の港の位置については、当該時期の遺構、遺物が確認されていないため、現在のところ不明といわざるをえない。李朝下に開設したとされる『大越史記全書』の記載を、今後も考古学的に検証する必要があろう。しかし、陳朝から黎朝期の港跡は、各地点での発掘調査で確認することができた。

まず、13 世紀から近世までの遺物が、クアンラン島コンクイ地点に分布することが調査から確認できた。陳朝の陶磁器や多くの銭貨、骨壺が出土したことから、この地点には陳朝頃から近世までの墓域があったと考えられるが、李朝までさかのぼるかは不明である。

ゴックヴン島やコンタイ島、コンドン島には、陳朝から黎朝前期[21]の遺物が集中し、この一帯が港であったと考えられる。各地点の遺物分布状況から 2 つの様相が指摘できる。ひとつは、13～

第4節 小結

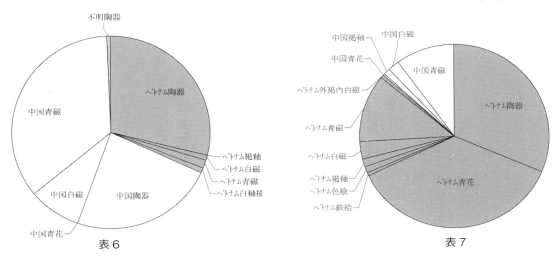

表6　　　　　　　　　　　　　　　表7

　15世紀頃の、中国産褐釉四耳壺、青磁や白磁の碗、瓶、香炉といった中国貿易陶磁器を特徴とする遺物群の分布で、コンドン島ヴンヒュエン地点、ゴックヴン島からコンタイ島西側の第5地区地点、チュアカット地点、チュオンボー地点にかけて確認できる。特に14世紀代の陶磁器を多く含む（表6）。

　いまひとつは、陳朝から黎朝前期である13～15世紀の遺物群で、とりわけ高台内に鉄銹をぬるベトナム青磁や青花の碗や蓋、緑釉などの陶磁器を特徴とする（表7）。コンドン島ヴンヒュエン地点とコンタイ島東側の第3～4地区地点にかけて確認でき、特に15世紀のベトナム貿易陶磁器はコンタイ島に多い。コンドン島は、コンタイ島と同時期の中国の青磁が表採されているが、コンタイ島とくらべると分布している地点は限られることから、両島を比較するならばコンタイ島に港があったと考えることができよう。

　コンタイ島は、陳朝から黎朝前期にかけて港が置かれていたと考えられるが、地点によって遺物の時期や様相が異なり、港の構造を反映していると思われる。15世紀のベトナム陶磁器の生産の中心地はハイズオン諸窯である。ホン河からハノイで分岐する支流ドゥオン川はハイズオンのナムサック地域でさらに網の目のように分岐し、その後も分岐と合流を繰り返しながら幾筋もの小さな川となって海にそそぐ。ハイズオンで生産された陶磁器は小舟にのせられこの小さな川を下って海まで運ばれたのだろう。そしてそのまま沿岸を少し北上するとハロン湾の奇岩が姿をあらわす。そのまま東方向に進み、小島をわけ入りながら進むとコンタイ島につく。現在も陸側の港であるホンガイ（Hồng Gai）からコンタイ島まで定期船がでているが、海図によるとこの航路上の水深は3mから6m[22]であり、水深の深いところに設置されたブイに沿って進んでいる。また、水深が浅く、幾多の島々が浮かぶこの海域では、波も穏やかで、赤い帆を張った喫水の浅い帆船が今も航行し、観光客に人気である。15世紀段階でも、ベトナム陶磁器を満載した帆船が島々の間を、風を切って帆走していたのかもしれない。

　ハロン湾の海図上では、小さな島々で埋めつくされた湾内でも、ゴックヴン島やコンタイ島から

東側は比較的大きな島があり、水深も深い。とりわけ、湾内ではゴックヴン島の南側で水深8m、コンタイ島の西側であるチュオンボー、チュアカットに面する海域では水深8.6mである。商船の通行、停泊も可能であろう。

コンタイ島第5地区、チュオンボー、チュアカットでは14世紀の中国陶磁器が主要な遺物である。これらの陶磁器は、元末から明初にかけて生産され、さかんに海外に輸出された貿易陶磁器であり、世界各地で出土している。そのため、水深の深いこの一帯は中国陶磁器を満載した外国籍貿易船の停泊地であり、雲屯までの航路で破損した陶磁器を荷下ろしのさいに破棄した場所と推定できる。

そして第3地区は第5地区と並行する時期である14世紀のベトナム陶磁器が出土しており、さらに15世紀のベトナム青花も多数出土している。これらの陶磁器は、陳朝末期から黎朝前期に生産され、さかんに海外に輸出された貿易陶磁器であり、日本やインドネシアで出土している。そのためこの一帯は、国内で生産、集荷された陶磁器を小舟で陸から島に運び、貿易船に積み替えるために荷下ろした停泊地であろう。第3地区に面する海は、ハロン湾の中でも波がおだやかな海域である。小舟で運搬している最中に破損した陶磁器を廃棄した場所と推定できる。

なお、第5地区と第3地区の遺物様相の違いは、島内で時代によって停泊地が移動していたためともとらえられているが、しかし、第3地区と第5地区は徒歩で15分ほどの距離であり、移動とよべるほどの距離ではなく一つの港の範囲であったと筆者は考える。

カイラン地点では、16世紀後半から17世紀の中国やベトナムの貿易陶磁器である青花類が多数確認できた。中国製品では景徳鎮窯系で見込みがせりあがるタイプの碗が、ベトナム製品では印判手菊花文深皿や胴部にいわゆる「縄簾」文がある焼締鉢形容器が多い。同様のベトナム陶磁器は、日本の堺や大坂城関連遺跡からも出土している。これらの遺物群はベトナム北部沿岸部の他地点の港遺跡ではまだ確認されていない。『東西洋考』(1602年)には、雲屯山はベトナムの新安府治下の新屯縣に属し、海中にあって多くの船舶、とりわけ商船が参集する地であることが記される〔松浦2010：325〕。カイラン地点は近世の港であったと位置づけられ、このことは、雲屯が17世紀においても港であったことを考古遺物から証明している。雲屯港は16世紀前半には港としての機能が消滅するとした過去の研究に対し[23]、考古学遺物から異論を呈する結果となった。なお、ベトナム中部の港市ホイアンの旧市街地において多数確認されている16世紀後半の漳州窯系の製品や17世紀後半の日本の貿易陶磁器である肥前磁器は、ヴァンドン地域の考古学調査では確認されていない。

註
(1) 「爪哇」はジャワ、「路貉」は『宋会要』夷蕃占城条、『諸蕃志』真臘条などにみられる「羅斛」あるいは、マルコ・ポーロ(Marco Polo)の記録にある「Locac」に比定されており、メナム河下流域地方にあった〔山本達郎 1939：4〕。
(2) 『校合本　大越史記全書』(上)、陳荊和編校、東京大学東洋文化研究所附東洋学文献センター、1984

第 4 節　小　結

(3) 雲海島の現在の地名はクアンラン島であり、クアンニン省ヴァンドン県に属する。
(4) Bửu Cầm (*et al.*) 1962 Hồng Đức Bản Đồ『洪徳版圖』, Bộ Quốc Giáo Giao Dục: 5
(5) 東洋文庫 1943『同慶御覧地與誌図』(下冊)：217。
(6) 「齋」は「齊」のあやまりか。「三佛齊」は、シュリービジャヤなどマラッカ海峡地域における港市国家の総称。その研究は〔深見 1987〕〔深見 2006〕にくわしい。
(7) 『校合本　大越史記全書』(上)、陳荊和編校、東京大学東洋文化研究所附東洋学文献センター、1984 年：303。
(8) 山本達郎はこれらの条の暹羅という記述について、アユタヤを首都とするシャムを指す暹羅は元末の至正年間に「暹」と「羅斛」が併合することにより暹羅斛となり、14 世紀中頃に至り、これを略して暹羅が用いられるようになるのであり、12 世紀の記載である上述の暹羅はなにかの誤りであり、何であるであるかはわからない、としている〔山本達郎 1939：4〕。片倉穣は、同じ時期の宋代の諸文献を見ると、『宋史』をはじめ『宋会要』『文献通考』『諸蕃志』『嶺外代答』などすべてジャワを闍婆と記し、シャムを蒲甘の語で表現している。闍婆が瓜哇、蒲甘が暹羅と表記されるようになるのは『元史』『島夷誌略』など元代の以降の文献になってからであることなどから、この史料の記述を全面的に信用することは危険であるとしている〔片倉 1967：78〕。
(9) 『校合本　大越史記全書』(上)、陳荊和編校、東京大学東洋文化研究所附東洋学文献センター、1984 年：363。
(10) 山本達郎はハロン湾としている〔山本達郎 1975a：128〕。
(11) 汪大淵 1981『中外交通史籍叢刊　蘇繼廎校釋　島夷誌略校釋』中華書局：51。
(12) 光珠社の現在の地名はミンチャウ社であり、クアンラン島の北東側一帯を占める。
(13) 観欄社の現在の地名はクアンラン社であり、クアンラン島の南西側一体を占める。
(14) 本書序章第 3 節のベトナム陶磁器研究史を参照。
(15) クアンニン省文化課からの情報。2002 年時点の統計による。
(16) 本書第 2 章第 2 節 1. を参照。
(17) 三上は、釉を掻落して褐彩で施文する方法は北宋時代に磁州窯系の窯で多く使われた技法であり、北宋末の動乱で南方に移動した磁州窯系の工人が大越に移り、この技法を伝えた可能性を指摘する。また、宋代に海外に輸出された福建の鉄彩花文磁と文様が似ていることから、何らかの刺激をうけていたと想定している〔三上 1984：215〕
(18) 青花・鉄絵印判手菊花文深皿に関する詳細は第 3 章第 3 節を参照。
(19) 『大明一統志』(下)、三秦出版社、1990 年：1378。
(20) パレオ・ラボ AMS 年代測定グループである小林紘一他 6 人により、加速器質量分析計(パレオ・ラボ、コンパクト AMS、NEC 製 1.5SDH) を用いて測定し、得られた 14C 濃度について同位体分別効果の補正を行った後、14C 年代、暦年代を算出した。
(21) 黎朝は、莫朝により一時断絶するため、本書では、莫朝以前の 1428〜1527 年を黎朝前期、1533〜1789 年を黎朝後期とする。
(22) 筆者が入手した海図には「6」「8」「8_6」と記されるが、単位が不明であったためメートル法で表記した。ヤード・ポンド法の表記であったとすれば、1 ヤード 0.9144 メートルであるためそれぞれ「5.5m」「7.3m」「7.9m」となる。
(23) 序章第 4 節参照。

第 3 章

フォーヒエンの考古学調査

第 3 章　フォーヒエンの考古学調査

はじめに

　大越国黎朝後期（1533〜1789 年）も 16 世紀後半になると、皇帝の権力は形骸化し、ベトナム北部は鄭氏が、チャンパー王国の故地である中・南部は広南阮氏が実権を掌握していた。そしてヨーロッパの国々が海域アジアでの交易に参加するようになると、鄭氏政権下のベトナム北部はトンキンとよばれ、中国や東南アジア諸国の商人に加え、日本の朱印船やヨーロッパの商船が頻繁に来港した。VOC は 1637 年に、EIC は 1672 年にそれぞれベトナム北部にトンキン商館を設置し、トンキン貿易の拠点としていた。

　本章では、EIC やフランス東インド会社が商館や倉庫を置いていたベトナム北部のフォーヒエン（現在のフンイエン市）で筆者が実施した発掘調査の成果をまとめ、大越国の流通拠点として機能しはじめる年代と貿易港としての役割を考察するための資料を提示する。

第 1 節　フンイエンの概要

1. 現在のフンイエン市

　ベトナムの首都ハノイからホン河を下ること 50㎞、タイビン川との分岐点であるフンイエン市はフンイエン省の省都であり、華人街フォーヒエンがある地としても知られている。市内の南側には市民の憩いの場であるバンゲット（Bán Nguyệt）湖（半月湖）があり、その脇をホン河の堤防[1]が走る（図 29）。市街地は堤防に沿って南北にひろがっている。現在、省の政治機関は市街地北側のヒエンナム（Hiến Nam）地区に集中し、1711 年の寄進碑文がのこるチュオン（鐘）寺や、17 世紀から 18 世紀に操業していたとされるシックダン窯跡がある。ヒエンナム地区の南側はクアンチュン（Quang Trung）地区であり、19 世紀に編集された『同慶御覧地輿誌図』「興安省図」には、この地区に省城が描かれる（図 31）。

　省城跡地とバンゲット湖を結ぶチュンチャック（Trung Trách）通りには、17 世紀に中国から渡ってきた華人の子孫が今も住んでいる。代々医師の家系であったオン（Ôn 温）氏の家には、中国から渡ってきたさいに持ってきた明代の医学書が伝世されている。その東隣りはヴォー（Võ）廟（関帝廟）で、黎朝景興年間（1740〜1786 年）に廟が建立されたことが碑文からわかる。同じチュンチャック通りの並びには天后宮があり、福建から木材などの資材を運んで建設されたという。その対面には観音を祭るフォー（Phố）寺（北和舗寺）があり、阮朝嗣徳 10 年（1857 年）の修復碑文がのこる。

　バンゲット湖をそのまま堤防沿いに東に進むとホンチャウ（Hồng Châu）地区である。フォーヒエン通りの北側には、歴史的建造物がのこり、旧市街地である。ティエンウン（Tiên Ứng）寺（天應

第1節 フンイエンの概要

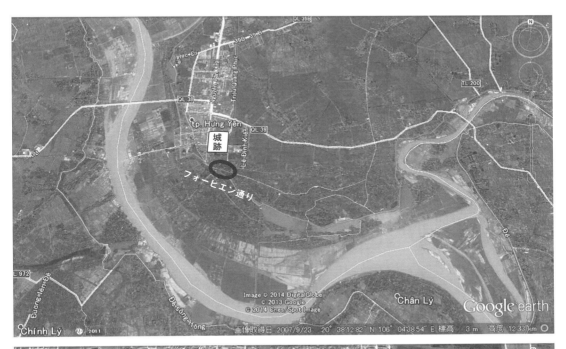

図29 フンイエン市一帯

第3章　フォーヒエンの考古学調査

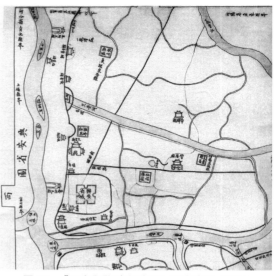

図31　『同慶御覧地輿誌図』興安省図（部分）

①シックダン窯址　②文廟　③鐘寺
④クアンチュン・天后宮　⑤舗寺　⑥武廟　⑦半月湖
⑧興安省城址　⑨憲寺　⑩ホンチャウ・天后宮
⑪東都会館　⑫人民軍宿舎　⑬你州寺

図30　フンイエン市街図

寺）はヒエン（Hiến）寺（憲寺）ともよばれる。永祚7年（1625年）に刻まれた碑文がのこり、フンイエンで最も古い年号を刻む石碑である。東に進むと天后宮があり、その東隣りはドンド（Đông Đô）会館（東都会館）で、福建人の会館である。さらに東に進むとベトナム人民軍の宿舎があり、その後ろ、北側には華人の墓地がひろがる。なお、これらのヒエンナム地区、クアンチュン地区、ホンチャウ地区は、古都フォーヒエンと総称され一般的に定着しているため、本稿においてもフォーヒエンの呼称を用いる。

2. フンイエンの歴史

山本達郎は15世紀前半の明支配期に明が設置した府州県の研究のなかで、フンイエンの地を建昌府快州永湄県に比定し、現在のキムドン（Kim Động）県（金洞）であるとしている〔山本達郎 1950：531〕。現在、フンイエン市内には、74基の石碑、21体の銅鐘、160通の冊封が残されており〔Tăng Bá Hoành 1994：290〕、そこからも、フンイエンの歴史を紐解くことができる。

ヒエン寺にある永祚7年建立の「天應寺碑」には、

　　しばらく仁育社華楊村の天応新寺と言おう。この地は快州にきわだち、金洞県の南境に位置する。（中略）この村を華楊の有名な里とはっきり言う人がいる。つまり憲南按察司の役所があった。そして（憲）南には有名な市もあり、四方から人びとが集まり小規模な長安のようだった。しかし月日が過ぎ、憲（南按察司）は移転し、天応寺の修築を成し遂げるには、必ず長い年月

と慈悲の心が開かれるのを待たなければならなかった。(薄言仁育華楊天應新□□□寺也、地出快洲之表、界十金洞之南。(中略)人有堅言華楊名里。逈憲南按察一承室也。而這南名市、又四方都會小長安也。曩者星移、憲轉、天應寺來能重修而成之者、必待大年啓發慈心。(以下略))[2]

とあり、天應寺があるホンチャウ地区は快洲の仁育社華楊村であり、金洞県の南境に位置していたことがわかる。そしてこの村には憲南按察司の役所がおかれ、憲南の有名な市には四方から人びと集まっていたが、そののち憲南按察司の役所は移転したと記される。また、ホンチャウ地区のドンド会館にある「天后宮　潮州府重修碑記　興安省朝州府重修靈祠碑記」には、

北和の下浦は昔の憲南の地である。われらが天后聖母の祠はここにある。元や明の時代に祖先の方々が渡来されて商いをされた所にはじめて建てられたのである。(その後われわれの先祖は)さかんにふえて根付いていった。(北和下浦古憲南地。我天后聖母祠在焉。元明時列祖來商所肇建也。蕃盛根荄。)[2]

とあり、この天后宮のある地は憲南(ヒエンナム)であり、元や明のころ祖先(中国人)が、この地にやってきて商いをしていたことがわかる。

『大南一統志』「憲南古宮」の条は、金洞県仁育社に憲南があり、黎朝時代の山南鎮の故地であり、外国人商人が集まっていたとある。また、来朝萬という港があり、ベトナム北部一の大都会であると記される[3]。ドンド会館にある保泰4年(1723年)建立の「鼎建左都督少保爵郡公贈太保英靈王黎公祠碑記　英靈王太係黎令　廟碑記」には、

渡来する仲間の船は、その船首と船尾が互いに接するほど多かった。また(そのようなきっかけがあって)来朝萬は商船の集舶地となった。通商して以来数十年、事業を楽しみ、来航を楽しむ仲間は遠近を問わず皆むらがって生業を営んでいたのである。(征航軸驢相接又以來朝萬爲商爲自之藪。自通商以來數十年樂業悅來無遠無近皆群治。)[2]

とあり、多くの船が来航し、来朝萬という地は商船の集舶地であり、通商して以来、来航する仲間は皆むらがって生業を営んでいた、と往時のにぎわいの様子を描写する。フォーヒエンに来朝萬という港の存在が確認できる。

17世紀に、ヨーロッパの商人の商船がベトナムに来航するようになると、黎朝は、それまで沖合の島においていた国際貿易港のほかにも沿岸部や内陸部の港を外国人に解放する。1637年にVOCがトンキン商館を設置する。

ギュスターヴ・デュムティエは、フォーヒエン通りの天后宮の前面に「外国人事務所の痕跡」と注記した大きな建物の痕跡をスケッチした地図を提示し(図32)、外国の商館が建設されたのはフォーヒエンであるとし、また日本町の存在を指摘した〔Dumoutier 1895：227-228〕。フォーヒエンにおける日本人町の存在については、その後、金永鍵によって否定された〔金 1939：67、69〕。しかし、フォーヒエンにおける外国商館の存在については、Phố Hiến - Kỷ yếu hội thảo khoa học(『フォーヒエン　シンポジウムの記録』)[4]のなかでは、多くの研究者がデュムティエの研究に基づいており、フォーヒエンにVOC商館があったとしている〔Ủy ban nhân dân tỉnh Hải Hưng 1994〕。

第3章　フォーヒエンの考古学調査

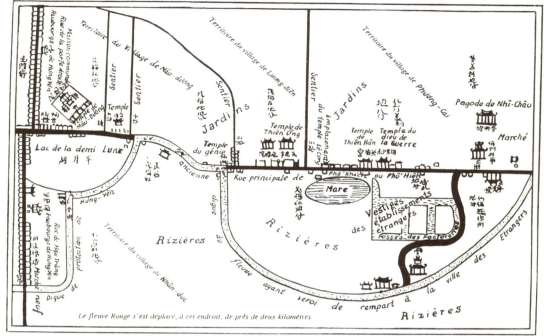

図32　デュムティエによるフォーヒエン地図〔Dumoutier 1895〕

　筆者はこれまで、この本に掲載された内容を引用し、フォーヒエンにVOC商館があったと記述してきた〔阿部 2004〕しかし、発掘調査で確実に17世紀前半にさかのぼる文化層を検出できないことを疑問に思ってきた。近年、ホアン・アイン・トゥアンがトンキンのVOC商館の記録やEIC商館記録を翻訳し出版した〔Hoàng Anh Tuấn 2010〕。この業績によるとVOCトンキン商館の位置をケーチョ（Kẻ Chợ）[5]と記述している。

　EICは、日本との生糸貿易をもくろんで〔Hoàng Anh Tuấn 2010：272〕、1672年にベトナム北部での交易に乗りだしフォーヒエンに商館を設置したが、1679年にケーチョに移転し、フォーヒエンの拠点は1683年まで維持していたという〔Farrington 1994：143〕。しかし、EIC商館記録には、商館員はその後もたびたびフォーヒエンとケーチョを往来しており、撤退する1697年まで倉庫あるいは事務所をフォーヒエンにおいていたことがわかる〔Hoàng Anh Tuấn 2010：394-574〕。フランス東インド会社は、1681～1686年の5年間のみフォーヒエンに拠点を置いていた。

　1688年にトンキンを旅行したイギリス人のウィリアム・ダンピア（William Dampier）は、フォーヒエンを訪れ2000の家があるが、住民はみな貧しく、数年前までケーチョにいた華商が移り住み、現地の人と同数になるほどふえた、と記している〔Dampier 2007：33〕。EICは1697年に、VOCは1700年にトンキン貿易から撤退する。以後は、フォーヒエンに集住するようになった華人商人が担い手となって、トンキンの交易を維持していく。2011年時点で、フォーヒエンには14家族の華人が住んでいる。

第2節　フォーヒエンにおける考古学調査の概要

　フォーヒエンでは、当時のハノイ総合大学（Trường Đại học Tổng hợp Hà Nội、現在のハノイ国家大学）、ハノイ師範大学（Trường Đại học Sư phạm Hà Nội）、そして省博物館が1968年、1989年、1992年の3回発掘調査を実施しており、それはフォーヒエンの歴史をあきらかにすることが目的だった。1989年の調査では、フンイエン市中心部北側に位置するヴァン（Văn）廟（文廟）地点で窯壁や溶着遺物（図33）を発見しており、窯跡があったことを確認している。この窯跡は地名からシックダン窯とよばれる。また文廟の南側に位置する鐘寺では、陶器を生産していた窯跡が露出している。1992年の調査では、5地点でトレンチ調査がおこなわれている。いずれの調査もホンチャウ地区で実施され、出土遺物は省博物館に保管されている。地表面下180cmほどまでしか掘っていないせいか、出土した遺物はほとんどが18世紀代の中国・徳化窯系の青花であった。ただし、ネーチャウ（你州）寺地点では陳朝期の陶磁器が出土している。また、遺構は検出されていない〔Tăng Bá Hoành 1994：89‐95〕。

　筆者は、2000年と2011年にフォーヒエン地域の都市形成過程をあきらかにする目的で発掘調査を実施した。現地は現在住宅地であるため小規模なトレンチ調査となった。2000年の調査は、菊池誠一、ハノイ国家大学、省博物館、そして筆者により、フォーヒエン旧市街であるホンチャウ地区で4か所のトレンチ調査（ホンチャウⅠ～Ⅳトレンチ）をおこなった。2011年の調査は、ハノイ国家大学、省博物館、筆者により、ホンチャウ地区で1か所（ホンチャウⅤトレンチ）、クアンチュン地区のチュンチャック通りで2か所のトレンチ調査（チュンチャックⅠ、Ⅱトレンチ）をおこなった。以下にその概要をまとめる。なお、フォーヒエン一帯で出土した遺物は、フンイエン省博物館に収蔵、展示されている。

1．ホンチャウ地区

　ホンチャウⅠ～Ⅳトレンチは天后宮の南側で、デュムティエが「外国人事務所の痕跡」と注記した大きな建物の痕跡がスケッチされている地域である。Ⅴトレンチは天后宮の東側である。川に近い低地であるため、どのトレンチでも地表面下100cmあたりから水が湧きはじめ、水をくみだしながらの発掘となった。

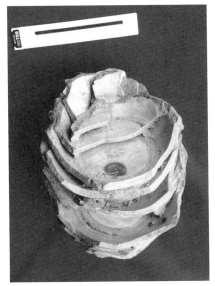

図33　シックダン窯の未製品
鉄絵印判手花文深皿が積み重なって溶着する

第 3 章　フォーヒエンの考古学調査

表 8　ホンチャウⅠ発掘調査出土遺物数

層　位	ベトナム		中国		日本	不明	レンガ瓦	その他	総　数
	陶器	磁器	陶器	磁器	磁器				
1層～3層	2	1					3		18
4層	32	5	1				3		32
5層	22	7					7		67
合　計	26	13	1				13		117

a.　ホンチャウⅠ

　ホンチャウⅠは民家の裏庭に設定したトレンチである。地表面下 90 cm までは攪乱層。その下の黒褐色土層から遺物が多くなり、地表面下 100 cm（第 5 層）からベトナム・シックダン窯の青花・鉄絵印判手菊花文深皿（図 39-1）や 17 世紀後半の製品である中国・青花印判手花文碗（図 39-2）やなどがまとまって出土した。同時に水が湧きはじめ、地表面下 135 cm で遺物がみられなくなった。遺物出土総数は、117 点である。層位ごとの出土陶磁器の内訳は、表 8 の通りである。

b.　ホンチャウⅡ

　ホンチャウⅡは天后宮前のフォーヒエン通りの脇に設定したトレンチである（図 34）。突き固めた整地層の下、地表面下 60 cm のあたりから、溝あるいは土坑と思われる遺構を確認した。遺構の上面は地表面下 100 cm にあり、深さは 100 cm ほどで、17 世紀から 18 世紀の中国やベトナム陶磁器、煉瓦片が出土した。ベトナム陶磁器は、17 世紀後半の印判手菊花文深皿（口絵 5-1）（図 39-7）がほぼ完形で出土した。中国青花は漳州窯系の碗（図 39-8）や皿（図 39-10）、徳化窯系の型造りの碗（図 39-12・13）である。この遺構の下では他の遺構は検出できず、また、それまで大量にあった徳化窯系の型造り碗が出土しなくなった。

　地表面下 150 cm のあたりから水が湧きはじめたため、途中から 100 cm 四方のみを深く掘った。地表面下 300 cm まで掘ったが、遺物、炭化物はなく、そこから 120 cm のボーリングを入れたが褐色の砂層がつづいた。遺物出土総数は、1,270 点である。層位ごとの出土陶磁器の内訳は、表 9 の通りである。

c.　ホンチャウⅢ

　ホンチャウⅢは民家の前庭に設定したトレンチである（図 35）。トレンチ南側、地表面下 45 cm のところで煉瓦片が密集した遺構を確認し、この遺構の表面は北側にむかって傾斜してトレンチの中ほどでおわっていた。北側の遺構の端は地表面下 90 cm であった。遺構の表面には粉砕した煉瓦の層があり、この層は 20 cm 前後の厚みがある。その下の土坑からは割れたり、歪んだりした陶器が出土した。このため、この遺構は窯跡関連遺構であり、焼成中に割れたり歪んだものを捨てた物原

第2節　フォーヒエンにおける考古学調査の概要

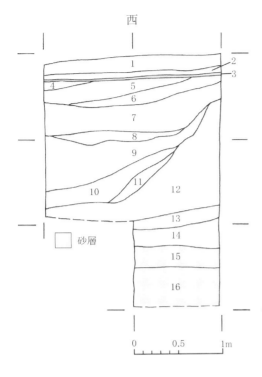

1　西壁セクション

土層注記

層	色調	しまり	粘性	注記
1	赤褐色土	強	弱	表土
2	黄褐色土	強	中	遺物含まず、整地層か。
3	茶褐色土	なし	なし	レンガ小片若干、炭化物、小石含む。
4	褐色土	強	なし	セメントブロック、木炭、砂含む。
5	黒褐色土	中	中	遺物多く含む。炭化物含む。
6	暗褐色土・レンガ	中	中	レンガ小片、炭化物、溶着した遺物含む。
7	灰褐色土	中	中	砂、炭化物を含む。
8	褐色土・レンガ	中	中	レンガ細片、砂、炭化物を多く含む。
9	褐色土	弱	中	砂、炭化物を含む。
10	暗褐色土	弱	中	大きい陶器片、炭化物を多く含む
11	明黄褐色粘土	弱	強	遺物を含まない。粘土ブロックか？
12	赤褐色土	弱	中	大きい陶器片、炭化物を多く含む
13	褐色土	弱	中	炭化物含む
14	褐色砂	なし	なし	炭化物含む
15	赤褐色粘土	強	強	17世紀代の遺物含む。炭化物含む。

2　フォーヒエン天后宮

3　発掘地点

図34　ホンチャウⅡの発掘調査

表9　ホンチャウⅡ発掘調査出土遺物数

層　位	ベトナム		中国		日本	不明	レンガ瓦	その他	総　数	備　考
	陶器	磁器	陶器	磁器	磁器					
1-6層	3			137		3			143	
7層	52	62	1	428			2	1	546	焜炉
8層(溝)	87	28		65		5	14		199	
9層(溝)	171	36	1	6		3	9		226	
10-11層(溝)	100	29		8					137	
12-15層	18	1							19	
合　計	431	156	2	644		11	25	1	1,270	

の上に、窯を取り壊した時の窯体の破片を投棄したと考えられる。この物原遺構の下からは、17世紀の中国青花やベトナム陶磁器が出土したが、地表面下150cmあたりから水が湧きはじめたため、途中から幅100cmのみを深く掘った。地表面下210cmまで掘ったが、水の湧き方が激しくなってきたため調査を中止した。地表面下180cmのところで、ベトナム青花の花文碗（図40-22）が出土している。このトレンチの継続調査を2011年の発掘調査で実施する予定であったが、すでに直上に養鶏場が建設されてしまい、ホンチャウⅢトレンチの継続調査は不可能となった。遺物出土総数は、3,256点である。層位ごとの出土陶磁器の内訳は、表10の通りである。

　d.　ホンチャウⅣ

　ホンチャウⅣはホンチャウⅢの西23m地点に設定したトレンチである。遺物もほとんどなく、池に近かったせいかすぐに水が湧きはじめたため、地表面下120cmのところで発掘を中止した。

　e.　ホンチャウⅤ

　ホンチャウⅤは天后宮の東にあるベトナム人民軍の宿舎の庭に設定したトレンチである（図36）。地表面直下から多数の中国青花やベトナム陶磁器が出土した。地表面下130cmでレンガを縦に一列並べた遺構を検出したが、遺構の性格は不明である。このレンガ遺構の下の層からは遺物を含まなくなる。地表面下160cmあたりから水が湧きはじめ、300cmまで掘ったが若干の炭化物が混じるのみで遺物はなかった。遺物出土総数は、430点である。層位ごとの出土陶磁器の内訳は、表11の通りである。

2.　クアンチュン地区

　チュンチャックⅠとⅡトレンチは、チュンチャック通りの北側に設定した。この地区でも地表面下250cmあたりから水が湧きはじめた。

第2節　フォーヒエンにおける考古学調査の概要

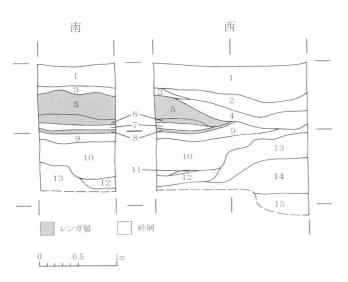

1　南壁セクション

2　西壁セクション

土層注記

層	色調	しまり	粘性	注記
1	赤褐色土	強	弱	表土
2	暗褐色土	中	中	黒色土含む。
3	灰褐色土	中	中	炭化物少量含む。
4	暗褐色土	中	中	黒褐色土少量含む。
5	赤褐色土・レンガ	中	中	レンガ片を多く含む。炭化物含む。
6	暗褐色土・レンガ	中	中	レンガ小片、炭化物、溶着した遺物含む。
7	灰褐色土	中	中	砂、炭化物を含む。
8	褐色土・レンガ	中	中	レンガ細片、砂、炭化物を多く含む。
9	褐色土	弱	中	砂、炭化物を含む。
10	暗褐色土	弱	中	大きい陶器片、炭化物を多く含む。
11	明黄褐色粘土	弱	強	遺物を含まない。粘土ブロックか？
12	赤褐色土	弱	中	大きい陶器片、炭化物を多く含む。
13	褐色土	弱	中	炭化物含む。
14	褐色砂	なし	なし	炭化物含む。
15	赤褐色粘土	強	強	17世紀代の遺物含む。炭化物含む。

3　発掘地点

4　遺物出土状態

図35　ホンチャウⅢの発掘調査

第3章　フォーヒエンの考古学調査

表10　ホンチャウⅢ発掘調査出土遺物数

層位	ベトナム 陶器	ベトナム 磁器	中国 陶器	中国 磁器	日本 磁器	不明	レンガ瓦	その他	総数
1層	103	24	3	103					233
2-4層	200								200
5-7層（レンガ片）	1,721	3		2		2			1,728
8層	24	1		1					26
9層	18			1					19
10層	628	14		2		1	1		646
12層	351	5		1					357
13-14層	27								27
14層	2	2							4
15層	14	2							16
合計	3,088	51	3	110		3	1		3,256

a.　チュンチャックⅠ

　チュンチャックⅠはチュンチャック通りの東端に位置する武廟の裏庭に設定したトレンチである（図37）。地表面下70cmでトレンチ中央に土坑を検出した。この土坑は深さが100cmあり、ガラスのビーカーなど現代の遺物を含んでいた。武廟の隣に住むオン氏によると、1972年のアメリカ軍の北爆で被災したさいの瓦礫を埋めたものだという。第5層から第7層の遺物がこの土坑の遺物であり、よってそれより上層の遺物は20世紀の遺物である。また、第8層にもビーカーなど若干のガラス製品が含まれる。この下には遺構はなく、地表面下230cm（第10層）で粗製のベトナム白磁（図40-31）や徳化窯系の型造り青花碗（図40-35）などが出土した。それより下は砂層になり、地表面下320cmまで掘ったが遺物は含まれなかった。遺物出土総数は、1,698点である。層位ごとの出土陶磁器の内訳は、表12の通りである。

b.　チュンチャックⅡ

　チュンチャックⅡはチュンチャック通り60番に位置する天后宮の裏庭に設定したトレンチである（図38）。地表面下130cmで薄い炭化物層（11層）を検出し、この層の下では北にむかって傾斜する土坑あるいは落ち込みを検出した。この炭化物層の下には17世紀末頃の中国やベトナムの陶磁器、康熙通寳（初鋳：1662年）や利用通寳（初鋳：1667年）が含まれていた。また、地表面下230cm（第14層）および250cm（第16層）で日本の肥前磁器が出土している。地表面下270cmから砂層になり、地表面下300cmまで掘ったが遺物は含まれなかった。遺物出土総数は、579点である。層位ごとの出土陶磁器の内訳は、表13の通りである。

第2節　フォーヒエンにおける考古学調査の概要

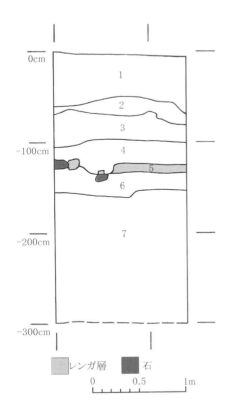

1　東壁セクション

土層注記

層	色調	しまり	粘性	注記
1	黒褐色土	強	弱	表土
2	黒褐色土	強	弱	レンガ、漆喰、炭少量汲む、遺物多い。
3	褐色土	強	弱	炭化物少量、遺物少ない。
4	黒褐色土	中	中	レンガ、漆喰、炭少量汲む、遺物多い。
5	レンガ片	中	中	褐色土を含むレンガ片の層。水路か？。
6	暗褐色土	中	中	レンガ小片、炭化物あり、遺物なし。
7	褐色土	弱	中	炭化物あり、遺物なし。

2　発掘地点

3　レンガを並べた遺構

図36　ホンチャウVの発掘調査

第3章 フォーヒエンの考古学調査

表11 ホンチャウV発掘調査出土遺物数

層位	ベトナム		中国		日本	不明	レンガ瓦	その他	総数
	陶器	磁器	陶器	磁器	磁器				
1層	37	31	9	183					260
2層	17	7	5	40					69
3層	3	1							4
4層	10	6	1	50					67
5層	20	10							30
合計	87	55	15	273					430

表12 チュンチャックI発掘調査出土遺物数

層位	ベトナム		中国		日本	不明	レンガ瓦	その他	総数	備考
	陶器	磁器	陶器	磁器	磁器					
1-7層	218	89	4	191			21	32	555	ガラス
8層	186	69	18	103				5	381	ガラス
9層	158	76	24	108				1	367	石製品
10層	177	92		68			7		344	
11層	17	26		7			1		51	
合計	756	352	46	477			29	38	1,698	

表13 チュンチャックII発掘調査出土遺物数

層位	ベトナム		中国		日本	不明	レンガ瓦	その他	総数
	陶器	磁器	陶器	磁器	磁器				
1-2層			2	7					9
3-4層	8	23	24	57					112
5-7層	4	6		6			2		18
8層	10	2					3		15
9-11・13層	11	9	1	3			19		43
12層	1	23		11		62	80		177
14層	21	24	1	30	1	4	14		95
15層	22	23		10	1		24		80
16層	7			9	2		12		30
合計	84	110	28	133	3	67	154		579

第2節　フォーヒエンにおける考古学調査の概要

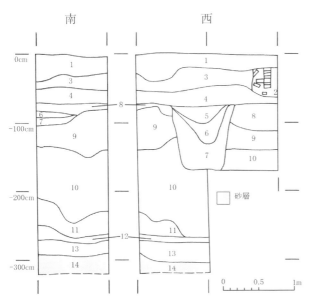

1　南壁セクション

土層注記

層	色調	しまり	粘性	注記
1	カクラン			表土
2	レンガ壁			赤橙色のレンガの壁。漆喰で積む。
3	褐色土	強	中	レンガ片、漆喰粒、炭化物含む。
4	褐色土	強	中	レンガ片、漆喰粒、炭化物、ビニール多量含む。
5	褐色土	強	中	レンガ片多量含む。
6	褐色土	強	中	レンガ片、漆喰粒、炭化物、ビーカー片含む。陶磁器多い。
7	褐色土	強	中	レンガ片、漆喰粒、炭化物、ビーカー片含む。
8	褐色土	強	中	レンガ片、漆喰粒、炭化物多い。ガラス片含む。
9	黒褐色土	強	中	レンガ片、漆喰粒、炭化物多い。
10	褐色土	強	中	レンガ片、炭化物少量、徳化の碗含む。
11	灰褐色土	強	強	遺物少ない。
12	青灰色粘土	中	強	遺物なし。
13	褐色粘土	中	強	遺物なし。
14	灰褐色砂層	中	なし	遺物なし。

2　発掘地点

3　西壁セクション

図37　チュンチャックⅠの発掘調査

第3章　フォーヒエンの考古学調査

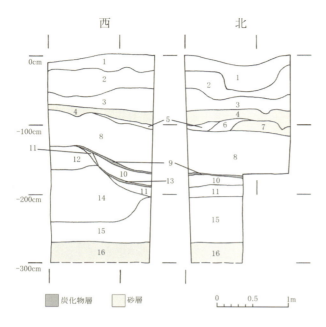

1　西壁セクション

2　北壁セクション

土層注記

層	色調	しまり	粘性	注記
1	黒褐色土	強	なし	表土。
2	黒褐色土	強	なし	石灰片含む。
3	褐色土	強	弱	石灰片含む。
4	褐色砂	中	弱	灰褐色粘土ブロック含む。
5	灰褐粘土	中	中	褐色土少量含む。
6	褐色土	中	中	炭化物、石灰片含む。
7	褐色砂	中	中	褐色粘土ブロックを多く含む。
8	褐色土	中	中	灰褐色粘土ブロックを多く含む。
9	炭化物	弱	なし	炭化物のみ。
10	黒褐色土	中	中	炭化物、レンガ片、貝小片を含む。
11	黒褐色土	中	中	炭化物含む。
12	褐色土	中	中	レンガ小片、炭化物含む。
13	炭化物	弱	なし	11層と同じ。
14	褐色土	中	中	レンガ片含む。
15	黒褐色粘土	中	強	レンガ片含む。
16	黒褐色シルト	弱	強	

3　漳州窯系青花の出土状況

図38　チュンチャックⅡの発掘調査

第3節　出土遺物

　以下に、フォーヒエンにおける発掘調査で出土した遺物をまとめて報告する。出土遺物は図39〜43に提示する。各遺物の観察事項は表14にまとめた。

1. ベトナム陶磁

　ホンチャウⅢトレンチで検出した窯跡遺構にともなう陶器は、共伴した遺物や層序から、18世紀代の製品であろう。どれも製品としては不良品であり、廃棄された陶器である。図39-15、図40-19は焼締壺である。胴部に器表面の調整痕であるいわゆる「縄簾」文がみられる。15と同様の製品が、ホンチャウⅡの溝遺構からも出土している（図39-4）。図40-19の口縁部は、玉縁というよりは浅く外側に曲げている。図39-15は肩部が大きく張ってから頸部で細くすぼまり、頸部は長く直線的に伸び、口縁でほぼ真横に大きくひらく。図39-16・17は陶器の鉢である。口縁は「く」の字に大きく外反し、口縁内側および肩部外側に沈線がめぐる。物原以外の各地点からも出土しており、ホンチャウⅢで生産され、フンイエン一帯で日常雑器として使用されていたと考えられる。

　ベトナム北部の窯業遺跡キムランでも同様の鉢[6]が出土しており、17世紀代の製品に比定されている〔西村 2013：81〕。北部では、このような器形の鉢は16世紀以降の遺跡からしか出土しない。ベトナム中部でも同様の鉢を生産しているが、口縁部をほぼ横倒ししてひらくところに違いがみられる。ベトナム中部の陶器生産は北部のゲアンから16世紀後半に伝わったものであり〔菊池 2003：232〕、16世紀〜17世紀頃からベトナム北部で生産を開始した器種と考えられる。また、中部ではこのような鉢は、いわゆる「芋頭」の蓋がセットで生産され、炊飯具として使用されていたことが民俗事例や煤の付着、溶着痕から考察されている〔菊池 2003：197〕。フォーヒエンでも「芋頭」の蓋（図39-18）が多数出土しており、陶器の鉢とセットで使用されていたのだろう。

　この他の陶器では、図40-30は焼締陶器の壺で薄く造られている。無文で口縁部がほぼ直立する。図41-39は、焼締られていない無文の鍋である。図41-40、図41-46・47は焼締瓶である。40は口縁部が玉縁になっている。ベトナム北部の製品である。口縁の径が大きく、大型の製品が想定できる。図39-5は蓋のつまみ部である。赤橙色で、焼締られていない。同様の製品は、ホイアンの旧市街地の発掘調査でも多数出土している。

　チュンチャックⅠでは対角線上に二つの耳がつく陶器鍋（図40-36）が出土している。フエにある阮朝の貴族の屋敷では同じ器形の銅製鍋があり、お粥を作るための鍋として使用されていた。ホイアンの旧市街地の発掘調査でも出土しており、19世紀のベトナムの地では一般的に使用されていた鍋である。

第3章 フォーヒエンの考古学調査

表14 フォーヒエン地域 発掘調査出土遺物 観察表

ホンチャウⅠ

図	No.	層	産地	生産窯	種類	器種	色調	文様 内面	文様 外面	法量(mm) 口径	法量(mm) 器高	法量(mm) 底径	備考
39	1	5	ベトナム		鉄絵印判	碗	胎土:灰白、釉:透明・灰白	菊花			57		高台内施釉、内底面環状釉剥
39	2	5	中国		印青花	碗	胎土:灰白、釉:透明・灰白、呉須:良	菊花		119	63	38	畳付釉剥、高台内施釉、内底面環状釉剥

ホンチャウⅡ

図	No.	層	産地	生産窯	種類	器種	色調	文様 内面	文様 外面	法量(mm) 口径	法量(mm) 器高	法量(mm) 底径	備考
39	3	1〜7	中国	漳州	青花折縁	皿	胎土:灰白、釉:半透明・灰白	鳥					高台施釉・砂粒付着
39	4	8〜11	ベトナム		陶器	壺	胎土:暗赤、内・外:赤		波・沈線	110			
39	5	8〜11	ベトナム		陶器	蓋	胎土・内・外:赤橙				57		赤色粒含む、内面煤付着
39	6	8〜11	ベトナム		白磁	皿	胎土:灰白、釉:透明・灰白			132	70	21	外面下方〜高台無釉、内底面環状釉剥
39	7	8〜11	ベトナム		鉄絵印判	碗	胎土:灰白、釉:透明・淡黄、呉須:褐	菊花	菊花	140	92	43	外面下方〜高台無釉、内底面環状釉剥
39	8	8〜11	中国	漳州	青花	碗	胎土:灰白、釉:透明・灰白、呉須:良	雲龍					
39	9	8〜11	中国		青花	碗	胎土:灰白、釉:半透明・灰白、呉須:うすい			13	56	60	畳付釉剥、高台内無釉、内底面環状釉剥
39	10	8〜11	中国	漳州	青花	皿	胎土:灰白、釉:透明・灰白、呉須:うすい	山水		118	50	38	全面施釉、畳付籾付着
39	11	8〜11	中国		青花	碗	胎土:灰白、釉:透明・明緑灰、呉須:うすい			126	65	51	外面下方〜高台無釉、内底面環状釉剥
39	12	8〜11	中国	徳化	型造青花	小碗	胎土:灰白、釉:透明・灰白、呉須:うすい		蓮花	89	42	41	口縁釉剥、高台施釉、高台内一部施釉
39	13	8〜11	中国	徳化	型造青花	小碗	胎土:灰白、釉:透明・灰白、呉須:うすい		菊花	97	49	45	畳付釉剥・籾付着、口縁釉剥
39	14	12〜15	ベトナム		青花	碗	胎土:浅黄橙、釉:透明・灰白、呉須:うすい			84	39	44	外面下方〜高台無釉、内底面環状釉剥

ホンチャウⅢ

図	No.	層	産地	生産窯	種類	器種	色調	文様 内面	文様 外面	法量(mm) 口径	法量(mm) 器高	法量(mm) 底径	備考
39	15	10	ベトナム		陶器	壺	胎土・内:赤灰、外:灰		波・沈線・縄簾	92			
39	16	10	ベトナム		陶器	鉢	胎土・内:暗赤灰、外:赤			174	125	57	砂粒含む
39	17	10	ベトナム		陶器	鉢	胎土・内・外:赤橙		沈線	209	150	123	砂粒含む、外底面削り調整
39	18	10	ベトナム		陶器	蓋	胎土・内・外:橙			191	25	85	赤色・白色粒含む
40	19	10	ベトナム		陶器	壺	胎土・内:赤、外:暗赤褐		波・沈線・縄簾	134	152	270	外底面ナデ調整、砂粒含む
40	20	10	ベトナム		白磁	皿	胎土:灰白、釉:透明・灰白			134	63	22	外面下方〜高台無釉、内底面環状釉剥
40	21	10	中国	漳州	青花	碗	胎土:灰白、釉:透明・灰白、呉須:良		雲・宝				
40	22	15	ベトナム		青花	碗	胎土:灰白、釉:透明・灰白、呉須:うすい	花	花	137	60	73	外面下方〜高台無釉、内面胎土目(4)

ホンチャウⅤ

図	No.	層	産地	生産窯	種類	器種	色調	文様 内面	文様 外面	法量(mm) 口径	法量(mm) 器高	法量(mm) 底径	備考
40	23	1	中国	福建	印青花	碗	胎土:灰白、釉:半透明・灰白、呉須:くすむ	花			60		畳付釉剥、内底面環状釉剥
40	24	1	中国		陶器	蓋	胎土・内・外:灰白			90	63	16	鍔部のむしろあと
40	25	4	ベトナム		白磁	碗	胎土:灰白、釉:透明・灰白、呉須:うすい						畳付〜高台内無釉、内底面目跡(2)

第 3 節　出土遺物

図	No.	層	産地	生産窯	種類	器種	色調	文様		法量（mm）			備考
								内面	外面	口径	器高	底径	
40	26	4	中国		型造青花	小碗	胎土：灰白、釉：透明・灰白、呉須：うすい		蓮花	96	43	46	口縁釉剥、畳付一部釉切れ 高台内施釉

チュンチャックⅠ

図	No.	層	産地	生産窯	種類	器種	色調	文様		法量（mm）			備考
								内面	外面	口径	器高	底径	
40	27	9	ベトナム		鉄絵印判	碗	胎土：灰白、釉：不透明・灰白、呉須：褐		花			33	外面下方〜高台無釉、内底面環状釉剥
40	28	9	中国	徳化	型造青花	小碗	胎土：灰白、釉：半透明・灰白、呉須：良		菊花	120	60	47	高台内一部施釉
40	29	9	中国	徳化	青花	皿	胎土：灰白、釉：透明・灰白、呉須：良	龍	高台内銘	102	63	22	畳付釉剥
40	30	10	ベトナム		陶器	壺	胎土・内・外：赤褐			145			小石含む、焼き締め
40	31	10	ベトナム		白磁	皿	胎土：灰白、釉：透明・灰白			137	59	24	外面下方〜高台無釉、内底面環状釉剥
40	32	10	ベトナム		鉄絵印判	碗	胎土：灰白、釉：透明・淡黄、呉須：褐		菊花				外面下方無釉
40	33	10	中国	景徳鎮	青花	小碗	胎土：灰白、釉：透明・白灰、呉須：良		人物				口縁釉剥
40	34	10	中国	景徳鎮	青花	小碗	胎土：灰白、釉：透明・白灰、呉須：良		鳳凰				口縁釉剥・外反・口紅
40	35	10	中国	徳化	型造青花	小碗	胎土：灰白、釉：透明・灰白、呉須：うすい		蓮花				口縁釉剥
40	36	11	ベトナム		陶器	鍋	胎土・内・外：赤褐			140			二耳、小石含む
40	37	11	ベトナム		青花	皿	胎土：灰白、釉：透明・灰白、呉須：うすい			130	72	24	外面下方〜高台無釉、内底面環状釉剥

チュンチャックⅡ

図	No.	層	産地	生産窯	種類	器種	色調	文様		法量（mm）			備考
								内面	外面	口径	器高	底径	
41	38	10	ベトナム			白磁	皿	胎土：灰白、釉：半透明・灰白			123	60	123	外面下方〜高台無釉、内底面環状釉剥
41	39	10	ベトナム			陶器	鉢	胎土・内・外：橙			160			小石含む
41	40	10	ベトナム			陶器	瓶	胎土・内・外：褐			142			砂粒含む、焼き締め
41	41	10	中国			内渋陶器	鉢	胎土・内・外：灰泊	褐釉		178			
41	42	14	ベトナム			鉄絵	碗	胎土：灰白、釉：半透明・灰白、呉須：黒灰		菊花	150			
41	43	14	中国			陶器	瓶	胎土：灰白、釉：淡緑灰			70			口縁釉剥
41	44	14	中国	景徳鎮	青花	小碗	胎土：灰白、釉：透明・白灰、呉須：良		竹				薄手
41	45	14	日本	肥前	染付	碗	胎土：灰白、釉：透明・白灰、呉須：良		龍か				
41	46	15	ベトナム			陶器	瓶	胎土・内・外：褐			195			小石含む
41	47	15	ベトナム			陶器	瓶	胎土・内・外：赤橙		波・縄簾				砂粒含む
41	48	15	ベトナム			白磁	皿	胎土：灰白、釉：透明・灰白						外面下方〜高台無釉、内底面環状釉剥
41	49	15	ベトナム			白磁	皿	胎土：灰白、釉：半透明・灰白				57		外面下方〜高台無釉、内底面環状釉剥
41	50	15	中国			青花	小碗	胎土：灰白、釉：透明・灰白、呉須：良			79			
41	51	15	中国			青花	碗	胎土：灰白、釉：透明・灰白、呉須：あわい		草花	140			
41	52	15	中国	漳州	青花	皿	胎土：灰白、釉：半透明・灰白、呉須：うすい	山水		130	57	33	高台砂粒付着、高台内一部施釉
41	53	15	日本	肥前	染付	碗	胎土：灰白、釉：透明・灰白、呉須：にじむ	花	高台内銘		53		
41	54	15	日本	肥前	染付	碗	胎土：灰白、釉：透明・灰白、呉須：良		龍	120			

第3章　フォーヒエンの考古学調査

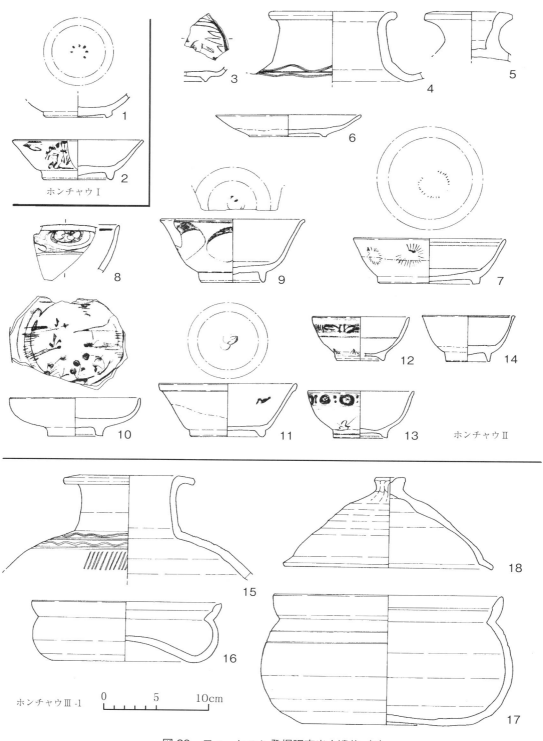

図39　フォーヒエン発掘調査出土遺物（1）

第3節　出土遺物

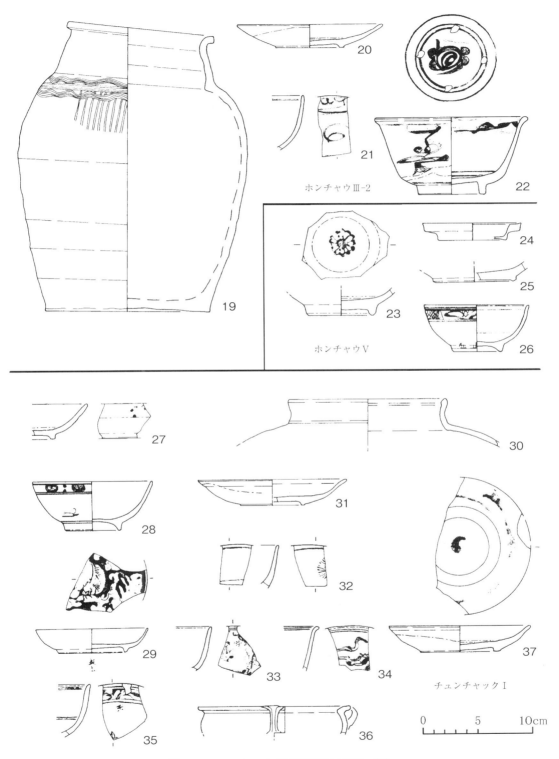

図40　フォーヒエン発掘調査出土遺物（2）

第3章 フォーヒエンの考古学調査

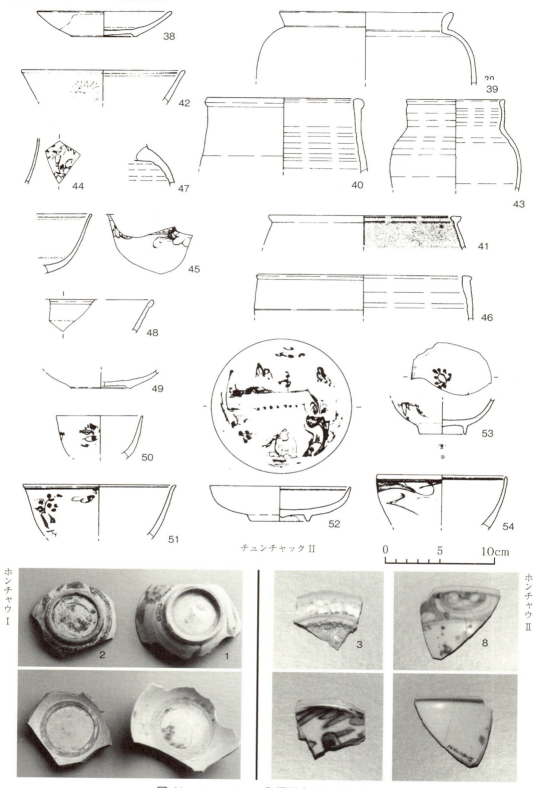

図41 フォーヒエン発掘調査出土遺物（3）

第3節　出土遺物

図42　フォーヒエン発掘調査出土遺物（4）

第3章　フォーヒエンの考古学調査

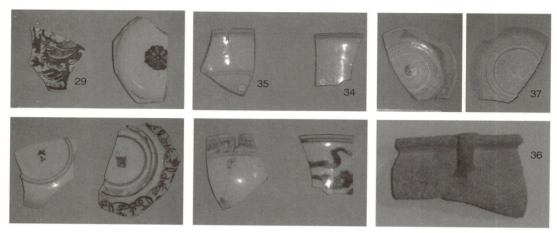

チュンチャックI

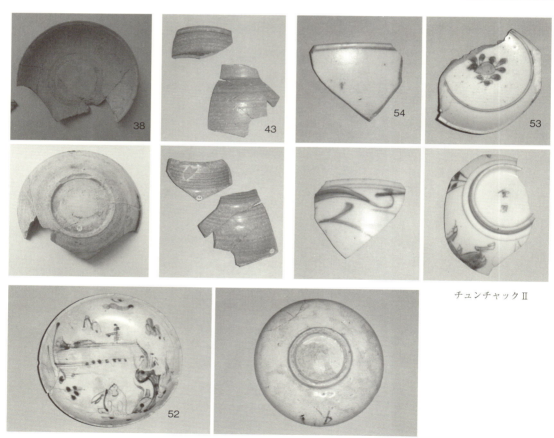

チュンチャックII

図43　フォーヒエン発掘調査出土遺物（5）

磁器製品では、図40-22は見込み二重圏線内に花文を描く青花碗が出土している。内底部に胎土目が4か所のこる。器形はどっぷりと深く高台はしっかりと削りだされている。胎土は灰白でやわらかい。白化粧をしてから文様を描き、灰白の透明釉を掛けるが、白化粧・釉はともに外側面の腰辺りまでしかかけられていない。青料は淡く発色しややぼける。ハイズオン省の17世紀代の製品とされる。また文様の描き方や作風が共通する青花皿が石川県広坂遺跡の17世紀の遺構でも出土している〔庄田 2003：26〕。

　図39-7、図40-32、図41-42は印判で菊花文を施文する深皿で、文様や圏線は青花や鉄絵のものがある。腰から下は露胎とし、内底面は蛇の目釉剥ぎしている。ハイズオン省ホップレー窯の製品である。この碗は、日本では17世紀中期以降の遺跡で出土し、長崎や堺環濠都市、関東の遺跡に集中して30点以上出土している。とりわけ東京の遺跡で出土するベトナム青花は、ほとんどがこの青花・鉄絵印判手菊花文深皿である。このほか、インドネシアでも出土している〔鈴木裕子 2001〕。長崎では、旧市街地の遺跡から寛文の大火（1663年）の火災層にともなって多数出土しているほか、1663年を下限とする浦五島町遺跡の石垣の裏込めからも出土していることから〔川口 2010：225〕、17世紀中期には生産、輸出を開始していたことがわかる。図39-2のような青花印判手菊花文碗の模倣品であろう。

　図39-6、図40-20・31、図41-38・49は、浅く小ぶりな粗製の白磁皿で、多数出土している。高台の削りは、外側ははっきりとしないが、高台内はしっかりと削りこんでおり、結果として碁筍底風に仕上がっている。胎土は灰白でやわらかい。白化粧をしてから灰白の透明釉を掛けるが、白化粧、釉はともに外側面の腰辺りまでしか掛けられていない。見込みは蛇の目釉剥ぎである。図40-37は前述の粗製の白磁皿と同じ作り方の青花皿である。ハイズオン省の17～18世紀の製品とされる。図39-1、図40-27は地元のフンイエン市内のシックダン窯で生産されていた鉄絵皿であり、17～18世紀の製品とされる。

　図40-25は陳朝の白磁碗で、見込みに目跡がのこる。図41-48は白磁碗で、口縁を玉縁にする。17世紀前半の製品である。

2．中国陶磁

　図39-3・8・図40-21は16世紀末から17世紀前半の漳州窯系青花で、碗は口縁に区画して花唐草文を描く。皿は折縁皿で高台に粗い砂粒が付着する。フォーヒエンでの出土数は少ない。

　図39-10、口絵5-2、図41-52は漳州窯系青花皿で、とりわけ52は東渓窯の製品である。図40-29は見込に竜文を描く皿で福建・広東諸窯の製品である。これらと同様の青花皿は、ベトナム南部のヴンタウ（Vũng Tàu）沖沈没船からも出土しており〔阿部 2000〕、17世紀末から18世紀初頭の清・康熙年間に生産された製品である。

　図39-2、図40-23は、福建・広東諸窯の印判手の青花碗である。長崎・唐人屋敷跡の1680年代の遺構から大量に出土しており〔長崎市教育委員会 2013〕、17世紀後半の製品である。

口絵5-3、図39-12・13、図40-26・28・35は徳化窯系の型造り青花小碗で、口縁は口剥ぎし、高台内に型造り成型の痕跡がのこる。図39-9・11は福建・広東諸窯の製品である。いずれも18世紀の製品で、フォーヒエンの調査ではどの地点でも多数出土している。

景徳鎮窯系の青花（図40-33・34、図41-44・50・51）も出土しているが、少数である。

陶器では、内面に褐釉を施した内渋の鍋（図41-41）や灰白の釉をかけた瓶（図41-43）などが出土している。また急須の蓋（図40-24）もみられる。これらの製品は、ベトナム中部の華人街ホイアンの18世紀代の遺跡でも多数確認されており、華人の飲食文化のなかで消費された製品と考えられる。

3. 日本陶磁

肥前の染付碗が3点出土している。フンイエンの考古学調査は1968年より数次にわたっておこなわれてきているが、肥前の染付が出土したのは2011年のチュンチャックⅡがはじめてである。口絵5-4（左）、図41-45・54は見込み部分が欠失しているが、外側に竜文を描く染付碗で、17世紀中頃の製品とされる。外側に竜文を描く碗は、ホイアンでも多数出土している。口絵5-4（右）、図41-53は、見込みに花卉文を描き、高台内に「宣明」の銘がはいる17世紀末の製品である。

4. 銭 貨

ホンチャウⅡでは、地表面下50cmのところから18～19世紀の遺物とともに乾隆通寶（初鋳：1736年）が出土している。チュンチャックⅡでは、炭化物層の直下から康熙通寶2枚、利用通寶1枚、太平聖寶（産地、初鋳年未詳）2枚が、17世紀末頃の中国やベトナムの陶磁器とともに出土している。康熙通寶は、2枚とも裏に「廣」の字があり、広東鋳造局で鋳造された銭貨である。大きさは共に直径25mmである。利用通寶は雲南の呉三桂勢力が鋳造した銭貨である。ベトナム北部発見の一括出土銭調査では、阮朝の嘉隆通寶（初鋳：1804年）を最新銭とする北部1号資料のなかに広東鋳造局の康熙通寶129枚、利用通寶が140枚含まれており、17世紀末以降ベトナムではひろく出土する銭種である〔菊池編 2009〕。太平聖寶は、太平通寶の「通」を「聖」に置き換えた私鋳銭で、直径19mmと小型に薄く作られている。この銭貨は世高通寶（初鋳：1461年）を最新銭とする宮崎県押方片内山中遺跡出土の埋蔵銭からも出土しており〔永井 2002：160〕、15世紀には鋳造が開始していることがわかる。このほかに、「聖」に置き換えて私鋳した例は治平聖寶（産地、初鋳年未詳）などがあげられ、日本では中世の遺跡から出土している。16世紀に黎朝から王朝を簒奪した莫朝期では、小型の銭貨を発行しており、太平聖寶の確実な年代は不明であるが、15～16世紀の私鋳銭と推定できる。

第4節　小　結

　EICは、1672年フォーヒエンに商館を設置した。湧水という障害はあったものの、ホンチャウⅡ、Ⅴとも地表面下300㎝の砂層まで、また、チュンチャックⅠは地表面下320㎝の砂層まで、チュンチャックⅡは地表面下300㎝のシルト層まで調査した。これらの地点では、遺物や炭化物がなくなるまで掘っているが、商館らしき建物の痕跡を確認することはできなかった。

　出土した遺物は、ほとんどが17世紀後半から18世紀代を代表する貿易陶磁群であり、17世紀後半以降にさかんな商業活動を展開していたことはあきらかである。17世紀前半以前にさかのぼる遺物では、陳朝の白磁や16世紀末から17世紀前半の漳州窯系の青花が数点出土しているが、いずれも17世紀後半以降の遺物と共伴している。

　デュムティエは、VOC商館が建設されたのはフォーヒエンであるとし、この説には多くのベトナム人研究者が賛同してきた。ドー・バン（Đỗ Bang）は、トンキンにむかった朱印船の停泊地はゲアンとフォーヒエンであるとしている〔Đỗ Bang 1994：190〕。

　『バタビア城日誌』によると、1636年の記述として、トンキンをめざす船は、先ず「義安（Gijangh）」あるいは「清華（Tsijnefaij）」という地の川に入り、小島に停泊し、その後川をさかのぼり昇竜にむかったとある。そしてトンキンの川（タイビン川）に入港しない理由として、トンキン川の河口から海南島の西を通って長崎に北上するのは大変であった、としている〔村上訳注 1970：250-256〕。

　角倉船は朱印状を持って義安の地に少なくとも6回赴いている〔岩生 1985：150〕。中国や日本を出港した船が、海南島の東南側を通過し、ベトナムにたどり着く先はゲアン、ハティン（ゲティン地域）である。そこは陸路でラオスともつながっている。沿岸を北上すればダイ川からハノイにいたることができる。

　しかしフォーヒエンの発掘調査では、朱印船貿易時代である17世紀前半の文化層は検出されていない。ベトナム中部の港市ホイアン[7]の旧市街地遺跡出土の遺物様相と比較すると、ホイアンでは、中国の海禁政策が弛緩したころの景徳鎮窯系や漳州窯系で生産される饅頭心タイプの碗や荒磯文碗、「日」字鳳凰文皿、青海波折り縁皿、芙蓉手や名山手の皿など、海域アジアの港市遺跡でよく目にする16世紀末から17世紀前半の代表的な貿易陶磁の一群が出土している〔菊池編 1998〕。

　また、朱印船はトンキンから中国陶磁器やベトナム陶磁器を日本に運んでいるが、同時期の朱印船寄港地ホイアンで出土するような、16世紀末から17世紀前半の代表的な貿易陶磁群はフォーヒエンではほとんど出土しない。

　日本には、朱印船が航海に用いていた「アジア航海図」が数点残されている。ベトナム北部の部分には、いずれの地図にも「とんきん」「ちぬ（の）はい」「ぎあん」の地名のみが注記されているが、フォーヒエンの場所にはなにも書かれていない〔九州国立博物館 2013：94-97〕。

第3章 フォーヒエンの考古学調査

　また1650年以降、VOCは肥前磁器をトンキンに運んでおり、その数は1万点を超えるとされる。しかし、フォーヒエンでは肥前磁器の出土は3点のみである。うち、2点は17世紀中頃の製品だが康熙年間に生産された漳州窯系の青花と共伴し、あるいはそれより上の層から出土している。そのため、1680年代以降、ケーチョから移住してきた中国人が家財として持ちこんだものと考えられる。また他の1点は17世紀末の製品である。

　この状況から、フォーヒエンでは17世紀前半にさかんな商業活動があったとは考えられない。1637年設置のVOC商館の場所はフォーヒエンではなかったと結論づけられ、ホアン・アイン・トアンが指摘するように、ハノイ中心部に設置されたと考えられよう。ハノイ市内中心部の遺跡からは肥前磁器が多数出土している。金は、フォーヒエンの設立理由を中国人たちがハノイにはいることを禁じた1663年以降と結論づけている〔金1939：100〕。デュムティエが描いた建物の痕跡は、EICやフランス、中国人商人の商館や倉庫の可能性がある。

　ただしこれらのことは、フォーヒエンが17世紀後半以降に成立した町であるとすることと同義ではない。天應寺にある1625年銘のある碑文の存在は、17世紀前半にこの地に人が居住していたことの証である。17世紀前半は、フォーヒエンは華人が集住する地方の村落であり、17世紀前半に活発化するヨーロッパ人の貿易の舞台ではなかったといえる。

註

(1) ホン河の両岸に、20世紀初頭に築造された人口堤防〔桜井1989：277-278〕。
(2) フンイエン省博物館と漢喃院が作成したフンイエン市内の碑文資料集（未刊）より引用。現代語訳は大西和彦氏からのご教示による。
(3) 『大南一統志』東洋文庫所蔵、維新三年(1909)刊（請求番号X-2-29）：「憲南古宮」の条：「憲南故宮、在金洞縣仁育社、（中略）凡外國來商、湊集于此、謂之來朝萬、（中略）北坼一大都會、（中略）」。
(4) 1992年にベトナムのフンイエン市で開催された国際シンポジウムの成果をまとめ、1994年に出版したもの。
(5) 「市場の町」の意味で昇竜、現在のハノイ市中心部をさすベトナム語の口語。
(6) 西村昌也は、「鍋」とは機能的に異なることから、この器種を「釜」としている〔西村2003：24〕。
(7) 17世紀前半から中国やヨーロッパ、そして日本人商人が集まり盛んな交易活動がおこなわれていたベトナム中部の港市。朱印船貿易時代には、日本町が設置され、現在は華人街となっている。

第 4 章

李朝から陳朝の交易様相

第4章　李朝から陳朝の交易様相

はじめに

　一千年にわたる中国の支配、いわゆる北属期のベトナム北部は、中国の南海交易において熱帯産品の集荷地となっていた。唐代末以降、ムスリム商人の中国南部への来航が活発化し、中国の港市にムスリム社会が成立すると、中国から東アジア、東南アジアの海域を巻きこんだ海上の交易ネットワークは発展する〔山内 1996〕。その担い手は、中国にさかんに朝貢していた東南アジア諸国の商人、そして海域アジアへの渡航と商業活動を活発化させていた中国人商人であり〔和田 1959〕、とりわけ宋元代における東南アジア海域の交易ネットワークは「Early Age of Commerce」と表現される〔Wade 2009〕。

　宋代以降、海南島から広西の一帯はムスリム商人のネットワークと連結し、12～15世紀には活発な交易活動が展開されていた[(1)]。リ・タナは、広西からベトナム中部の沿岸海域を「交趾洋」とよび、その中心に位置していた雲屯の存在をあげている〔リ・タナ 2004〕〔Li Tana 2006〕。これに対し桃木は、「交趾洋」の交易の主軸はチャンパーと広州（南宋代以降は泉州）を直結するルートで[(2)]、トンキン湾の奥まではいるものではなく、中国から独立したのちのベトナム北部は、かつての「中華帝国の南海交易ターミナル」としての地位はうしなったが、亜中心の一つとして南中国諸地方にとっての重要性は依然大きかった、と指摘している〔桃木 2011：129-130、138〕。

　交易をかたるうえで、考古学資料としての交易品は、その様相を物語る実証的なデータとして有効である。とりわけ、その交易品の生産・流通・消費のルートをたどることは、交易圏の理解とその担い手、国際交易網における位置づけをさぐる研究において多面的な資料を提示する。

　本章では、大越国李朝期から陳朝期、胡朝期、明支配期（11世紀から15世紀初頭）における、交易品（おもに陶磁器）の消費地遺跡におけるありかたを提示したうえで、生産地や流通遺跡の出土品との比較から大越国の交易について考察する。

第1節　李朝期の陶磁器 ―昇竜皇城遺跡出土品から―

　中国から独立したのち、ベトナム北部には、1009年に李公蘊が李朝をたてる。李朝は都を華閭から、1010年に昇竜に移し、国号を大越国とした。宋代の史料には南海諸国からの朝貢が記されており、そのうちベトナムからの朝貢回数が最も多く〔桃木 1990：231 表1〕、3～4年ごとの「常貢（進）綱」に加え、「賀昇平綱」などさまざまな名目の朝貢がおこなわれていた〔河原 1975：72-73〕。1174年には宋から安南国王に封じられ、実質的な独立国としての地位を確立する〔片倉 1972：98〕[(3)]。とはいえ、李朝が支配したベトナム北部の紅河デルタ内外にはドンソン文化期と大差ない

小規模な農業基盤や交易拠点による半独立在地勢力群が分布し、李朝はそれらの連合体として出発したとされる〔桜井由躬雄 1980a〕。

　李朝期の考古学遺跡は多くなく、これまで考古学的にはこの時代の様相がはっきりとみえてこなかった。しかし 2002 年以降、ハノイ中心部のバーディン広場ではじまったホアンジウ（Hoàng Diệu）18 地点の発掘調査では、李朝期に都となった昇竜皇城の遺跡が発見され、19 世紀までの各時代の遺構とともに大量の陶磁器や建築部材が出土した。また、昇竜皇城より古い段階の遺物も多数出土し、この地が北属期の安南都護府であったことがあきらかとなった。膨大な出土遺物の整理には時間を要し、現段階で公表された遺物はほんの一部であるが、それまで欠乏していた李朝期以前の考古学にとって多くの資料を提供している。

　なかでも豊富な建築部材の研究では一定の成果がみられる。それは、前昇竜段階とその後の昇竜皇城段階である李朝、陳朝期の瓦や塼に大きな変化が確認できたことである。この状況を、グエン・ヴァン・アイン（Nguyễn Văn Anh）は、中国からの独立を果たし、それ以前の建物を壊し作り直したと考察している。また、各建築部材には中国とは異なる東南アジア的要素がみられ、その建築装飾のモチーフには仏教思想をしめす鴛鴦や菩提樹、火炎が多用されるとともに、独立王国としての王権をしめす竜や鳳凰の文様も用いられていたと指摘している〔Nguyễn Văn Anh（et al.）2012〕。

　以下に、公表されている昇竜皇城遺跡出土の陶磁器について、その概要をまとめ、李朝期の交易活動について考察する。

1. 昇竜皇城遺跡

　北属期（前 111～939、中国支配期）のハノイには、ベトナム北部全体の政庁として交州都督府[4]が置かれた。『大越史記全書』によると、618 年に太守邱和が子城を築き、767 年に張伯儀が羅城を増築、808 年には張舟が増築・増強し大羅城とした。824 年に李元嘉が蘇歴川沿いに城を移し小城を築城、866 年に高駢がこれを再建・拡大（外周は約 7km）し大羅城とした。939 年に中国から独立後、1009 年李公蘊が李朝を建てると翌年華閭から大羅に遷都、昇竜と改名し、古い建物を整備するとともに正殿の乾元殿や集賢殿、講義殿、王家の住居である竜安殿など 1010 年末までに 8 殿 3 宮を完成させた。その後、外周に濠がめぐり 4 つの門を有する竜城[5]が完成、その内側には禁城[6]が造られ、寺や宮殿も追加された。また、城下の周囲には 1014 年に羅城が建設された。陳朝末期の 1397 年、胡季犛がタインホアに西都城（通称、胡朝城）を築城し遷都、昇竜城は東都城と改称するが、黎朝には再びハノイが都となる。西山朝、阮朝期にはフエが都となり、阮朝の 1805 年、嘉隆帝は昇竜城を改築し、現在はベトナムの政治の中心地となっている（表 15）。そのため、昇竜城は 9 世紀から 20 世紀にいたるまで、断続的に都城として機能しつづけてきたのである。

　2002 年、ハノイ建都一千年事業として国会議事堂と新国際会議場の建設を政治の中心地バーディン地区ホアンジウ 18 番地に建築するための発掘調査が開始された[7]。発掘調査面積は約 48,000㎡で、7 世紀～20 世紀の大規模な建築遺構と膨大な量の遺物が出土し、この地点が昇竜皇城跡である

第4章 李朝から陳朝の交易様相

表15 ベトナム各王朝の首都

王朝	北属期	呉	丁	前黎	李	陳	胡	明支配期	黎前期 1428-1527	黎後期 1533-1789		西山	阮	
	- 939	939-65	968-80	981-1009	1009-1225	1225-1399	1400-07	1407-27			莫 1527-1677	1789-1802	1802-1945	
ハノイ	大羅				昇竜 (1010〜1397)		東都	東関	東京	昇竜		昇竜	昇隆 (1805〜)	河内 (1831〜)
他地域		古螺 ハノイ近郊	華閭 ニンビン				西都 タインホア					富春 フエ	承天 フエ	

　　　　　　　　　　　　　　　　　　　　　　　　　　　　　　　　　　　　は都

ことが確認された。

　この調査の成果により、昇竜皇城跡は、2010年にハノイのタンロン皇城の中心区域としてユネスコの世界文化遺産に登録され、その遺物の一部は現存する昇竜皇城遺跡内の展示施設において公開されている。正式な報告書が未刊行であるため、以下の遺構の詳細は *Thăng Long- Hà Nội- Lịch sử nghìn nam từ đát*（『ハノイ－タンロン　1000年の歴史』）や『日越タンロン城関連研究論集』等の記載によった〔Tống Trung Tín và Bùi Minh Trí（ed.）2010〕〔東京文化財研究所編 2012〕。調査地区はA〜D区にわけられる[8]。遺構によるが、おおよそ文化層は地表面下約1mから出現し、約3.5mつづいている。-0.9m〜1.9mは15世紀以降の黎〜阮朝時代、-1.9m〜3mは11〜14世紀の李〜陳朝時代、-3m〜4.2m以下は李朝より以前[9]の文化層である。遺構は建築遺構が中心となる。李朝より前の遺構はB・D区に顕著で、掘立柱建物の跡がみられる。李陳朝期の遺構はA〜D区にあり、大規模な礎石建物が確認されている。また、未知の遺構として六角形基壇[10]がA区に11基、D区に3基発見されており、六角多層楼の基礎と考えられ、仏教的色彩をおびた建物であったと想定されている〔井上和人 2012〕。黎朝の遺構はA区にみられ、瓦片をつき固めた柱基礎遺構が確認されている。ほかに、運河や長方形の人工池、煉瓦舗装の道、井戸11基（内2基は7〜9世紀に遡る）、14〜19世紀の墓数基が確認されている。また、陶磁器生産にかかわる遺物として、印花文の笵や熔着資料が発見されており、窯跡の存在も指摘されている。

　李朝より古い遺構は、当時都であった華閭遺跡との遺物の比較から、大羅段階のものであることはたしかである。昇竜皇城遺跡の地は、華閭の副都としての建造物があり、重要な地であったことがわかる。また、昇竜段階においては、過去の発掘調査で現存する瑞門や北門の真下から李陳時代の馬車道や黎朝期の城門跡が確認されており、ホアンジウ18地点は昇竜城の皇城の西側の一部であり、王族や役人の生活区域であった考えられている。

2.　昇竜皇城遺跡で出土した李朝以前の陶磁器

　発掘調査では、7世紀〜20世紀の遺物が出土しており、その大部分は10世紀から19世紀に生産された在地の煉瓦や瓦、礎石、建築の装飾物やベトナム陶磁器である。このほかに少数ではあるが

第1節　李朝期の陶磁器 —昇竜皇城遺跡出土品から—

中国や日本、イスラームなどの貿易陶磁器、銭貨、金製装飾品、鍵、金属製の鏃などが出土している。膨大な遺物の全貌を知ることはまだできないが、王宮遺跡としての特徴をしめす遺物や遺構の写真を掲載した図録や個別の書籍、論文、昇竜皇城遺跡展示館の展示品などから遺物の概要を知ることができる〔Tống Trung Tín và Bùi Minh Trí（ed.）2010〕〔グエン・ディン・チエン他 2006〕。

ベトナム陶磁器では、北属期以降の陶磁器が多数みられる。李朝以前の遺物としては、内側に方形または円形の大きな目跡がある7〜9世紀の青灰釉碗皿が多数出土している。同様の製品はベトナム北部の塼室墓からも出土している。4〜6カ所に横耳がつく広口で厚手の灰釉壺は9〜10世紀の在地の陶器である。ドゥオンサー（Đương Xá）などの窯で焼かれていた可能性があり〔Bùi Minh Chí, Đỗ Đức Tuệ 2012：184〕、ベトナム北部において一時期、漢から唐代の様式の陶磁器が流行していたことがわかる。

李朝に特徴的な陶磁器は、白磁である。内面に范で花文を施文する。口は大きくひらき、高台にむかって小さくすぼまる、浅い皿が多い。また、蓮弁文様をかたどった器台もみられる。白釉褐彩磁は李朝から生産がはじまるが、このころは蓮弁の文様のある磁州窯の製品を模倣して生産されている。

また、白磁や緑釉、黄褐釉の建築装飾などが出土しており、その芸術性と完成度のたかさをしめしている。赤褐色を呈する無釉の塼や軒先瓦、軒飾り、棟飾りなども多数出土し、竜や鳳凰、獅子をかたどっている。

中国宋代の陶磁器では、白磁や青白磁、青磁など多彩な製品がみられる。青白磁は内外面全体に雲文を陰刻し、高台内は無釉で丁寧に削られている。青白磁は南宋の景徳鎮窯の製品であり、高台内に窯道具の痕跡がのこる。合子の蓋もみられ、南宋の製品である。

青磁では越州窯の製品が多数出土している。玉壁高台の碗は特徴的な遺物である。また西村窯の碗類では、花や葉文を陰刻あるいは陽刻し、外面は縦線を刻む。釉は青灰色で、底部は赤褐色で中心を施釉する。長沙窯の灰白釉水注や菊花文や雲文を描く碗皿類もみられる。

越州窯や長沙窯の同様な碗皿は、クアンニン省ハロン市のバイチャイ（Bai Chai）でホテルの建設作業中に発見されている（図44）。また長沙窯の皿などは、クアンガイ（Quảng Ngãi）省でも発見されている(11)。

そして、交趾洋の交易をあらわす特徴的な遺物としてイスラーム陶器(12)がある。9〜11世紀に生産された濃い青釉の陶器片で、平行に2本の凸帯があるものや、外面には流水文のようなV字文様が描かれるものもある。ベトナムでは、昇竜皇城遺跡以外では、中部ホイアンの郊外やクーラオチャム島で確認されているのみである。クーラオチャムは、

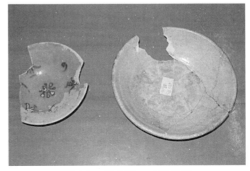

図44　バイチャイ発見の
長沙窯（左）越州窯（右）製品
［クアンニン省博物館収蔵品］

第4章　李朝から陳朝の交易様相

『中国とインドの諸情報1』のなかで真水のとれる島として登場しており〔家島 2007：40〕、9世紀からすでにムスリム商人の交易ネットワークにおける寄港地となっていたことがわかる。

李朝が成立した前後の時期、東アジアから東南アジアの各地では、越州窯の青磁や長沙窯の黄釉製品、定窯の白磁、イスラーム陶器が確認されている。これらの遺物は共伴して出土することが多く、西アジアと中国の間に張りめぐらされた東西世界の経済・文化交流のネットワークの存在が指摘されている〔青柳 1992：153〕。

第2節　李朝期の交易

1．李朝期の港

『大越史記全書』によると、1149年に李朝は貿易港として雲屯を設置したとある[13]。その記述の信憑性の是非が問われていることはすでに述べた。雲屯港跡であるヴァンドン地域の島々での考古学調査では、越州窯青磁やイスラーム陶磁器の出土はない。また、李朝の遺物も出土していない。前黎朝の天福鎮寳や五銖銭、開元通寳、北宋の銭貨はクアンラン島のコンクイ地点で多数発見されているが、これらの銭貨は近世まで通貨としてベトナム国内に流通することもあるため、これをもって李朝期の交易をしめす遺物とすることはできない。ヴァンドン地域の考古学調査では、主要な遺物は元から明代のものである。このため、現段階で本当に1149年に雲屯が設置されたのかという問いには答えをだすことができない。

昇竜皇城遺跡の唐代・宋代の陶磁器やイスラーム陶器などから考察すれば、李朝期にはすでにベトナムの地で陸や海を通した交易活動がおこなわれていたことはたしかであり、港の存在も肯定できよう。

1149年は李朝中期にあたる。李朝成立当初はゲアンやタインホア、トゥエンクアン、カオバン、ランソンといった、紅河デルタ周縁部で反乱が頻発していた〔桃木 1987：409-410〕。中期になると国内の状況は安定するが、ついで12世紀以降、チャンパーや真臘、宋といった外国勢力の侵攻に追われる。それは仁宗皇帝のときから頻繁になり、1104年、1128年、1132年、1136年、1143年とつづく。とりわけ真臘は、たびたび義安（ゲアン）に侵攻しており、カンボジア地域にとっての南シナ海交易圏への出口としてのゲアン、ハーティンのルートが重要であったことが指摘されている〔桃木 2001：51〕。また、英宗皇帝は1147年にクアンニン省イエンフンの地に安興寨行営[14]〔桃木 2011：261〕を置いており、雲屯から紅河にはいるバックダン河の入り口に位置するイエンフンの支配をこのころ確固たるものにしている。

『大越史記全書』1149年の記述について、山本達郎は外国人の出入りに対し極度に警戒し、所定の場所である雲屯においてのみ外国人の通商を制限的に認めた統制政策であった、としている〔山本達郎 1939〕。片倉穰は北宋時代にはベトナム北部に多方面から商人が訪れ交易活動をしていた

としたうえで、『諸蕃志』交趾の条に「其国不通商」とあるのを南宋時代の記述と考察し、李朝後期である 12 世紀中頃には自由な貿易を制限する一種の鎖国政策をしており、その理由を度かさなる外国からの入寇という危惧を回避するため、としている〔片倉 1967：80〕。

雲屯設置の理由が外国との貿易の場を雲屯に限定し、外国人商人の船を陸に近づけないようにすることでベトナム海域の治安を維持するという政策であったなら、なんら不可解な対応ではない。

『大越史記全書』には、1149 年の記述以外にも、李朝の貿易港に関する記述がある。『大越史記全書』1349 年（陳裕宗紹豊 9 年）条に

> 雲屯鎮に鎮官・路官・察海使を設置し、及び守備のために平海軍を置く。以前、李朝の時、中国の商舶がくると濆州（ゲアン地方）・他員（不明）等の海門に入った。ここにきて海道が移り、海門がうまったので、雲屯のほうに集まるようになった。そこでこの命をだした。（設雲屯鎮鎮官・路官・察海使、及置平海軍以鎮之。先是、李朝時商舶來則入自濆州・他員等海門。至是、海道遷移、海門淺涸、多聚雲屯、故有是命。）[15]

とあり、桃木は、中国船は完全に沿岸伝いに雲屯方面にむかうのでなければ、海南島の南北どちらからでも、トンキン湾を横断してゲティン（ゲアン、ハティン一帯の総称）地方に赴く方が容易、としている〔桃木 2011：135〕。李朝のときのこととして、雲屯の名があげられていないことにも注意を要するが、紅河デルタを勢力圏とする大越と南海諸国を結ぶゲティン地域の存在も浮かびあがる。

ゲティン地域からのルートであれば、ダイ川からナムディンを通過して昇竜城にいたるルートが想定できる。ナムディンには華閭があり、またこのルート上にはいくつもの行宮がおかれていた〔桃木 2011：259〕。チャンパーおよびカンボジアと大越が接する地点としてゲティンがあげられ、またゲティンからチュオンソン（Trường Sơn）山脈を越えて陸真臘（東北タイ、南ラオス）にいたるルートが唐代に成立しており、真臘が南シナ海交易にアプローチするにもこのルートが重視されていたことから、ゲアンの重要性が指摘されている〔桃木 2011：136〕。ただし、ゲアンやナムディンにおける考古学調査では、昇竜皇城遺跡で出土するような唐代、宋代の陶磁器は出土していない。

また、黎朝初期である 15 世紀の阮薦が記した『抑齋集』巻之六「輿地志」のなかに

> 李朝の時、諸国の商船が安広の水猪に来集した。朝廷は雲屯・萬寧の二州を設け、将をして鎮撫せしめ、客商が市にきてむらがりあつまり、貢物をした。（李時諸国商船来集安廣水豬。朝廷設為雲屯萬寧二州、使將鎮撫、客商来市輩輩貢進。）[16]

という記載がある。萬寧は、中国との国境の町クアンニン省モンカイ市にあったとされ、港遺跡や窯跡も確認されている〔Bui Vinh (et al.) 1998：283〕。しかし、遺跡に分布する陶磁器の様相は、13 世紀後半以降の物であり、李朝期までさかのぼる遺物はみられなかった。

2. 「交趾洋」の交易

李朝期の対外交流

　李朝期のベトナム北部を介した物品の往来にはどのようなものがあったのだろうか。李朝は、民間の交易のほかにも宋朝への朝貢をおこなっていた。李朝時は海路で欽州や廉州から、あるいは陸路で邕州から入貢しており、中国への朝貢品には犀角、象牙、玳瑁、絹、真珠、乳香、沈香、金酒器、金鶴亀、金器、銀器、銀炉、銀盆、金銀七宝装交椅、金厮鑼、孔雀尾、馴象、馴犀などがあった〔河原 1975：75〕。

　金銀器や馴象は、近世にいたるまで大越の重要な国際商品であり、朝貢品であった。沈香はベトナム北部で産出するものではなく[17]、大越はチャンパーとの交易で沈香を入手し、それが中国に朝貢品として差しだされていた[18]。そして、このチャンパーの沈香と交換する商品として馬を入手[19]していたことが指摘されている〔桃木 1990：234〕。ただし、沈香はラオスの東側の山地でも産出することが確認されており〔米田 2000：34〕、チュオンソン山脈を越えてゲティン地域にいたるルートで運ばれていたものもあったろう。

　ベトナム北部の海域において真珠が採取できる場所はハロン湾である。北宋の遺物が確認できたクアンラン島のコンクイ地点は、古くはクアンチャウ（光珠）社、現在はミンチャウ（明珠）社に属し、この地名は真珠を意味する。明代には「珠場」が置かれ、現在もヴァンドン県の北側の海域では真珠の養殖がおこなわれている。ただし、『大越史記全書』の1066年の記録には、爪哇商人がきて夜光珠を献じたとあり〔金 1937：69〕、李朝の輸出品であった真珠はヴァンドン一帯において生産されていたもののほかに、爪哇からもたらされたものもあったであろう。

　李朝期に中国からベトナムに流入した商品としては、銭貨があげられる。唐代より、中国は銅や銭貨の輸出を禁止しており、宋代には再三にわたって銅銭の輸出を禁止し中国銭の流出の防止に苦心していた[20]。しかし、巨額の中国銭が海外に流出していた〔桑原 1935：34-35〕。宋代には、ベトナムは頻繁に宋朝に朝貢し象牙や犀角、金銀器などを朝貢品としてさしだしていたが、中国からは銭による回賜の記録が指摘されている〔桃木 1990：231〕。両税法が施行されており、10世紀にわたる北属期で、北部ベトナムは銭の使用になじみ、給与の支払いのため中央政権も一定量の銭を必要としていた〔桃木 2011：140〕。ゆえに、海外に流出した中国銭は、ベトナムへも流入していたであろう。

　ベトナム史上初めて鋳造された銭貨は[21]、中国の支配から独立した丁朝（968-980）の「太平興寶」で、中国の銭貨を模倣して円形方孔[22]に製作されていた。太平興寶には、背面に「丁」の字があるものと無紋の2種類が作られた。前黎朝になると、黎桓は即位の翌年である980年から天福（980～988）という元号を用い、984年に天福鎮寶を発行している[23]。ただし、このころの銭貨の出土量は少なく、その鋳造の目的は独立王権の象徴であり流通量は多くなかった〔Đỗ Văn Ninh 1992〕。『宋会要』（食貨38）互市の条や銭法雑録の条に広州在留の蕃商[24]がベトナムへいって通商をおこな

い、「黎」の字がある銭貨を中国に持ち帰っていたという記録もある〔片倉1978：79〕。これは天福鎮寶であり、背面には「黎」の字が記される。丁、前黎朝の各銭貨は、ベトナム国内では出土例が少ないが、中国華南地域で多く発見されており〔Nguyễn Anh Huy 2006a：49〕、これらの銭貨は宋代に運ばれた可能性が指摘できる。11世紀の熙寧、元豊年間に銭不足（銭荒）がおこったとき、福建・広東では大規模な私鋳がおこなわれており〔宮澤1998：343-344〕、このことから桃木は地方的に銭荒がおこればベトナム北部から銭が逆流することは大いにありえた、と指摘している〔桃木2011：138〕。

　このように李朝期には、中国とベトナムの間では双方向の文物の往来があったことがわかる。これらの往来のうち、海路では「交趾洋」[25]の交易ルートをたどり運ばれた。中国沿岸部の港市をでた船舶は、南下して海南島の北側を西に進み、そのまま沿岸を進めばハロン湾にでる。そのまま沿岸部を進みバックダン河に入れば、紅河デルタにつながっていく。紅河をさかのぼれば国都昇竜にいたる。ヴァンドンのチャーバン島には北属期の漢墓が多数発見されており、またハロン市の陸の港バイチャイでは、長沙窯や越州窯の陶磁器が出土しているため（図44）、この一帯には古くから人の居住が確認できる。このころの交易形態が山本や片倉が指摘するような役人による管理貿易であったかは定かではないが、ヴァンドン地域において陶磁器の移動を伴う交流、あるいは交易があったことが指摘できる。

海外に運ばれた李朝陶磁器

　李朝期にムスリム商人が拠点にしていたのは、中国南部の港市である泉州や広州で、中国の初期貿易陶磁器とイスラーム陶器が発見されている。ベトナム北部においてこれらの中国の初期貿易陶磁器が出土するのは、昇竜皇城遺跡や雲屯に隣接する陸の港バイチャイ、窯業地キムラン[26]、ドゥオンサーなどである。イスラーム陶器が発見されているのは昇竜皇城遺跡である。その他の地域で、両陶磁器が共伴する遺跡としては、博多の鴻臚館遺跡やマレー半島のクラ地峡を挟んで東西に位置するコーカオ島遺跡とポー岬遺跡、スリランカ北東部のマンタイ遺跡、パキスタンのカラチ近郊、バンポール遺跡、ペルシャ湾のシーラーフ遺跡、エジプトのフスタート遺跡が知られている〔三上1984：330〕。

　ただし、これらの地点のすべてにおいてムスリム商人や中国商人が交易活動に参加していたとすることはできない。イスラーム陶器は運搬用のコンテナであった可能性が高く、内容物の二次流通にともなって、あるいは容器としての二次利用により、遠隔地まで運ばれる事例もあり[27]、注意を要する。

　李朝期の陶磁器生産窯はまだ確認されていないが、昇竜城内やハノイ市内にあったことが想定されている。李朝期の陶磁器が出土する消費地遺跡は、ベトナム国内では昇竜皇城遺跡にほぼ限られる。ベトナム以外の地で李朝期のベトナム陶磁が出土している例[28]として、ジャカルタの国立博物館所蔵の蓮弁を施した白釉の水注があげられる。三上は、中国－ベトナム－インドネシアの貿易

ルートにのって若干数がインドネシアにもたらされた、としている〔三上 1984：217〕。また、フィリピンでも蓮弁のある白磁壺が確認されている〔町田市立博物館 1999：94〕。フィリピンでは 11 世紀のタイやクメール陶器も多数発見されており、三上はタイ－ベトナム－フィリピンの交易ルートを想定している〔三上 1984：218〕。

　ベトナム以外の地で李朝陶磁器が発見される例はわずかである。李朝段階では国内消費むけ、おもに昇竜城の建築部材や、宮殿内での生活に用いられる陶磁を生産していたと想定できる。そのため、ベトナム北部の港遺跡におけるベトナム陶磁器出土の有無は、李朝期の港の存在を論じるさいの資料とはならない。東南アジアで発見されている李朝陶磁器は、中国陶磁器のように、一定規模で輸出されたのではなく、ムスリムや中国の商人によって担われていた海域アジアの交易ネットワークによって偶発的に運ばれたものであろう。

第 3 節　陳朝王宮で使用されていた陶磁器

　李朝末期の内乱に乗じ、皇帝の外戚であった陳氏が帝位を奪い、1225 年に陳朝がたつ。陳朝は、上皇政治をおこなうことにより安定的王位継承を実現するとともに、父系同族集団の結合を強化し、王族が中央を独占することで安定的な政権を目指した。李朝が豪族の連合体であったのに対し、陳朝は宗室を封じることにより、各勢力の上に陳朝宗室がかぶさるような形で統治を進めたとされる〔桃木 1982〕。

　陳朝は、李朝と同様に昇竜城を国都としていたが、同時に陳氏の故郷である即墨、現在のナムディン省トゥックマック（Tức Mặc）の地を 1262 年より天長府とし、上皇が居住し、陳朝の副都として政治の中心地としていた。また、その周辺から沿岸部にかけて貴族の荘園が作られた〔桜井由躬雄 1989：275 - 300〕。昇竜と天長府、双方の遺跡では、陶磁器の生産がおこなわれており、同時にその宮殿において使用されていたため、生産遺跡でもあり、消費地遺跡でもある。

1.　昇竜皇城

　昇竜皇城遺跡では、陳朝期の陶磁器が多数出土している。ベトナム製品では、青磁や白磁、褐磁、白釉褐彩磁、初期鉄絵など、陳朝の特徴的な陶磁器が出土している。青磁では、外面に蓮弁文を有する酒海壺の身部などがあり中国の竜泉窯系の製品の模倣である。

　このほかに、白磁や青磁には内面に 5 か所の目跡があり、范により花文や蓮弁文を施文する碗類が多数出土している。初期鉄絵の瓶は、元の初期の青花を模倣したものである。

　白釉褐彩磁では、比較的大型の蓋付き甕や鉢がみられる。外面には花文や花唐草文、鳥文を描き、その図柄構成は 14 世紀に生産されていた中国の竜泉窯系青磁を模倣しているのだろう。また、器種にはバラエティがあり、白釉褐彩磁が当時好んで使われていたことがわかる。

第3節　陳朝王宮で使用されていた陶磁器

図45　龍泉窯系の青磁花唐草文鉢
［Tống Trung Tín (et al.) 2010：157］

図46　胡朝城遺跡出土ベトナム陶磁器

　赤茶色の施釉しない塼や軒先瓦、軒飾り、棟飾りなども李朝に引きつづき生産されていたようだが、李朝のころのものにくらべると、作りが雑になってきている。
　中国製品では、元代の青磁や白磁、青花などがみられる。青磁では内底面に魚文を施す鍔縁皿や蓮弁文のある碗・皿類、花唐草を巡らせた鉢（図45）、香炉などが多数出土し、いずれも竜泉窯の製品である。白磁では、枢府手のものがみられる。元代の青花では、蓮花や鴛鴦、海馬、草花、蓮弁文などを描く碗がみられ、景徳鎮窯系の製品である。また、青花梅瓶の破片も発見されている。高麗の青磁碗も出土しており、その遺物の国際性に花を添えている。

2.　天長府

　ナムディン省の天長府関連遺跡としては、歴代皇帝の祖廟であるデンチャン（Đền Trần）や普明寺などの宗教遺跡がのこる。また、デンチャンに近接してバイハラン（Bãi Hạ Lan）遺跡があり、天長府の船着場とされる。この、デンチャンやバイハラン一帯の考古学調査では多数の陶磁器が発見されている。なかでも高台内に「天長府製」と鉄銹で書かれた青磁碗[29]がデンチャン遺跡から出土しており（図4-3）〔Nguyễn Mạnh Lợi 1980〕、中には、竜泉窯系の青磁花唐草文鉢[30]を模倣したものもみられる。バイハラン遺跡では、このような上質な陶磁器が多数出土している。また熔着資料が確認されていることから、陶磁器製造の工房、おそらく官窯がこの一帯にあったことが指摘されている〔Nguyễn Quốc Hội (et al.) 1996〕。
　これらの遺物を詳細に調査した西野範子の報告[31]によると、ベトナム陶磁器は13世紀初頭から15世紀初頭のものである。そして、13世紀末から14世紀第1四半期の製品に分類される、内面に范によって花文を施文する青磁碗は、耀州窯青磁の影響をうけていることを指摘している〔Nishino 2002：90-91〕〔西野2008〕。14世紀後半の製品である、見込みに菊花文を施文する碗も確認されて

第4章　李朝から陳朝の交易様相

おり、この製品は日本の対馬・水崎遺跡や覩城跡でも確認されている（図48-1・2）〔美津島町文化財保護協会編 2001：27〕〔長崎県教育委員会 1998：52〕。逆に、水崎遺跡や博多遺跡群では初期青花・鉄絵の碗も出土しているが（図48-3）、バイハラン遺跡では確認されていない。

3. 胡朝城

　陳朝は、科挙制度を本格的に実施し、中央集権国家としての安定をはかったが、逆に14世紀には儒教知識人層が中央に進出し、官僚が政権を掌握するようになる。13世紀後半以降は、たびかさなるモンゴル軍の攻撃をうけ、名将、陳興道の活躍により窮地を逃れるが、つづいて南のチャンパーからの侵攻をうける。一時は昇竜城が落とされるなど危機に直面した。このとき活躍したのが武将、黎季犛（のちの胡季犛）であり軍事権を手中におさめると、弱体化していく陳朝の朝廷において政治的実権までも掌握していった。そして1400年には陳朝皇帝少帝を廃位し、自身が皇帝として即位し、胡朝（1400年～1407）をひらき、国号を大虞とした。

　胡季犛は1397年に現在のタインホア省ヴィンロック県に西都城を築城し（以後、「胡朝城」とする）、遷都する。『大越史記全書』1397年（光泰10年）冬11月条には、

　　大安諸宮殿の甑や瓦、大材などを取り払い、ことごとく慈廉、南冊等州にあずけ、新都まで運んだが、風に遭遇し半分が沈んでしまった。（大安諸宮殿甑瓦大材、悉付慈廉、南策[32]（ママ）等州、赴新都、遭風沈溺過半。）[33]

とある。「慈廉」は、現在のハノイ市および周辺の紅河右岸を含む地域であり[34]、「南冊」は現在のハイズオン省一帯である。ホン河一帯からタインホアまでは、窯業地ハイズオンを経由した、水路によるハノイ－ハイズオン－タインホアの物資運搬路があったことがわかる。ハイズオンでは、すでに新都建設のための瓦や塼が生産され、それらとともに旧宮殿の建築部材も船でタインホアまで運んでいたのだろう。ハイズオンでは、陳朝期からの陶磁器生産の開始が確認されている。

　1406年に明の永楽帝は、胡氏の政権簒奪を理由にベトナムへ派兵し、胡氏一族を処刑、明支配期（1407～1428）となる。胡朝城は明軍の駐屯地となり、黎利軍との戦いでは明軍が胡朝城に立てこもっているため、胡朝城出土遺物は胡朝から明支配期の15世紀前半の遺物群ととらえられる。

　胡朝城には現在も石積みの城壁や城門がのこる。城内は現在、畑であり、発掘調査では塼や柱の礎石が発見されいる。また、竜文のある欄干石が城の中央部に露頭している。2011年にユネスコ世界文化遺産に登録されている。

　胡朝城の発掘調査は、菊池誠一が2004年に実施しており、ベトナムの緑釉や褐釉、白磁、中国の青磁などが出土している〔菊池編 2005〕（図46）。ベトナムの陶磁器では緑釉や白磁の碗が多く出土し15世紀前半の製品とされる。同類の高台内に鉄銹を塗ったり、外面に蓮弁文を施す緑釉製品は、沖縄の二階殿地区（図48-4）やインドネシアのトロウラン遺跡（図53-3）などで多数発見されている。

　中国陶磁器では、外面に鎬蓮弁文のある碗がみられる。また、出土遺物ではないが、大型の中国

竜泉窯系の青磁鍔縁盤がみつかっている。14世紀末から15世紀初頭の製品である〔阿部2005〕。

4. 少数民族墓出土の陶磁器

　ドンテェック遺跡は、歴代のムオン（Mường）民族領主（土酋）の埋葬地である。ホアビン省キムボイ（Kim Bôi）県ヴィンドン（Vĩnh Đồng、永洞）社に位置する。ムオン民族の古墓はムオン民族の生活域と同じく、ソンラー（Sơn La）省、タインホア省、ニンビン省（Ninh Bình）、ゲアン省、旧ヴィンフー（Vinh Phu）省に分布し、なかでも最も集中しているのがホアビン省である。

　ドンテェック古墓群は首都ハノイの南西、ホアビン省にある。遺跡へは省都からさらに32km山地に入ったキムボイ県ヴィンドン社に所在している。ムオン民族古墓のなかでも最も規模が大きく、残存状況がよい遺跡である。今でもムオン民族の伝統的な高床式住居もみられ、現代のあたらしい墓もその周囲の斜面に作られていることから、長期間にわたって墓域として利用されてきた様子がうかがえる。

　省内には2つの川がながれ、中国雲南省を水源とするダー（Đà）川とキムボイ県を水源とするブオイ（Bưởi）川は、ともに下流で紅河と合流し紅河デルタを形成している。省内にはムオン民族のほかにターイ（Thái）民族などの少数民族が居住する。

　1974年から75年にかけて、ベトナム考古学院の歴史考古学部門によってムオン古墓の研究が開始され、ドンテェック古墓群を含むホアビン省の4大ムオンについての基礎的な踏査がおこなわれ、その遺跡の重要性が指摘された〔Đỗ Văn Ninh 1974〕。しかしその後の高地開発に伴い、1982年以降多くの古墓が破壊され、盗掘をうけるにいたった〔Trịnh Cao Tưởng (et al.) 1984：3〕。

　考古学院と旧ハソンビン（Hà Sơn Bình）省文化課は残存していた22基の墓をA地区（M1〜15）とB地区（M16〜22）にわけて、A地区で6基、B地区で7基の計13基の発掘調査を、1984年12月から翌年1月にかけて実施した。その結果、墓跡はみな長方形の竪穴墓で周囲に自然石を立石する、いわゆる巨石墓の形式であることがわかった（図47-1）。B地区から出土した遺物は、やや古く、14世紀の墓が含まれる。A地区の古墓は15世紀から17世紀の陶磁器が多数出土した。B地区の立石はA地区の立石とくらべると小さい〔Trịnh Cao Tưởng (et al.) 1984：5-8, 14-20〕。

　考古学院と旧ハソンビン省文化課が発掘調査したB地区のM17号墓では、多数の陳朝や中国の竜泉窯系の陶磁器が出土している。宮殿遺跡以外での出土例として、以下にその遺物について、概要をまとめる。

M17号墓

　20個の立石が配されている。盛り土は高さ1.2mで15m×15mの方形の墳墓である。長さ5.2m、幅4mのトレンチを設定し発掘調査している。深さ2.3mのところからトレンチの規模を4.8×2.3mに縮小し、主体部の調査をおこなった。主体部は4.35×1.5mで深さは0.75mであった。主体部からは多数の陶磁器が出土している。また、主体部の床には焼締鉢81個が立てた状態で5列にわ

第4章 李朝から陳朝の交易様相

1 巨石墓

2 M17：その他［ホアビン省博物館収蔵品］

3 M17：青磁［ホアビン省博物館収蔵品］

4 M17：青磁［ホアビン省博物館収蔵品］

5 M17：緑釉の器台［ホアビン省博物館収蔵品］

6 M17：白釉掻落褐彩鉢［ホアビン省博物館収蔵品］

図47 ドンテェック遺跡出土陶磁器（1）

たって並べられていた。〔Trịnh Cao Tưởng（et al.）1984：17,20〕

　遺物はこのほかに、磁器碗10点、磁器皿1点、磁器水注3点、磁器壺3点、器台（または硯）3点、銅製品20点、銅銭65点、銀製品5点、石製品、骨など総数223点にのぼる〔Phạm Quốc Quân 1994：54〕（図47-2～6）。

　中国の竜泉窯系の青磁製品が8点あり、碗は蓮弁碗がほとんどである。いずれも14世紀の製品である。ベトナム製は焼締陶器のほかに13点で、外褐内白釉碗5点、白磁製品5点、緑釉製品1点、褐釉製品1点である。

　遺物はいずれも14世紀代であり、14世紀に埋葬されたと思われる。

第4節　海外に運ばれた陳朝陶磁器

　陳朝期には陶磁器の大量生産もはじまり、国内の需要に応える必要性のほかに、琉球や東南アジア地域へも運ばれていた。インドネシアをはじめ東南アジア地域では、簡略化された唐草文や折枝文、あるいは花文をつけた小型、中型のベトナムの初期青花・鉄絵製品が多数確認されている。このベトナムの初期青花・鉄絵製品は、14世紀前半に生産を開始する元青花を模倣したものであり、陳朝末期の14世紀後半に生産がはじまっていた。三上は、14世紀中頃にアジア各地で需要の多かった元青花が14世紀後期から15世紀にかけて、明の海禁令によって輸出が滞り、その代用品としてベトナムの初期青花・鉄絵が生産され、中国陶磁の貿易ルートに便乗して東南アジア諸国に運ばれた、と想定している〔三上1984：218-226〕。

1.　日本出土の陳朝陶磁器 ―沖縄、九州の遺跡を中心に―

　日本の遺跡から出土したベトナム陶磁は、沖縄から九州、関西を経て、北陸、関東にまでひろく分布している。最も南に位置するのは、沖縄最南端の佐慶グスク跡、最北端は茨城・小田城跡である。出土遺跡数では100地点以上をかぞえ、その年代は14世紀から18世紀にかけて幅がひろい。遺跡の数では、貿易や商業の中心であった琉球、長崎、堺、江戸の順に多く、出土遺物の量でも、琉球、長崎、堺の順に多い。

　ベトナム陶磁器が出土する遺跡を年代ごとにみると、14世紀では九州に、15世紀には琉球に、16〜18世紀段階では長崎市内や関西・関東に分布が移っていくのがわかる。またベトナム陶磁は、遺物としてのみならず茶道具の伝世品としても多数残され、その由来から日本に持ちこまれた年代が特定できる資料もある。

　これらの、資料や窯跡資料を用いたベトナム陶磁の編年研究には森本朝子の業績がある。森本は日本出土のベトナム陶磁を日本での出土状況とベトナムの歴史的変遷から4期に分け、Ⅰ期を14世紀中葉〜15世紀初葉、Ⅱ期を15世紀中葉〜16世紀初葉、Ⅲ期を16世紀中葉〜17世紀中葉、Ⅳ期を17世紀中葉〜18世紀前葉としている〔森本2002〕。また、ベトナム青花の文様に焦点をあてた編年研究には矢島律子の業績があげられる〔矢島1998-1999〕。近年は、西村昌也と西野範子による碗皿類の編年研究がある〔西村他2005〕〔西野2010〕〔西野2011〕。それは、トチンの形や釉剥ぎ方法などの窯詰め技法や高台の形などをもとに、10世紀から18世紀までの碗皿類を詳細に分類し、その変化の過程や出土遺跡・伝世品から年代観をあたえるという意欲的な研究である。

　日本の中世遺跡[35]では、沖縄や鹿児島、西南諸島、壱岐、対馬、熊本、佐賀、長崎、福岡、広島、堺などの遺跡でベトナム陶磁が確認されている。もっとも古い遺跡からの出土例として大宰府遺跡の14世紀中頃の遺構から出土した鉄絵花文皿があり、ベトナム陶磁の年代基準となっている。

第4章　李朝から陳朝の交易様相

　日本出土のベトナム青花や鉄絵は、様式から初期と盛期の2グループにわけられる。
　初期の製品は陳朝から胡朝の陶磁器である。森本区分Ⅰ期、矢島分類第1群・2群、西野編年で初期青花・鉄絵碗類を含む14世紀後半～15世紀初期の陶磁器で、九州、特に北部九州沿海域に集中しており、倭寇や地域商人の交易によって運ばれたとされる。森本は沖縄経由で日本に入ったとは考えがたいとしている〔森本 2002：285〕。沖縄では首里城二階殿地区で多数発見されており、琉球による中継貿易の草創期にもたらされたのであろう。
　盛期の製品は黎朝前期の陶磁器である。森本区分Ⅱ期、矢島分類第3群・4群・5群を含む15世紀中期から16世紀中期の陶磁器で、沖縄、特に首里城などグスク跡に集中する。琉球王国の朝貢貿易や中継貿易によって運ばれたものである。
　なお、中世段階の遺跡では南九州や天草でもベトナム陶磁が確認されている。南九州について、橋口亘は西南諸島を北上し南九州に運ばれた可能性を指摘し〔橋口亘 2011：16〕、天草については中山圭が倭寇の拠点と想定し、中国や東アジアとの交易で運ばれた可能性を指摘している〔中山 2011：82-83〕。
　以下に、陳朝期に生産され、日本に運ばれた陶磁器についてまとめる。これらの陶磁器は、日本におけるベトナム陶磁流入の初期段階の遺物と位置づけられ、いわゆる初期青花・鉄絵とよばれる、元青花を模した、略筆による形式化した草花文を描く一群を指標とし、この一群と同時期の遺物を含む。この一群の鉄絵と青花は、器形や文様が同じであり、双子の兄弟のような存在とされている〔矢島 2001a〕。また、青花で文様を描く碗であっても圏線はオリーブ色を呈し、鉄絵とも青花ともいえる陶磁も多数ある。
　青磁は無文のほか、外面に蓮弁文のある青磁碗や内底面に印花文のある碗などが確認されている。このほかに白磁や褐釉磁、白磁褐釉印花文碗も出土している。器種は、碗や皿のほかに盤や大皿、杯、合子がみられる。なお、個々の出土遺跡遺物情報の出典は、各遺跡の発掘調査報告書によった。
　沖縄県・首里城の二階殿は1765年に創設された建物だが、その建築遺構の下層に、より古い時代の落ち込み遺構があり、そこから13世紀末から15世紀中葉陶磁器が破棄された状態で大量に発見された[36]。15世紀中葉に下限を設定できる一括資料である。ベトナム青花の碗や皿、八角瓶、鳥形水注、合子、壺、青磁碗、白磁皿などがみられ、このなかに初期様式グループの製品が多数含まれていた〔沖縄県立埋蔵文化財センター編 2005〕。西野編年で初期青花・鉄絵8類及び9類に分類される碗が含まれる。これらの青花は、釉は薄く青料は青や淡青色、灰色である。圏線のみ灰色やオリーブ色で描く例も多い。皿は菊花皿で、内底面に五個の目跡があり、高台内は鉄銹[37]をぬる一群である（図48-5）。また、首里城二階殿地区や今帰仁城では、外面に蓮弁文のある青磁碗も確認されている（図48-4）。
　九州では、福岡県大宰府遺跡で14世紀代の遺構から鉄絵花文皿が出土しており、廃棄年代のわかる資料である[38]。また博多遺跡群では、内白外褐釉碗が出土しており、高台内には「李」という

第4節　海外に運ばれた陳朝陶磁器

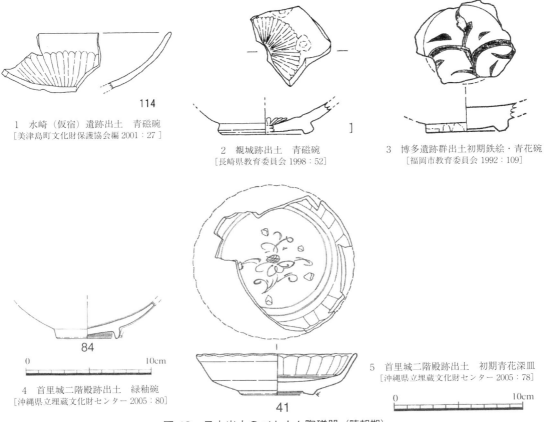

図48　日本出土のベトナム陶磁器（陳朝期）

墨書がのこる。このほかに、青磁碗も出土している〔横田 1991〕。

　長崎では、対馬の水崎（仮宿）遺跡で1419年の応永の外寇に推定される焼土層からベトナムの初期青花・鉄絵碗・壺・合子、青磁碗、白磁碗、褐釉碗など103点が確認されている。14世紀後半から15世紀初頭の中国や朝鮮、タイの陶磁器と共伴し、15世紀初頭に日本にもたらされた陶磁器の様相がわかる遺跡といえる〔美津島町教育委員編会 1999〕〔美津島町文化財保護協会編 2001〕〔川口 2010〕。平戸では和蘭商館設置以前の層位から初期青花・鉄絵が出土しており、14～16世紀の中国陶磁器などと共伴する〔平戸市教育委員会編 1993：47〕。

　大阪の堺環濠都市遺跡では、共伴する在地土器の存在から15世紀初頭に位置づけられている遺構から、青磁碗が出土している〔堺市教育委員会編 1989：59〕。

　このほかに、小倉城や覩城遺跡、泊浜、棚底城跡などでも出土が確認されている。なお、鉄絵に類例がない青花として、大宰府遺跡や博多遺跡群において型成形で口縁部に唐草を描く輪花の青花盤が確認されているが、少数である。

125

2. インドネシア出土の陳朝陶磁器 ―マジャパヒト王国の遺跡を中心に―

　東南アジア地域において、中国やベトナム、タイの陶磁器が多数出土する遺跡として、インドネシアの東ジャワにあるモジョクルト（Mojakerto）県トロウラン郡にあるトロウラン遺跡があげられる。マジャパヒト王朝の都がおかれた地である。

　マジャパヒト王国の歴史については、青山亨が現地語史料に基づいて詳細な研究をしている。それによると、マジャパヒト王国が版図を最大にひろげたのは14世紀中葉とされ、東南アジア島嶼部全体からフィリピン群島とスラウェシ島北部を除き、ニューギニア島西部の一部とマレー半島南部を加えた広大な領域がマジャパヒト王国の保護下[39]にあったという。また、ジャンブドゥイーパ（インド）、カンボジア、チナ（中国）、ヤワナ（ベトナム）、チャンパー、カルナータカ（インド南部）、ガウル（ベンガル）、シャンカ（シャム）の国々から商人が船でやってくると記される〔青山 2001：220〕。ラージャサナガラ王（HayamWuruk、1350-1389）の治世を絶頂期として、15世紀前半までは勢力を保っていた〔青山 2001：227〕。マジャパヒト王国は爪哇国として元や明に朝貢使節を送っていたほか、琉球や大越にも遣使していた。しかし、その勢力は、15世紀後半になると衰退しはじめ、1465年を最後にして活発な朝貢活動は終息する。衰退する朝貢貿易に代わって活発化したのが民間交易であり、マッラカの交易活動が活発化していく。16世紀の初頭にドゥマク（Demak）を中心としたイスラーム諸国の軍勢によって滅ぼされたとされている〔青山 2001：228-229〕。

　15世紀前半のマジャパヒト王国の様子については『瀛涯勝覧』「爪哇国」の項に記述がある。これによると、この国の4か所の重要な地名として杜板（Tuban）、新村（Grisse）、蘇魯馬益（Surabaya）、満者伯夷（Majapahit）をあげ、他国の船はまず杜板に着く、そこには約千軒余あり、多くの中国広東および漳州の人が流れて来ている、という〔小川編 1998：21-23〕。

　杜板は、現在のトゥバンの地であり、トゥバン遺跡出土品の調査をした亀井明徳によると、中国竜泉窯系や福建窯系の青磁、枢府手の白磁皿、元青花、褐釉四耳壺、泉州壺、ベトナム青花などがあり、その様相を新安海底遺物のものにタイ、ベトナム陶磁を加えたものと説明し、年代は14世紀前半である新安沈海底遺物に近接しているが、これよりもやや後出としている〔アブ・リド他 1983：86-87〕。

　また『瀛涯勝覧』には、満者伯夷は王の居所であり、番人や200〜300軒の家があり、七、八人の頭目が王を補佐するとある。そして、この国には「回回人」「唐人」「土人」の三種の人々がいる、という〔小川編 1998：24-26〕。

　満者伯夷は現在のトロウランの地である。この地点では、植民地時代から発掘調査や遺跡踏査がおこなわれ、マジャパヒト王国期の遺跡や遺物が大量に出土し、トロウラン博物館や国立考古学研究センターに収蔵されている〔Depoizat M. F. (et al.) 2007〕。これらの遺物は、2012年からはNPOアジア文化財協力協会が中心となって調査を開始しており〔大橋 2013〕、筆者も参加している。また、

第4節　海外に運ばれた陳朝陶磁器

1　中国・龍泉窯系　青磁製品［マジャパヒト博物館収蔵品］

2　ベトナム
初期青花・鉄絵
［マジャパヒト博物館収蔵品］

3　ベトナム緑釉碗［マジャパヒト博物館収蔵品］

4　ベトナム白釉掻き落とし褐彩壺［マジャパヒト博物館収蔵品］

図49　インドネシア・トロウラン遺跡 表採ベトナム陶磁器（1）
（3・4は、NPOアジア文化財協力協会より）

シンガポールのコレクターによって、トロウランで収集された陶磁器片がシンガポールのシンガポール大学（National University of Singapore）やアジア文明博物館（The Asian Civilization Museum）に収蔵されており、これらの一部を亀井明徳が調査している〔専修大学アジア考古学チーム 2010〕。

NPOアジア文化財協力協会の調査では、確認した総破片数は10万点にのぼり、底部または口縁部のみを計算した推定個体数は7,557個体であった。そのうち中国陶磁器は4,293個体で最も多く、ついでベトナム陶磁器が2,245個体、タイ陶磁器が1,002個体となっている。このほかにイスラームや日本の陶磁器も含まれていた。遺物の中心となるのは13世紀末から15世紀の陶磁器である。最も多かったのが15世紀の龍泉窯系の青磁で、調査した中国陶磁器の約1/3をしめた[40]。

マジャパヒト期以前である9〜10世紀代の越州窯の青磁碗や長沙窯の皿などがあり、シャイレンドラ期にはすでに中国陶磁器をうけ入れていたことがわかる。ベトナムの陳朝期の製品では、初期青花・鉄絵が数十点発見されている。首里城二階殿地区で出土しているような、口縁が輪花になる、コバルトの発色も良好な上質の青花皿や（図49-2上）、大宰府遺跡で出土するやや厚手で、鉄絵が黒褐色に発色し、高台内に鉄銹をぬる粗製の鉄絵皿が含まれる（図49-2下）。また、胡朝城で

第4章 李朝から陳朝の交易様相

出土しているような外面に蓮弁文を施したり、見込み部分を蛇の目釉剥ぎにする緑釉の碗が多数出土している（図49-3）。高台内に鉄錆をぬるもの、塗らないもの、高台のくびれ部に条線を施文するものなど、多様な種類が確認されている。

中国陶磁器では13世紀末から15世紀の製品が多く、青磁では元末から明初の竜泉窯系の製品が多い。特に、酒海壺や蓮弁の碗や鉢、盤、瓶など、大型の高級な青磁がめだつ（図49-1）。これらの遺物は、亀井が指摘しているように新安海底遺物の青磁と共通している。14世紀代の景徳鎮窯の青花も多数発見され、大壺類やビーズ繋ぎ線文で装飾された青花紅釉壺など品質の高い磁器が多い。ほかに紬裏紅や翡翠釉、華南産の褐釉陶器、磁州窯系の鉄絵などの大壺もみられる。永楽期の天球瓶や梅瓶などがあり、品質的には官窯クラスのものであるが、このような威信財的な陶磁器は永楽期のものまでしか出土していない〔大橋2013：23-24〕。

また、長く鉄絵陶板はベトナム産のタイル[41]とされてきたが、磁州窯の製品がほかにも多数出土していることから、このタイルも磁州窯産であるとし、14世紀の製品としている。トロウラン遺跡以外では類例がない。また、タイルのなかには少量のイスラーム陶器とみられる白釉藍彩タイルや青釉タイルが出土している。イスラーム陶器タイルはすでに13〜14世紀の例が知られ、ムスリム商人が運んだ可能性が推測される。大橋は、磁州窯のタイルとイスラーム陶器のタイルに共通性があることから、イスラームタイルをヒントにして、14世紀段階に中国・磁州窯に注文したもの、と推測している〔大橋2013：24、26〕。

このほかに、タイでは、スコタイの鉄絵盤、碗やシーサッチャナライの鉄絵や青磁があり14世紀後半から15世紀前半代の製品である。

第5節　小結 —陳朝期・交易の初期段階—

1. 陳朝の陶磁器生産

ベトナム国内の陳朝期の遺跡では、中国陶磁器をしのぐ量の陳朝の陶磁器が出土している。また、特に14世紀代には、陶磁器の生産活動にベトナムの独自性があらわれてくる時期であり、種類や器種は多彩で、文様構成も豊富になる。このことは、陳朝期において陶磁器生産がかなり発達し、大量生産が可能となっていたことをしめしている。このような生産技術の発展はいつごろおこったのだろうか。

元が成立する以前、雲南を平定したモンゴルは、雲南から南下して1257年に大越を攻め、昇竜城を落としてから雲南にもどった〔山本達郎 1975a：84〕。『元史』巻209安南伝によると、その後モンゴルは陳朝に対し朝貢をもとめ、「儒士、医人、陰陽卜筮に通じたもの、諸色人匠各三人、蘇合油、光香、金銀、朱砂、沈香、檀香、犀角、玳瑁、珍珠、象牙、綿、白磁盞等」[42]と朝貢品を指定しており、南宋攻略前なので、ベトナム北部雲南経由で南海産品を獲得しようとしていた〔桃木

第5節 小結 —陳朝期・交易の初期段階—

2011：145〕。南海の産物とともに白磁の盃を指定しているが、13世紀段階にベトナムの地において入手できた磁器といえば、中国やベトナムの製品が推測できる。この時代の陶磁器は、昇竜皇城遺跡やバイハラン遺跡、クアンラン島コンクイ地点、ドンテェック遺跡で多数発見されており、中国竜泉窯系の青磁や景徳鎮窯系の青白磁、ベトナムの青磁や白磁、褐磁、緑釉などがあげられる。元朝は白色を最も尚ぶ嗜好があったとされ〔金沢 2010：34〕、1276年にモンゴルが杭州の臨安府を占領すると、わずか2年後の1278年に当時白磁や青白磁を生産していた景徳鎮に「浮梁磁局」をおき、湖田窯において枢府手とよばれる白磁を生産させていた。モンゴルがもとめた磁器皿は李朝のころから生産されていたベトナムの白磁であったかもしれない。ただし、その後の記録に大越がモンゴルに磁器類を貢いだという記録はない。また、モンゴルの政治的拠点であったカラコルムの発掘調査では、ベトナムの陶磁器は出土していないようであり[43]、陶磁器の往来が実際にあったとは断言できない。

陳朝段階で陶磁器生産をおこなっていたのは、ハノイの昇竜城内、副都である天長府、ハノイ近郊のバッチャン、キムラン、ハイズオンのヴァンイエンである。

種類では、李朝期から作られていた白磁や青磁、緑釉、白釉褐彩磁が引き続き生産され、これに褐釉磁や初期青花・鉄絵が加わる。李朝期の主要な陶磁器生産地昇竜が次期の陳朝期でも国都として機能し、引きつづき城内で使用する陶磁器を生産していたため、陳朝期の陶磁器は、李朝期の陶磁器の発展の系譜上に位置づけることができよう。

製品をみると、李朝期にはあまりみられなかった見込み部分の胎土目[44]の痕跡が、陳朝以降多くの製品にみられるようになる。見込み部分に、畳付きを釉剥ぎした高台を直接かさね、スタッキングして焼成していたと思われる資料があり、このような製品は胎土目以前の技法で生産された製品と考えられる。胎土目を用いたスタッキングによる焼成は、製品一点一点をサヤ鉢に入れて焼くより、早く窯詰めすることができ、かつ一度に大量に焼成することができる。このようなスタッキングによる大量生産の焼成法には、トチンも用いられる。また、14世紀末には、内側の底面の釉を環状に剥ぎ取ることで、釉による製品同士の溶着を防いでいる蛇の目釉剥ぎの製品も作られるようになる。これらの窯詰め技法の変化と発展は、陶磁器の大量生産がおこなわれるようになる画期をしめしており、それが陳朝中期の14世紀頃から普及している。

このころ、陶磁器生産を牽引していた中国では、白い素地に筆を用いて青い顔料で文様を描き、さらに上から透明な釉をかけて文様を保護するとともに青の発色を鮮やかにし、撥水性、防汚性を高めた青花とよばれる焼き物の生産が始まっていた。あたらしい技術による製品であり、1330年代に中国元朝で生産が開始され、至正11年（1351年）の紀年を持つデビット財団蔵「青花雲竜文双耳瓶」にみるような鮮やかなコバルトにより精密な文様を描く元様式へと発展していく。そしてその目あたらしい製品は、朝貢の回賜品として、海域アジアの交易ネットワークを経由して盛んに外国に運ばれ、青花に対する需要が増大していった。

このような時代背景にあって、中国についでこの青花磁器の生産に成功したのが陳朝である。明

が朝貢貿易をとり自由な貿易を制限していたなかで、陳朝は元青花を模倣した初期青花・鉄絵の生産を増大させ、さらに中国から世界にさかんに輸出されていた元青磁も模倣して生産し、外国にも運ばれるようになった。その時期は、日本やインドネシアから出土する陳朝の陶磁器の様相から14世紀後半頃と考えられる。陳朝末期の陶磁生産は海外輸出を志向したものであったといえる。

12世紀頃、ベトナム中部を支配していたチャンパー王国も青磁の生産を開始しているが〔青柳2000〕〔Đinh Bá Hòa 2008〕、その製品は陳朝期の陶磁器と比較すると粗製であり、海外での出土例も少ない。

陳朝期にこの初期青花を生産していた窯跡は、昇竜城とハノイ近郊のバッチャンに隣接するキムラン、そしてハイズオンのヴァンイエンである。これらの地点は、いずれも紅河の本・支流に位置し、その出口はハイズオンの沿岸部からハロン湾、そして雲屯につづく。陳朝期には、天長府のバイハラン地点でも陶磁器生産がおこなわれていたが[45]、その遺跡の下限年代は14世紀中頃であり、初期青花・鉄絵の生産が開始する14世紀後半には荒地で天長府が機能していなかった。その原因は、14世紀後半から活発化するチャンパーからの攻撃とされる〔西野2013：221〕。

キムランでは、バイハムゾン地点で多数の陶磁器が発見されており、それは溶着資料やトチン、ハマといった窯道具、未成品とともに、ベトナムの上質な青花や白磁、青磁、中国の越州窯青磁などであった。越州窯の青磁は、8〜10世紀の製品であり、李朝初期にこの地で大造成がおこなわれ、そのさいに流入したものとされる〔西村2011：273〕。

2. 陳朝期の貿易港

では、海外輸出を志向して生産された陳朝の陶磁器が海外に運び出された港はどこだったのだろうか。

陳朝期は、中国では南宋から元、そして明初の時期にあたる。南宋期におきた中国人の東南アジア方面への拡散と、「海上帝国」を目指した元朝による南海招諭は、海域アジアにおける交易活動を大いに刺激した。杉山正明は、クビライによる南方出兵は通商勧誘のデモンストレーションであったと位置づけている〔杉山1995：194-195〕。

南海招諭は、王朝交代にともなう朝貢関係の結びなおしという意味あいだけでなく、南海貿易の焦点として泉州や広州の港を再生させ、繁栄をとりもどす意味もある。クビライは泉州のアラブないしペルシャ系の外来商人である蒲壽庚と中国南部の沿海部諸都市を平定した将軍唆都に命じて来朝を促す海外招諭活動を開始した。そしてその活動には「蕃舶諸人」[46]のネットワークを動員するよう命じ、蒲壽庚の貿易網が利用された〔向2008：130〕。

唆都の軍団は、ベトナム北部に派兵され、その撤退の戦いで唆都は戦死しているが、それ以前の出来事として、『大越史記全書』1285年（陳仁宗紹寶7年）の条に、

> 上位文昭侯（陳）弄脱驩は投降し、昭国王（陳）益稷及び范巨地、黎演、鄭隆らは、みな家族や家来を連れて元軍に投降した。（中略）（益稷は）雲屯にいた商人をたより、元軍の南下を請うた。

第 5 節　小結 —陳朝期・交易の初期段階—

ここにいたって元軍は進攻し、(益稷は)元に降参し、この国の王になることを請いねがった。
（上位文昭侯弄降于脱驩、期　而昭國王　稷及范巨地、黎演、鄭隆等、皆挈家降元。(中略)寄雲屯商客、乞元師南下。至是元人入寇、降之、冀有其國。)[47]

とあり、元軍の襲来において雲屯にいた商人をたよって陳聖宗の弟である陳益稷が元軍に投降している。このとき、陳朝皇帝聖宗は雲屯があったクアンニンの海域に逃亡しており、雲屯周辺は、それを追撃する元軍との戦闘下にあった〔山本達郎 1975a：115〕。この時投降した陳益稷は、元にとどまり、安南国王として冊封され、代々その子が安南国王として冊封された[48]。元の軍事政策と商人の交易活動には密接な関係があり、元軍への財務官僚及びオルトク[49]などの商人の関与が指摘されている[50]〔四日市 2002：119〕。益稷は雲屯にいた商人をたより、元軍の南下を請うており、その商人は唆都とともに海外招諭活動をおこなっていた蒲壽庚の交易ネットワークに組みこまれた元軍と通じた商人であったろう。

東南アジア方面への武力侵攻は、おもに世祖クビライ朝でおこなわれ、次代以降はほとんどみられなくなる。以降、歴代の皇帝下で海外招撫がおこなわれ、元朝と東南アジア諸国の間には、オルトクによりさかんな通商がおこなわれるようになる。それをあらわしているのが雲屯港跡であるコンタイ島第 5 地点やインドネシアのトロウラン遺跡などアジアの港市各地で発見されている 13 世紀末から 14 世紀の竜泉窯系の青磁碗や鉢、瓶、香炉、白磁碗・皿、褐釉四耳壺、磁州窯系の白地鉄絵壺、泉州壺といった貿易陶磁器群であり、そのモデルは 1323 年に沈んだとされる沈没船、新安海底遺物にもとめられる。

『大越史記全書』には「闍蒲」、「爪哇」、「荼哇」(ともにマジャパヒトを指す)の船が大越に来航している記述がみられる（表 16）。マジャパヒト王国が 1294 年に成立して以後、最初にあらわれる記述は 1348 年である。この時は雲屯での真珠の密貿易であり、それ以降の来航は貢物を伴う公的な来訪であった。そしてそのほとんどが雲屯に来港していた。

14 世紀中頃の『島夷誌略』には、密輸船による密貿易が断山（雲屯）でおこなわれ、そのほかに「官場」があったことが記される〔汪 1981：51〕。この「官場」は、役人がいた場所であろう。コンタイ島で出土するような上質の陶磁器が出土するのは、ベトナム北部ではヴァンドン地域と国都昇竜皇城遺跡、そして少数民族の領主墓であるドンテェック遺跡のみである。少数民族の領主墓は内陸部にあり、陳朝皇帝からの下賜品と考えられる。朝廷にもたらされる商品が運ばれた港と位置づけることができ、コンタイ島が「官場」であったと考えられる。ただし、昇竜皇城遺跡から出土している陳朝期の中国陶磁器はわずかであり、雲屯港にもたらされた中国陶磁器は、大越国むけの商品ではなく、出会いや中継ぎ貿易によってその大部分がマジャパヒトなど海域アジアへ分散していったのであろう。コンタイ島出土中国陶磁器とインドネシアのトロウラン一帯やトゥバン海域で発見されている陶磁器群〔アブ・リド他 1983〕には共通性がみられる。中国から雲屯に運ばれるのと同時に、あるいは雲屯の地を経由してトロウランに陶磁器が運ばれていたことをしめしている。

『大越史記全書』1348 年の記事には雲屯で真珠の密貿易がおこなわれていることを記している

第4章 李朝から陳朝の交易様相

表16 『大越史記全書』にみられるマジャパヒトの記事

西暦	『大越史記全書』の記事[51]
1348	紹豊8年10月「闍蒲国の商船が雲屯の海の庄をおとずれ、密かに真珠を買った。雲屯の人の多くは、潜水して真珠を盗み、これに組したが、事件が発覚して、ともに処罰された。(闍蒲國商舶至雲屯海庄、潜買蠙、雲屯人多儵氽珠與之、事覺俱抵罪。)」[52]
1349	紹豊9年5月「大哇国がきて、その地方に産するものや、言葉をはなす赤い鸚鵡を貢いだ。(大哇国來来貢方物、及能言赤鸚鵡。)」[53]
1360	大治3年10月「路鶴・茶哇・暹囉等の国の商船が、雲屯にきて売買し、諸々の珍しい物を献上した。(路鶴茶哇暹囉等國商舶、至雲屯販賣、進諸異物。)」[54]
1434	紹平3年9月「爪哇の商船が来て地方に産するものを貢ぐ。(爪哇商舶入貢方物。)」[55]「安邦路の総管であった阮宗徐および同総管であった黎遙は三階級降格させられ、免職となった。黎朝は役人や民には外国の商品を私的に販売してはならないという禁令をだしている。時に宗徐らが雲屯鎮を訪れた爪哇商船の貨物の数を検査し、さきに本来の数を報告したが、のちに（貨物を）隠し、改ざんし、それを私的に販売し、900緡にものぼり、黎遙と組して各々100緡ずつ着服したことが発覚して、罰せられた。(安邦路總管阮宗徐、同總管黎遙貶三資罷職。本朝禁臣民不得私販外國商貨、時有爪哇舶至雲屯鎮、宗徐等當檢錄舶貨正數、前已將原敷供報、後復隱詐改換其狀、而私販九百餘緡、自與黎遙各占百緡、事發、故罪之。)」[56]「爪哇の客人ある八諦らが、土産物を献上し、檀香が数株あり、家の柱にもできるほどのものだった。(爪哇客人八諦、一作先孫。等進土物、有檀香數株、可為屋柱。)」[57]
1467	光順8年10月「爪哇国の使節である那盃らがやってきた。(爪哇國使臣那盃等來見。)」[58]
1485	洪徳16年11月「諸藩使臣朝貢京国令をさだめる。占城・老撾・暹羅・爪哇・剌加等の国の使節及び鎮憲頭目は会同館をおとずれ、錦衣衛差壯士、五域兵馬、郎將といった司旗軍等はおのおのよろしく法に従って監視し、厳重に守り、訪問したときの道を往来し、(以下略)。(定諸藩使臣朝貢京國令。如占城・老撾・暹羅・爪哇・剌加等國使臣及鎮憲頭目至會同館、錦衣衛差壯士五域兵馬郎將司旗軍等、各宜如法監守、嚴謹關防、以至道塗往來、(以下略)。)」[59]

（表16）。クアンラン島の旧名であるミンチャウ（明珠）という地名があらわす通り、真珠の養殖場は現在でもクアンラン島の北側一帯でおこなわれており、コンクイ地点に近い。コンクイ地点では陳朝期の陶磁器が多数出土しており、この一帯で密貿易がおこなわれていたかもしれない。コンクイ地点は、ヴァンドン地域のなかでも中国寄りに位置し、同じヴァンドン地域とはいえコンタイ島からコンクイ地点に行くには、現代のエンジンがついた漁船でも4時間ほどかかる。

　1368年に元朝を駆逐して漢民族の国家、明を樹立した洪武帝は海禁＝朝貢システムをとる。当初は広州・泉州・明州（寧波）に市舶司を置いたが、1374年には廃止し、民間の対外貿易を禁止した。このころすでに外国船の来航も禁止されていた。市舶司廃止の背景には張士誠、方国珍といった元朝の残存勢力による混乱にともなう治安維持の目的や〔檀上1997：211-218〕、チャンパーなどの南海諸国が朝貢貿易に名を借りて中国商人と私貿易をおこなったことが指摘されている〔佐久間1992：27-28〕。永楽3年（1405年）に福建、浙江、広東に市舶司が設けられ、そののち大越国の明支配期（1407～1428年）には、永楽6年（1408年）に雲屯に西南諸国からの使節を応接するための市舶司が設置され、提挙、副提挙各1員が置かれた[60]〔松浦2010：323〕。さらに新平・順化の2か所にも市舶提挙司が設置され、雲屯・新平・順化の三か所に船舶から税を徴収する抽分場が置かれた

第5節　小結 —陳朝期・交易の初期段階—

〔山本達郎 1939：8-9〕。明への朝貢が雲屯の市舶司に入っていたのかは定かではないが、トロウラン遺跡では14世紀後半から15世紀前半のベトナムの陶磁器である初期青花・鉄絵製品や緑釉製品が多数確認されており、明支配期にもベトナムの地に来航していた可能性も指摘できる。

　なお、新平はゲアンとクアンチの間の港であり、当該地のデンヒュエン（Đền Huyện）やギースアン（Nghi Xuân）、ホイトン（Hội Thống）、キーニン（Kỳ Ninh）など沿岸部一帯では、多量の陳朝期の陶磁器や中国陶磁器が確認されている[61]。唐代にはゲティン地域から陸真臘にいたるルートが中国でも知られおり〔桃木 2011：136〕、ラム（Lam）川から侵入して遡上し、途中チュオンソン山脈を越えてラオスに至っていたのだろう。近年ラオスでは、ビエンチャン（Vientiane）で500点以上のベトナム陶磁器が出土しており〔清水 2013b〕、陳朝期の製品では青磁や外褐内白釉磁、白釉褐彩磁などの製品がある。インドシナ半島内陸部に産する香木と陶磁器の交易の窓口として、ベトナム北中部にもラム川河口部など重要な港の存在が想定できる。ハイズオンあるいはナムディンなどで生産された陶磁器がダイ川を下りラックチュンで海にで、そのまま沿岸を南下してゲティン地域まで陶磁器を運び、その後陸路で内陸部まで運ばれたのだろう。

3.　陳朝期の交易活動

　本節1.で述べたように、陳朝期に輸出を志向して生産されていた初期青花は、昇竜城とハノイ近郊のバッチャンに隣接するキムラン、そしてハイズオンのヴァンイエンで生産されていた。これらの地点は、いずれも中国に発しベトナム北部の中心地ハノイを経由し、海にそそぐ大河ホン河の本・支流に位置している。ヴァンイエンは、ホン河沿岸部に勢力圏を有する陳朝王族勢力である南冊勢力圏内に位置し、陳朝の王族の田庄[62]がおかれていた。

　その河口部の沖に位置している雲屯は「庄」として設置されており、帝室の私領という性格を示唆しており、陳朝皇族の「私的権豪」に無縁だったとは考えにくい〔桃木 2005：186〕。陶磁器生産地と港、ともに川筋勢力である南冊勢力圏内に位置していた。雲屯港跡であるコンタイ島5地区で出土している陳朝の初期青花・鉄絵は、陳朝王族勢力のもとで生産され、真珠とともに雲屯から輸出された商品であり、これらの陶磁器と共伴していた中国貿易陶磁器は、その交易に伴って運ばれたと位置づけられる。

　陳朝で権力を持った武将、胡季犛は1400年に陳朝から王権を簒奪しタインホアに遷都する。この遷都の理由は、南冊地方に盤踞する陳朝王族勢力から離れるためであった。陳王室から帝位を簒奪し胡朝が成立したのちは、南冊地方に広大な土地を所有し、勢力を温存していた陳朝宗室の経済基盤に打撃をあたえるため、大土地所有制の解体をおこなった。しかしそのことが、結果として紅河デルタ勢力を敵に回し、南冊地方の名族莫氏が、明・永楽帝期の大越侵略にさいして、明に降る最大の原因になった〔八尾 2009：148〕。1407年に胡朝は滅ぼされ、ベトナム北部が明の支配下にはいる。

　南冊地域には、陳朝が倒れても、胡朝を脅かすほどの強大な支配基盤と、それにともなう経済基

第4章　李朝から陳朝の交易様相

盤があったということだが、八尾隆生は「公私の雲屯貿易によって南冊地方は大いに栄え、陳朝期においてもその経済基盤となっており、同地が一大勢力を形成していたことは疑いようがない」としている〔八尾 2009：144〕。窯業地を後背地にもち、強大な経済基盤となりえた貿易港、雲屯の姿が、ここにきてあらわれてくる。

　ベトナムの初期青花・鉄絵の花文碗が日本の北九州を中心とする地域から多数出土している。なかでも多様な陳朝陶磁器が出土している対馬の水崎遺跡は、中世段階には交易の拠点として発展し、前期倭寇を代表する早田氏の本拠地としても栄えていた。15世紀前半には朝鮮‐対馬‐琉球の交易ルートで活躍していた〔佐伯 2001：42‐48〕。ベトナムの初期青花・鉄絵が出土している天草は倭寇の拠点とされている。また、大宰府遺跡では14世紀代の遺構からチャンパー陶磁も確認されている〔山本信夫 1995〕。

　元末の中国南部の治安の悪化により、博多‐明州ルートから、安全な九州・肥後‐薩摩‐琉球列島‐福建（南島路）へとメインルートが変わっており〔榎本 2007〕、泊浜や棚底遺跡出土品は、このルートで運ばれていたといえる。

　日本へのベトナム初期青花・鉄絵の流入は、14世紀末から15世紀初頭の壱岐、対馬の倭寇[63]や中国人商人の活発な活動を介していたのだろう。そしてそれは、南冊勢力との雲屯を通じた交易の商品であったと考えられる。

　沖縄へのベトナム陶磁器の流入は、明の海禁政策にはじまる琉球王国の中継貿易の流れのなかに位置づけることができる。洪武帝は1372年に琉球に入貢を促す使者を送り、中山王察度はこれに応じて中国に使者を遣わし朝貢国の一員に加わり、以後中山王は頻繁に朝貢している。当時琉球は三山が並びたっていた時代であり、1380年には山南王承察度が、1383年には山北王帕尼芝が明に入貢するようになる。この三山の均衡が破られるのは1406年で、山南の尚思紹、巴志親子は中山の拠点である浦添城をせめ、中山のあたらしい王となった。その直後に中山の拠点を浦添から首里城にうつしている。尚思紹、巴志親子はつづいて1416年に山北の拠点今帰仁城を攻め、山北を滅ぼし、1429年には山南を攻め、ついに琉球を統一した〔佐久間 1992：176〕。

　明初より、琉球の朝貢回数は他国に抜きんでて多く、日本が10年1貢、大越やマジャパヒトが3年1貢であるのに対して、琉球は1～2年1貢をゆるされていた。また、1385年には中山、山南へ大型船舶（軍船）が下賜され〔王 1988〕、永楽年間までに、のべ30隻の船が無償提供されていた〔岡本 1999：13〕。明の海禁令は1459年まで繰り返しだされるが、檀上は洪武期の禁令の背景は密貿易の取り締まりを主眼としたもので、永楽期以降には密貿易の延長上に略奪問題があった、と考察している〔檀上 2004：10‐15〕。琉球に対する朝貢貿易の優遇は、琉球を有力な朝貢主体に育て、朝貢貿易の外にはじかれた海賊や民間交易勢力のうけ皿とし、海域世界の秩序化を図った、とされる〔岡本 1999：11〕。また、この琉球に対する優遇措置は馬の入手のためともされる。洪武期には、元の影響下にある勢力がいまだに国内にくすぶっていたため、それらを平定するための軍事行動の継続に、琉球からの馬の輸入が大きな役割をもっていた〔曹 1996：876〕。

第5節 小結 —陳朝期・交易の初期段階—

　中山に遣わされた明の高官が、中山王への回賜品のほかに、大量の絹織物や陶磁器、鉄釜をもって馬の購入にあてており[64]、同様の記録は洪武9年の条にもみられ、馬40頭、硫黄500斤を購入している。そして、琉球の人は磁器や鉄釜を好むと記され、朝貢品、下賜品の交易のみではなく、それに付随した附搭貨物としての馬と陶磁器の交易がおこなわれていた〔佐久間 1992：188〕。

　また、『明実録』永楽2年（1404年）の条に、山南王の使者が回賜品の銀を使って処州の市で磁器を購入し、それは禁令に触れたが、永楽帝がこれを許したと記されている[65]。処州には青磁の生産地竜泉があり、このとき購入した陶磁器は竜泉青磁であったことが指摘されている〔佐久間 1992：189〕。このことからも附搭貨物として陶磁器が運ばれていたことをしめす。この山南王は尚思紹であり、のちに中山王となって首里城を整備する。

　宋・元の時代から、琉球諸島の各地には貿易拠点があり、中国、日本、朝鮮、東南アジアの各地を対象とした中継貿易がおこなわれていた〔生田 1992：265〕。首里城の地は、出土する陶磁器によって13世紀末頃からグスクとして機能していたとされ、その周辺には那覇港や泊港、牧港など琉球を代表する港が集中していた。首里城の発掘調査では、13世紀末から15世紀の陶磁器が多数出土しており、中国の青磁や青花に交じってベトナムやタイの陶磁器も出土している。

　首里城二階殿地区の15世紀中葉を下限とする遺構から13世紀末から15世紀中葉陶磁器が破棄された状態で大量に発見され、中国の竜泉窯の青磁や景徳鎮の青花にまじって陳朝の初期青花・鉄絵の皿が多数含まれる。陳朝の初期青花・鉄絵には上質なタイプと粗製タイプに大きくわけられるが、キムランでは上質タイプ、ヴァンイエンでは粗製タイプを生産していたようだ。二階殿地区で出土した製品は釉が薄く、青料は青や淡青色、灰色である。圏線のみ灰色やオリーブ色で描く例も多い。菊花皿で、内底面に五個の目跡があり、高台内は鉄銹をぬる、比較的共通性のある上質タイプの一群で、九州で発見されている同時期の粗製タイプの初期青花・鉄絵とは趣を異にする。トロウランでは上質、粗製の双方が出土する。

　琉球は、明との朝貢貿易における優遇措置により、他国より頻繁に中国の製品を手に入れることができた。その陶磁器などの中国製品は、インドネシアをはじめ東南アジア諸国で一部を胡椒や蘇木などと交換し、さらにこれらを中国への朝貢にさいして附搭貨物として持参し交易する中継貿易であった〔佐久間 1992：187-190〕。

　『歴代宝案』には、琉球と陳朝期大越の交流をしめす記述はないが、14世紀末段階において、東南アジア各国との出会い貿易が雲屯の地でおこなわれ、その過程で上質タイプの陳朝陶磁も運ばれていたと考えられる。雲屯港跡であるコンタイ島第5地区では、首里城で出土している竜泉青磁と同様の青磁が多数出土しており、マジャパヒト王国王都トロウラン遺跡で発見された中国陶磁器の様相とも共通する。この共通性は、同時期に中国製品が各地に流入していたことをしめしていよう。

　なお、ベトナムの初期青花・鉄絵製品はカンボジアの遺跡[66]でも数点確認されている。また、シャム湾で発見されたランクイエン沈没船からも初期青花・鉄絵草花文碗などが発見されており

135

〔Southeast Asian Ceramics Society 1982〕、東南アジアの各地に運ばれていたことを裏付けている。

　リ・タナは、陳朝期にチャンパーやムスリム商人によってベトナム北部の陶磁器が東南アジア島嶼部のムスリム市場であるマジャパヒトに運ばれたとしている〔Li Tana 2006〕。しかし、14世紀末には、大越はたびたびチャンパーと戦っており、それが陳朝の終焉の引き金になっていた。陳朝の王族が敵国チャンパーと交易をする可能性は低いといえよう。また、このころチャンパーは陶磁器を生産し輸出していたが、雲屯でもトロウランでもチャンパー陶磁は出土していない。

　『瀛涯勝覧』や『星槎勝覧』によると、中国船は福州から船をだして「占城」を経由し「爪哇」にいたる。そこにはムスリムや広東、漳州人が住み、交易には中国銭貨が使われている。マジャパヒトの人は、中国青花磁器、麝香、銷金紵糸、焼珠の類を喜び、銅銭を用いて買い取る、とある〔小川編 1998：7、12、29、30〕。

　1402年に永楽帝が即位すると、鄭和の艦隊に代表されるように南海諸国へ朝貢を促し、また1403年に寧波、泉州、広州の三市舶司を再設置した。雲屯にも市舶提挙司が置かれ[67]、真珠の採取がおこなわれていた[68]。雲屯への市舶司の設置には、琉球を優遇した理由と同じく、朝貢貿易の外にはじかれた海賊や民間交易勢力のうけ皿のような役割があったのかもしれない。明の海禁政策のうち、永楽期以降は密貿易における略奪と沿岸部の混乱に悩まされる時期となる〔檀上 2004：15〕。

　マジャパヒトは大越との交易以外に琉球との交易もさかんであり、琉球の首里城や雲屯で出土した陶磁器の様相とも共通する〔安里他 1998〕。マジャパヒトや琉球、大越を含む海域アジアの間を動く海商による、雲屯を出会いの場とした中国陶磁器の交易があり、そのなかでベトナム陶磁器も運ばれたのだろう。

註

(1) 海南、福建、広東、広西といったトンキン湾周辺は「蒲氏」の集住地であり、ムスリム商人との関連が指摘されている〔桑原 1935：109-150〕。宋代以降、チャンパーの使節は中国に赴く際しばしば海南島に立ち寄っており、海南のムスリムの存在と、泉州との関係は福建の商業隆盛に大きく寄与していた〔小葉田 1943a〕〔リ・タナ 2004：111〕〔Li Tana 2006：93〕。
(2) 中国の首都が長安にあれば、四川～雲南または長江中流経由でベトナム北部に下るルートが南海交易に大きな意味を持ちえたが、首都が大運河沿いにうつり長江下流域が経済の中心となれば、福建や広東から南海に向かうルートが重要になるのは当然であり〔桃木 2011：130〕、中国船はゲティン（ゲアン、ハーティン）方面に来航していた可能性を指摘している〔桃木 2011：135〕。
(3) 〔片倉 1972〕では各時代の王号の変遷を交趾郡王に冊封された第1段階、ついで南平王、そして南越王に冊封された第2段階、ついには安南国王に冊封された第3段階に区分して論じ、第2段階までは独立したとはいえ中国の内臣として意識され、安南国王に認定されるにいたって、ベトナムはチャンパーやカンボジアなどの諸王と同等の独立国としての地位を国際的に承認された。そしてその段階的発展にはベトナム側の積極的な「礼意」「誠意」があったとしている。
(4) 679年には安南都護府に改称している。
(5) 陳朝には竜鳳城、黎朝には皇城と改称。
(6) 黎朝には宮城と改称。
(7) ベトナム政府からの依頼により、ハノイの考古学院が調査を実施、昇竜皇城跡であることが確認さ

第 5 節　小結 ―陳朝期・交易の初期段階―

　　れた。ベトナム歴史学会からの意見書をうけ、政府は遺跡の一部（A・B 地区）の保存を決定、新
　　国際会議場は別地点に建設されることになった。
(8) 2005 年 10 月までに 19,000 ㎡を調査、その後も調査を継続している。
(9) 大羅城の遺跡と考えられている。
(10) 中央に方形の造形物があり、周囲に 6 個の円形の礎石が取り囲む。取り囲んでいる円形の礎石は、
　　小石を叩き込んでつくられたものである。
(11) クアンガイの発見例ではアラビア文字が書かれている皿が多数あり、チャンパー王国と関連が指摘
　　されている。
(12) イスラーム時代に生産された陶器を総称してイスラーム陶器という。ペルシア陶器、エジプト陶器、
　　トルコ陶器などに細分される。その研究は〔岡野 2013〕にくわしい。
(13) 本書第 2 章 1 節の 1. を参照。
(14) 「行営」は地方統治拠点のこと。北部ベトナムの各行営の詳細は、〔桜井由躬雄 1980b：304‐310〕
　　〔桃木 2011：257‐259〕に詳しい。
(15) 『校合本　大越史記全書』（上）、陳荊和編校、東京大学東洋文化研究所附東洋学文献センター、
　　1984 年：424。
(16) 『抑齋集』巻之 6　輿地志、阮薦撰、*Úc Trai Tập, Tập Hạ*, Ủy ban dịch thuật phủ quốc vụ khanh đặc
　　trach văn hoa xuấ bản：775。
(17) 『嶺外代答』には「凡交趾沈香至欽（州）、皆占城也」とあることが指摘されている〔桃木 2011：
　　136〕。
(18) 桃木は、このような状況を大越から見れば「衛星朝貢体制」、チャンパーからみれば「二重朝貢体制」
　　と指摘する〔桃木 1990：234〕。
(19) 李朝期には広西の諸地域との交易で雲南の馬を入手していたことが知られる。雲南から直接購入す
　　る、あるいは宋からの下賜品として、あるいは戦争により馬を獲得していた。そして、その馬はチャ
　　ンパーに売られ、あるいは宋朝に献上されていた〔片倉 1978：154‐160〕。
(20) 『宋会要』紹興 13 年（1143 年）の記事には、福建、広東方面から出港する中国船や外国船が銅銭を
　　搭載しているか否かを厳重に調査していたことが記されている〔桑原 1935：35〕。
(21) 貨幣が鋳造される以前には、文郎国や甌貉国の時代には穀物や家畜、布、銅器、巻貝、二枚貝が貨
　　幣として使用されていた〔Đỗ Văn Ninh 1992〕。北部山地の少数民族であるサー（Xa）民族は、二
　　枚貝を嫁入り道具や結納金、装飾品として使用されている。1990 年まで、ゲアンやハティンの山地
　　民族は結納品として、花嫁の家に巻貝をお金として納めており、貝を貨幣として使用していたこと
　　の名残とされる〔Phạm Quốc Quân（*et al.*）2005〕。
(22) 円形は天の象徴であり、方形は地の象徴とされる。
(23) 『校合本　大越史記全書』（上）、陳荊和編校、東京大学東洋文化研究所附東洋学文献センター、
　　1984 年：190。天福 5 年（984 年）2 月の条「鋳天福銭」。
(24) 片倉はアラブ人の可能性を指摘している〔片倉 1978：79〕。
(25) リ・タナは海南島と広西から、大越、チャンパーを結ぶ間の海域「交趾洋」では、12 世紀から 15
　　世紀にかけて活発な商業活動があり、中東のムスリム市場とむすびついていたとする。そして、そ
　　の交易を担っていたのはチャンパーやムスリム商人であったとしている〔Li Tana 2006〕。
(26) 李朝初期にキムランで大造成がおこなわれ、その際に流入したものとされる〔西村 2011：273〕。
(27) 平城京にあった西大寺旧境内の発掘調査において、8 世紀の木簡とともに多数のイスラーム陶器片
　　が発見されている。
(28) 東京の東大構内遺跡（富山藩上屋敷）では 1683 年の火災による一括廃棄遺物のなかからベトナム
　　李朝期の白磁連弁文壺が出土しており〔東京大学埋蔵文化財調査室 1999〕、茶陶の伝世品「安南黄
　　白釉水差」と同様の製品である。この壺はベトナムでは古くから骨壺としても使われており、ベト

第4章　李朝から陳朝の交易様相

　　　ナムでこの壺を見た茶道具の心得がある近世の商人が、骨董茶道具としてベトナムから日本へ輸出
　　　した可能性が指摘され、李朝期に輸出されたものではない。
(29) 西野範子による編年研究では14世紀の第2四半期の製品とされる〔Nishino2002：91〕。
(30) 手本とした竜泉窯系の青磁花唐草文鉢は昇竜皇城遺跡でも出土している（図45）。
(31) 窯詰め技法や高台の形などから陳朝のベトナム陶磁器の詳細な分類と編年をおこなっている。
(32) 「冊」のあやまりか。胡朝期まで南冊（柵）と記され、明支配期以降に南策となった〔八尾2009：
　　　169〕。
(33) 『校合本　大越史記全書』（上）、陳荊和編校、東京大学東洋文化研究所附東洋学文献センター、
　　　1984年：474。
(34) 「慈簾」の範囲については、菊池誠一が、『欽定越史通鑑綱目』の記述から考察している〔菊池編
　　　2005：7-8〕。
(35) 本書において中世は室町時代まで、近世のはじまりは安土桃山時代とする。
(36) 首里城跡二階殿地区で出土した陶磁器総破片数545点のうち、実に最低個体数105点がベトナム陶
　　　磁器であった。
(37) いわゆる「チョコレートボトム」。
(38) この資料は、1330年銘の卒塔婆と共伴して出土したことから、1330年という年代と強く結びつい
　　　て、年代のわかる基準資料とされてきた。このことについて森本は、出土した「池状遺構は少なく
　　　とも14世紀初めころから池浚いなどをしないで放置され、14世紀中頃を経てなお一定時間存続し
　　　ていたこととなる」ため、「同遺構内のどの形式の土師皿とも一括遺物とはいえない」とし、1330
　　　年という年代と結びつけてベトナム陶磁の年代の指標とすることに疑問を呈している〔森本 2002：
　　　285〕。
(39) 直接的支配に支配していた地域ではなく、各国の宗主権を承認し、ジャワ商人と有利な交易権を有
　　　していた国々とされる〔青山2001：218〕。
(40) 2012年よりトロウランの陶磁器の整理をしている大橋康二氏のご教示による。
(41) タイルは、陶板や陶磚とも呼ばれる。陶板は縁を作り出し、側面まで施釉されている。磚は板状の
　　　ものである。建材としての使い分けが指摘されている。
(42) 〔山本達郎1975a：88〕では、「儒士・医人、陰陽卜筮に通ずるものなど各三人、蘇合油・光香・金・
　　　銀・朱砂・沈香・檀香・犀角・玳瑁・珍珠・象牙・綿白・磁盞など」としており、白磁ではなく磁
　　　器の盃と解釈している。
(43) 〔亀井編2007、2009〕には、ベトナム陶磁器の出土は報告されていない。
(44) 陶磁器をスタッキングして焼成する際に、胎土目を下の製品の内側底面に置き、その上に、上の製
　　　品の高台畳付き部分を重ねることで、焼成した時に上の製品と下の製品が溶着しにくくし、はがれ
　　　やすくするための窯詰め技法のひとつ。
(45) 本書第1章第1節2.を参照。
(46) 「蕃舶」とは外国の貿易船をさすが、ここでいう「蕃舶」は中国と海外を往来する船をさす〔向
　　　2008：130〕。
(47) 『校合本　大越史記全書』（上）、陳荊和編校、東京大学東洋文化研究所附東洋学文献センター、
　　　1984年：359。
(48) 以後、大越の陳朝皇帝が安南国王として冊封されることはなかった。
(49) 元朝の特権御用商人。元朝政府はオルトクに交易資金を付与することで間接的に交易をおこなわせ、
　　　持ち帰った貴財を買い上げることにより、南海交易に参与していた〔四日市2006：143〕。
(50) ジャワ遠征で軍を率いたユィグミシュは、江南のオルトクを管轄する立場にあり南海交易商人らの
　　　援助をうけていたと考えられる。またオルトクを父にもつアリーは自らの船でジャワ遠征軍に従い、
　　　チャンパーやカンボジアを招撫することを申し出て、認められている〔四日市2002：119〕。

(51) 李英宗大定 10 年（1149）春 2 月の条に、「爪哇・路貉・暹邏の 3 か国の商船が海東に入り、居住と売買を請い、即座に海島に庄を設置し、名は雲屯といい、貴重な貨物の売買がされ、その地方に産するものを献上した。」という記事もあるが、この時代はまだ「爪哇」＝マジャパヒト王国とすることができないため、除外した。
(52) 『校合本　大越史記全書』（上）、陳荊和編校、東京大学東洋文化研究所附東洋学文献センター、1984 年：423。
(53) 同上：424。
(54) 同上：432。
(55) 『校合本　大越史記全書』（中）、陳荊和編校、東京大学東洋文化研究所附東洋学文献センター、1985 年：579。
(56) 同上：580。
(57) 同上：581。
(58) 同上：669。
(59) 同上：726。
(60) 『皇明實録』永楽 6 年（1408 年）「設交阯雲屯市舶提舉司、置提舉副提舉各一員」。『明史』巻 18 食貨志市舶「尋設交阯雲南市舶提舉司、接西南諸國朝貢者」。山本達郎の解釈によると、「雲南」に市舶司を置くのは不可解であり、雲南の「南」は衍字とされる。『安南志原』巻 2 にも「交趾雲南屯市舶提舉司、見新安府雲屯縣、雲屯抽分場見新安府」とあるのを誤って「雲南」としたのではないかと分析し、「雲屯」のことに相違ないとしている〔山本達郎 1939〕。
(61) グエン・ヴァン・キム氏、菊池誠一氏、續伸一郎氏、手塚直樹氏らからのご教示および、筆者が実施した発掘調査の成果による。
(62) 陳朝時代の集権化は、官僚制の拡大だけでなく、皇族の地方分封によってもささえられており、皇族は各地に「田庄」を所有していた〔桃木 2005：186〕。
(63) 村井は、このころの倭寇をマージナル・マン（境界人）としてとらえられ、民族的には異なる出自をもつ人びとであったとする〔村井 2010〕。
(64) 『明実録』洪武 7 年の条「令刑部侍郎李浩及通事深子名、使琉球国、賜其王察度文綺二十匹、陶器一千事、鉄釜十口。仍令浩以文綺百匹、紗羅各五十匹、陶器六万九千五百事、鉄釜九百九十口、就其国市馬」
(65) 『明実録』永楽 2 年（1404 年）の条「礼部尚書李至剛奏、琉球国山南王遣使貢方物、就令賚白金、詣処州市磁器、法当逮問。上曰、遠方之人知求利而已。安知禁令。朝廷於遠人、当之懐。此不足罪。」
(66) 西トップ遺跡から近年出土している。杉山洋氏からのご教示による。
(67) 『明実録』永楽 6 年（1408 年）条「設交阯雲屯市舶提舉司、置提舉副提舉各一員」。『明史』巻 18「食貨志市舶」「尋設交阯雲南市舶提舉司、接西南諸國朝貢者」。山本達郎の解釈によると、「雲南」に市舶司を置くのは不可解であり、雲南の「南」は衍字とされる。『安南志原』巻 2 にも「交趾雲南屯市舶提舉司、見新安府雲屯縣、雲屯抽分場見新安府」とあるのを誤って「雲南」としたのではないかと分析し、「雲屯」のことに相違ないとしている〔山本達郎 1939〕。本書では、この説を採用する。
(68) 『越史通鑑綱目』正編巻一三　永樂十六年(1418年)の条に「靖安雲屯海中産珠、明設場採之」とある〔山本達郎 1939：9-10〕。

第 5 章

黎朝前期の交易

第5章　黎朝前期の交易

はじめに

　1418年に黎利がタインホア省の藍山で挙兵、1428年に明軍を駆逐し黎朝をたてる。明から安南国王の冊封をうけ、均田制など明支配期の荒廃から復興するため内政に力をいれて諸制度を実施することで、第5代皇帝聖宗（1470～1497年）の治世には最盛期をむかえた。
　黎朝前期は軍事面を黎氏一族が、政治面を黎朝以前の陳朝、胡朝の科挙出身者が担い、中央集権制度を確立させた時代である。この経済基盤の確立のためには農業の振興、土地所有制度と土地への課税が重要な政策となった。黎朝がおこなった均田制度は、課税対象となる公田を6年に一度登録民に配分し、農民に税を科すものであった。
　また黎朝は南のチャンパーを討ち領土を拡張する一方、『大越史記全書』が編纂される。16世紀になると国勢が衰え、1527年に莫登庸が帝位を簒奪し、以後270余年にわたる分裂時代がはじまる。
　また黎朝前期には手工業が発展し、チュウダウ、バッチャン、トーハ、フーランなどではさかんに陶磁器を生産した。その主要な製品は、ベトナム青花である。

第1節　黎朝王宮で使用されていた陶磁器

1. 昇竜皇城遺跡

　黎朝前期のベトナム陶磁器が多数出土する遺跡は、昇竜皇城遺跡である。そして、その質のたかさにも特徴がある。青花では、外面と見込みに5爪の竜文を描き、口縁部や体部に連続花文を巡らせる碗や皿がある。明の青花によくみられるモチーフで、それをまねて作ったものだろう。鳳凰の図柄を描く碗もある。青料の発色は良好で描き方も非常に精密である。また、見込み部分に「長楽」と青料で書く碗皿の一群がある（図50-1）。「長楽」は黎聖宗の正妻の後宮として存在しており、また、この一群には釉が生焼けのものも含まれていることから、長楽宮専用の陶磁器が昇竜城で生産されていたことがわかる〔ブイ・ミン・チー 2013：215〕。
　白磁では、内面に范による印花文を施した碗や皿がある。内面の文様には青海波文や5爪の竜文などがある。見込み部中央に「官」の字を印花にした製品もみられ、官窯の製品[1]である。これらの白磁製品のなかには、碗の口縁と畳付を釉剥ぎし、卵の殻のように器壁が薄い一群がある（図50-2）。これは、明の永楽帝のときに生産を開始した薄胎白磁の模倣であり、明かりに照らすと内面に范した竜文が透けて文様が浮きでてみえるほど薄い（口絵2）。

第1節　黎朝王宮で使用されていた陶磁器

1　「長楽」と記される青花
［昇竜皇城遺跡資料館展示品］

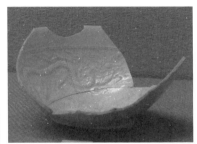
2　薄胎の白磁
［昇竜皇城遺跡資料館展示品］

図50　昇竜皇城遺跡出土陶磁器（1）

薄胎の白磁
［藍京遺跡資料館展示品］

図51　藍京遺跡出土陶磁器（1）

　上述の青花や白磁は非常に上質な製品であり、このような陶磁器はベトナム北部の消費地遺跡では昇竜皇城と黎朝の祖廟である藍京遺跡でしか出土していない。

　このほかに、やや質の劣る青花も多数発見されている。外面に鳥文や花文、菊花唐草文と蓮弁文を描く製品が多く、碗や筒形の碗、胴部を大きく膨らませ、頸部を細くしぼり口縁部をラッパのようにひろげる玉壺春の瓶、盤などがある。これらは、おもにハイズオン諸窯で生産されていた製品である。

　食器のほかには建築部材の瓦や塼がある。細身の竜の造形が目立ち、昇竜城で生産されていた青花の文様と共通する。白や緑の釉をかけたタイルや軒飾りもある。

　中国陶磁器では明代の青磁や青花が出土している。青磁では、口縁部が輪花で内側は蓮花文を陰刻する小皿の一群があり、15～16世紀の福建諸窯の製品と思われる。青花は碗皿類が中心となり、皿類では小皿類が多く〔Tống Trung Tín, Bùi Minh Trí (ed.) 2010〕、クーラオチャム沖沈没船引き揚げ遺物にも同様の製品がみられ、15世紀後半の製品である。

2.　藍京遺跡

　黎朝皇帝の祖廟がおかれたタインホアの藍京遺跡でも、15世紀から17世紀の陶磁器が多数出土している。藍京遺跡はタインホア省トスアン（Thọ Xuân）県スオンラム（Xuân Lam）社のチュー（Chu）川左岸に所在する。黎朝の祖廟であると同時に、黎利による藍山蜂起の地でもある。この地は、黎朝がたったころは西都や西京とよばれた。黎朝の開祖、黎利はその在位6年のうち、2回藍山を訪れている。

　1433年に黎利が亡くなると、藍山永陵に葬られ、藍山殿がつくられる。翌年には藍京という地名にかわり、これが現在の藍京の由来である。その後の各皇帝も先帝の祖先祭祀などで、数年に1回は藍京を訪れている。藍山殿は1434年に火災により焼失しているが、1449年に再建されている〔Nguyễn Văn Hảo 2007：59-67〕。

　現在、遺跡内に残っている建造物は、初代皇帝太祖、2代皇帝太宗、5代皇帝聖宗、6代皇帝憲宗、7代皇帝肅宗の各皇帝陵、遺跡内を流れるゴック川にかかる橋や竜の広場、正殿、廟、碑文な

どである。

　フランス植民地時代の1942年にブサシエ（Louis Bezacier）が藍京遺跡で3代皇帝黎仁宗陵墓の位置に関する調査研究を実施している〔Bezacier 1951〕。しかし、その後は長く現地調査はおこなわれてこなかった。1994年、ベトナム政府は藍京遺跡を歴史的遺跡地区としての調査、および保存事業をおこなうことを決定し、1996年より2004年まで7回におよぶ発掘調査が実施された。調査はベトナム歴史博物館とラムキン遺跡管理事務所が共同でおこない、おもに陵墓の位置と被葬者の特定を調査の目的としていた。出土した遺物は、15世紀から18世紀の陶磁器や、建築資材などであった〔Nguyễn Văn Hảo 2007：126-127〕。

　黎朝前期の陶磁器では、白磁、褐磁、内白外褐釉磁、緑釉、青花、五彩、青磁などがあり、ほとんどがベトナムの陶磁器であった[2]。

　白磁は、器壁が薄く、竜や鳳凰、波濤文などを范で施文する薄胎の碗が多数出土した（図51）。「官」の字があるものもある。五彩では、金彩を施すものがあり、クーラオチャム沖沈没船の出土遺物に類例がもとめられる。青花は、竜や鳳凰、蓮弁文を描く碗が出土している。白磁褐彩製品が出土するが、小型の鉢である。これらの陶磁器は、宮廷の生活で使われたものであろう。またわずかではあるが、中国の青花が出土しており、元青花である。

第2節　海外に運ばれた黎朝前期の陶磁器

1. 日本出土黎朝前期の陶磁器

　日本におけるベトナム陶磁器の出土状況について、14世紀の陳朝の製品は九州に、15世紀の黎朝前期の製品は琉球に、16～18世紀の黎朝後期の製品は長崎市内や関西・関東に分布し、その相違が指摘できる。九州で発見される陳朝期の初期陶磁器は、倭寇や地域商人の交易によって運ばれたと想定できる。

　これに対し、黎朝前期の盛期の15世紀の陶磁器は、沖縄、特に首里城などグスク跡に集中し、琉球王国の朝貢貿易や中継貿易によって運ばれたものといえる〔新垣他 2015〕。優品で名だかいクーラオチャム沖沈没船の遺物にみられるような、ベトナム陶磁としての独自性が確立し、最盛期をむかえる段階の一群である。

　盛期段階の製品は、ほぼ琉球王国の遺跡に出土が集中し、首里城を筆頭に今帰仁城跡、勝連城跡などのグスク（城）跡や天界寺跡から多数出土する[3]。

　首里城は、三山を統一した中山王尚巴志（1422～1439年）のころにはすでに城として機能していたとされ、その多くの地点でベトナム陶磁の出土が確認されている。種類では青花が最も多く、ほかに白磁や青磁、鉄絵がみられる。青花は、白化粧を施した上に文様が描かれ、透明釉で文様の発色も良好である。

第2節　海外に運ばれた黎朝前期の陶磁器

　1997年の調査では、1765年に創設された二階殿より古い時代の落ち込み遺構から、13世紀末から15世紀中葉の陶磁器が破棄された状態で大量に発見された。15世紀中葉に下限を設定できる一括資料である。青花の碗や皿、八角瓶、鳥形水注、合子、壺、青磁碗、白磁皿などがある〔沖縄県立埋蔵文化財センター編2005〕。

　京の内跡では、14世紀末から16世紀頃の遺構から、ベトナム青花碗や青花盤、瓶、水注、五彩碗などが十数点出土している。とくに、1459年の火災で焼失したとされる倉庫跡からは被熱した青花玉壺春瓶や青花鳥形水注、青花三爪竜型水注（図52-1・2）が出土し、15世紀中頃に下限が特定できる製品である〔沖縄県教育委員会編1998〕。クーラオチャム沖沈没船の遺物にも類品がみられることで知られる。

　御内原北地区では、14世紀から15世紀前半の陶磁器が主に出土する区画から、白磁や青花、五彩が出土しており、なかでも薄胎白磁製品が多数出土している（図52-5・6）。ベトナム国内では昇竜皇城遺跡や藍京遺跡でしか発見されていない卵の殻のように薄い器壁をもつ薄胎で、特別な遺物と位置づけられる〔沖縄県立埋蔵文化財センター編2010〕〔沖縄県立埋蔵文化財センター編2013〕。

　沖縄各地の城跡では、今帰仁城跡および周辺の遺跡からベトナム陶磁が発見されている。今帰仁城は北山王の居城であり、13世紀末から居住がはじまる。1416年（一説には1422年）に北山が中山に滅ぼされたあと、城には監守が派遣され、17世紀初頭まで城として機能していたとされる。この今帰仁城主郭第Ⅳ期である監守時代の遺構からは、青磁鎬蓮弁文碗が約10点、ほかに青花碗、瓶（図52-8）、五彩合子、白磁鉢（図52-7）などが数点出土している〔今帰仁村教育委員会編1991〕。

　周辺の今帰仁ムラ跡では、白磁碗が9点と数点の青磁碗、青花瓶が出土している〔今帰仁村教育委員会編2007〕。いずれの地点の白磁碗も、内側に范による波濤文が施され、口縁部は口禿され若干外反する。西野範子は、今帰仁城跡出土の白磁と大友府内町跡出土の白磁（図58-4）は同類であり、その年代を16世紀半ばに比定している〔西野2011：31〕。

　勝連城跡は、阿麻和利の居城として知られ、1458年に中山政権によって滅ぼされる。本丸南側や南貝塚、二の丸北の各地点でベトナム青花碗や鉢が出土している〔勝連町教育委員会編1983〕〔勝連町教育委員会編1984〕。このほかに、亀井明徳によって、碗5点、壺1点のベトナム青花が確認されている〔亀井1983〕。

　天界寺跡は、首里城の表玄関口に位置し、15世紀中頃に創建され、一度火災により焼失するが17世紀中頃に再建され、明治末期の俸禄撤廃により廃寺となる。創建以前の14世紀前半から遺跡が確認されており、本堂跡内などからベトナム青花碗・合子・瓶、青磁碗、白磁皿、鉄絵瓶など10点が出土している〔那覇市教育委員会編1999〕〔那覇市教育委員会編2000〕〔沖縄県立埋蔵文化財センター編2001〕。

　湧田古窯跡は、那覇港の近くに位置し、17世紀初めに開設され、1682年に壺屋町に統合される。ベトナム五彩碗や青花碗、皿が出土した〔沖縄県教育委員会1993〕〔沖縄県教育委員会編1994〕。

第5章 黎朝前期の交易

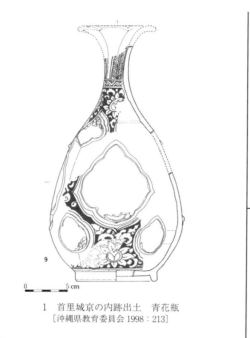

1 首里城京の内跡出土　青花瓶
　[沖縄県教育委員会 1998：213]

2 首里城京の内出土
　青花水注 [沖縄県教育委員会 1998：213]

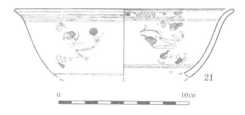

3 首里城下之御庭地区出土　五彩碗
　[沖縄県県立埋蔵文化財センター 2001：91]

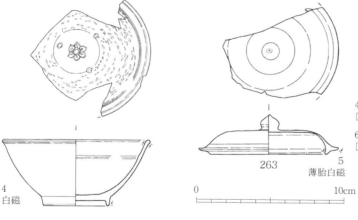

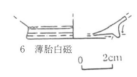

4・5 首里城御内原北地区出土
　[沖縄県県立埋蔵文化財センター 2013：図版56]

6 首里城上の毛周辺出土
　[沖縄県県立埋蔵文化財センター 2005：46]

7　今帰仁城主郭出土　白磁鉢
　[今帰仁村教育委員会 1991：260]

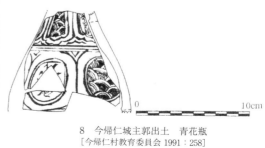

8　今帰仁城主郭出土　青花瓶
　[今帰仁村教育委員会 1991：258]

図 52　日本出土のベトナム陶磁器（黎朝前期）

2. ラオス出土の黎朝前期の陶磁器

　ラオスは、インドシナ半島中央を縦貫するメコン（Mekong）中流域に位置し、首都ヴィエンチャンはメコン河畔にある。また領土の北東側はベトナムと国境を接し、その境にはチュオンソン山脈が横たわる。古くから陸路および水路を介してベトナムとの交易活動がおこなわれてきた。

　ベトナム陶磁器は、2006年から2007年にかけて実施された首都ヴィエンチャン市内の発掘調査によって出土した。ヴィエンチャンは、14世紀後半に建国したラーンサーン（Lane Xang）王国が、1560年に遷都して王都をおいた地であり、以降18世紀にかけて都として発展した。とくに17世紀代には外交、内政とも安定し、半島内陸部における交易の要衝として繁栄していた〔Masuhara 2003〕。

　調査は、ヴィエンチャンの旧市街地内を縦貫する1号線道路の排水溝埋設工事にともなうもので、旧王都城壁に囲繞されたラーンサーン期の都城域内において、はじめての大規模な埋蔵文化財発掘調査であった。道路両側の各々2.0m幅、掘削深度1.5m前後、調査区総延長10kmあまりにおよぶトレンチ調査が実施され、旧都城外周の城壁や王宮周囲の城壁遺構、廃絶した旧寺院伽藍関連建物跡など、おもに煉瓦造の計85基の遺構が検出された。また、地表下1.0～1.8mのラーンサーン期の遺物包含層より遺物が大量に出土した〔清水 2010：133〕。出土した陶磁器片111,738点のうち、中国陶磁器は6,896点、タイ陶磁器は1,344点、ベトナム陶磁器は524点、日本陶磁器は414点であった。このほかに、ヨーロッパやクメールの陶磁器も出土している〔清水 2013b：35-36〕〔清水 2015〕。

　9世紀から11世紀段階ではクメール灰釉陶器や西村窯白磁等が若干あるが、12世紀から15世紀段階はベトナムやタイの製品でしめられる。16世紀後半代から中国景徳鎮窯青花が増加し、以降18世紀代にかけて、中国製品は景徳鎮・漳州・徳化ほか福建広東諸窯の青花・五彩などの製品が6,000点以上出土した。日本の陶磁器では唐津や肥前磁器があり、このうち17世紀後半の肥前陶磁は272点であった〔清水 2010〕。

　ベトナム陶磁器は、陳朝期の青磁や白磁、白釉掻落褐彩製品が含まれる。その大半は15世紀以降の黎朝の青花（42％）や五彩（28％）の製品であった。17世紀後半の鉄絵印判手菊花文深皿が最もあたらしい遺物になる。このことから、調査者の清水は搬入・流通年代の主体を15世紀から16世紀と推測している。また器種では、ほとんどが碗皿類であり（碗類は61％、皿類は30％）、沖縄や他地域の出土と様相が異なる、ことを指摘している[4]〔清水 2013b：36-37〕。

　ラオスでは、このほかに南部のサワナケット（Savannakhet）県の金鉱山採掘現場で、古代の銅採掘や精錬に関わる遺構・遺物とともに大量の陶磁器が出土している。16世紀から17世紀の景徳鎮および漳州窯系の製品などとともにベトナムの青花や五彩製品が確認されている。また、インドシナ半島内陸交通の要衝であるラオス東部のシエンクワーン（Xieng Khouang）では、ラーンサーン時代（16～19世紀）の仏教寺院の伽藍周辺において、多くの貿易陶磁および在地土器類とともに1点

のベトナム青花が表採されている〔清水 2013b：38〕。この青花の詳細な器種や年代は不明である。

　黎朝の聖宗のとき、西方辺境に対する大規模な軍事行動としてランサーン王国の都ルアンプラバンまで一時進攻している〔古田 1991：629〕。また、シエンクワーンまでベトナムの版図に組み込み、鎮寧府がおかれて 19 世紀まで維持していた〔古田 1991：59〕。ラオスで出土するベトナム陶磁器は、大越国の西方地域のとの関係や支配を考えるうえで興味深い資料である。

3. インドネシア出土の黎朝前期の陶磁器

　トロウラン遺跡では陳朝のベトナム陶磁器に引きつづき、黎朝前期の青花や五彩、白磁が出土しており、その量は陳朝の陶磁器をはるかに上まわる。

　黎朝期のベトナム陶磁器は、15 世紀後半の沈没船資料として知られるクーラオチャム沖沈没船引き揚げ遺物と同時期のベトナム陶磁器群が多くみられる。そしてこの一群が、トロウランのベトナム陶磁器のなかでも最もあたらしいグループである（図 53）。

　中国陶磁器では、官窯の威信財的な製品は永楽期までで、その後の 15 世紀中頃から 16 世紀初頭段階では小型の碗や皿が中心となる。1402 年に即位した永楽帝のころは、マジャパヒトにも鄭和は寄港しているが、永楽期の製品には被熱痕があり、東王と西王の抗争による戦乱の影響が指摘されている〔大橋 2013：23〕。ベトナムやタイの陶磁器は、15 世紀中頃から後半の製品であり、永楽期の威信財的な官窯の製品を補完するような状況で存在している。

　また、トロウラン遺跡やデマクモスクにおいて多数のベトナム青花のタイルが発見されており（図 53-5）、マジャパヒトからの注文生産品とされる〔Guy 1988〕。磁州窯やイスラームのタイルに加え、ベトナム青花のタイルが多数発見されており、明時代にはいると、中国・磁州窯への注文に代わって、ベトナムに注文されていたことがわかる〔大橋 2013：24-25〕。青花タイルには様々な形状がみられ、文様の構成や描き方は様々である。中部ジャワ・デマクモスクのタイルはトロウランのマジャパヒト王宮を破壊し、そこで使われていた建築部材を持ってきて建立されたもので、15 世紀末頃以前にはトロウランに入っていたとされる〔繭山 1974：52-54〕。これに対し坂井は、タイルは壁に埋め込まれるもので、そのような事実は考えにくい。むしろトロウランと同様のシステムで、北部ベトナムへ発注されたとするのがより自然だろう、としている〔坂井 2009：36〕。デマクモスクには、イスラーム陶器陶板や磁州窯の鉄絵陶板はみられない〔大橋 2013：26〕〔大橋 2015：79〕。このことも、坂井の説を補強するものである。

　このような青花のタイルは、黎朝期の都城・生産地遺跡である昇竜皇城で一点発見されているのみで[5]、バッチャン、ハイズオン省内でも発見されていないため、生産窯ははっきりとしない。昇竜皇城遺跡では、青花の他に緑釉や白釉の建物の装飾が多数発見されている。港遺跡では、雲屯港跡であるコンタイ島で青花のタイルが 1 点のみ発見されている（図 17-57）。ベトナムでは青花タイルはこの 2 点のみある。このことは、インドネシアでみられるようなベトナム青花タイルは、ベトナム内需要の製品が外国にも輸出されたのではなく、マジャパヒト王国の注文に

第2節　海外に運ばれた黎朝前期の陶磁器

1　ベトナム薄胎白磁［マジャパヒト博物館収蔵品］

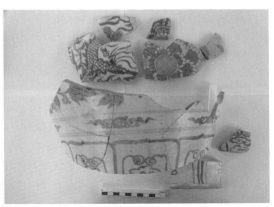

2　ベトナム青花瓶［マジャパヒト博物館収蔵品］

3　ベトナム青花瓶［マジャパヒト博物館収蔵品］

4　ベトナム人形［マジャパヒト博物館収蔵品］

5　ベトナム青花タイル［マジャパヒト博物館収蔵品］

6　ベトナム青花型物製品［マジャパヒト博物館収蔵品］

図53　インドネシア・トロウラン遺跡　表採ベトナム陶磁器（2）
（2・4・5・6は、NPOアジア文化財協力協会より）

第5章　黎朝前期の交易

よって生産された輸出用製品で、雲屯から輸出されたことを考古学的に証明している。トロウラン遺跡での状況をみると、生産期間は15世紀中頃から後半の半世紀のみに限定され、生産数が少なく、期間も非常に短かったことが窯跡の発見をむずかしくしている考えられる。

　また、トロウランでは人物や動物、建物などを象った型作りの造形物が多数発見されている（図53-3・5）。水注や合子、置物、建造物の装飾など器種は様々である。大きさも、大型の狛犬からカニ型合子まで多様である。ベトナムでは、人物や動物、建物などを象った製品は李朝のころから生産されており、昇竜皇城遺跡でも出土している。また、クーラオチャム沖沈没船引き揚げ遺物（図54-2）や首里城出土遺物（図52-2）、雲屯表採遺物（図17-47）のなかにも確認できる。

4. フィリピン出土の黎朝前期の陶磁器

　黎朝前期には、フィリピンでもベトナム陶磁器の出土が確認されている〔田中2015〕。カラタガン（Calatagan）遺跡群は、ルソン（Luzon）島の南部バタンガス（Batangas）の西端カラタガン半島の海岸の低平地に位置する墳墓群である。プロン・バカウ（Pulong Bakaw）遺跡とカイ・トマス（Kay Tomas）遺跡の2か所でフィリピン国立博物館のフォックスが発掘調査をおこなった〔Fox 1959〕。

　以下に、フォックスの報告から詳細をまとめる。副葬品の主体は、貿易陶磁器と現地産の土器、ガラス製の腕輪やビーズ類の装飾品および鉄製の槍先などであった。副葬品の主体をなす貿易陶磁器は、双方の遺跡合わせて505基の墓から520点出土している。

　内訳は中国陶磁414点、タイ陶磁96点、ベトナム陶磁9点、不明4点である。陶磁器は、遺骸の頭、胸、腰、足の近く、あるいは直接かぶせるような状態で出土していた。ベトナム陶磁器のうち、3点が報告され、種類は五彩小壺、青花合子、青花碗であった〔Fox 1959〕。

　カラタガンの陶磁器を再調査した青柳の報告によると、中国陶磁器には青花、青磁、白磁、五彩がみられ、ほとんどが碗皿類であった。青花皿は碁笥底のものや、簡略化した図柄のものがみられ、青磁は線描きによる蓮弁文である。これらの出土陶磁器は明代の大量生産品であり、その年代から、この墳墓群は15世紀後半から16世紀中葉に使用されたと推測している。また、中国陶磁器として報告されている青磁皿をベトナム中部のゴサイン窯の製品としている〔Aoyagi 2002〕。

　カラタガン遺跡で出土するような中国の青花や青磁の類似品は、日本やブルネイのスンガイルムット（Sungai Lumut）、コタバトゥ（Kota Batu）、マレーシアのコタティンギ（Kota Tinggi）やマラッカ、インドネシアのトロウランからも出土している〔青柳1992：148-149〕。

　ベトナム陶磁器の五彩の小壺や青花の碗、合子は、クーラオチャム沖沈没船の引き揚げ遺物と共通する、15世紀後半の製品である。

　また、ミンダナオ（Mindanao）島の最西端に位置するサンボアンガ（Zamboanga）市では、1969年にピッツバーグ大学（University of Pittsburgh）のスポアー（A. Spoehr）が発掘調査し、2か所の遺跡でベトナム陶磁器を発見している。ブンジャオ（Bungiao）岩陰遺跡は、サンボアンガ市の東海岸に位置する。標高60mほどの石灰岩丘陵頂部にあり、報告書によると、中国やタイ、ベトナムの

陶磁器片が 360 点出土している。ベトナム陶磁器は、青花八角小壺と初期青花・鉄絵皿であった〔Spoehr 1973：73、75〕。リンパパ洞穴遺跡はサンボアンガ市の西側の州境に位置する。2 つの洞穴のうち、大きい方の洞穴からベトナム青花碗とベトナム白磁皿が出土した〔Spoehr 1973：77-78〕。

　ブンジャオ出土の初期青花・鉄絵皿は陳朝の 14 世紀代の製品、青花八角小壺は黎朝の 15 世紀後半の製品である。リンパパ出土の白磁皿は陳朝の 14 世紀代の製品、青花碗は黎朝の 15 世紀末から 16 世紀前半の製品である。

　フィリピン出土のベトナム陶磁器は、岩陰や洞窟など特定の遺跡から、中国陶磁器などとともに出土している。しかし、その量は中国陶磁器やタイ陶磁器にくらべるとわずかである。ベトナム北部地域との直接の往来ではなく、インドネシアなど海域アジアの西側を経由した交易により運ばれたと考えられる。

　この他にも、タイではピサヌロークのチャン王宮跡から、ベトナムの初期青花・鉄絵製品とともに、黎朝前期の青花が出土している〔向井 2015〕

5.　沈没船から引き揚げられた黎朝前期の陶磁器

クーラオチャム沖沈没船

　東南アジア海域で展開された船舶による交易の長い歴史のなかで、中国と東南アジア諸国を結ぶ西側の航路[6]上に位置するベトナム海域には不慮の事故で沈んだ多くの沈没船が発見されている。沈没した商船は往時の貿易の実態をとじこめたタイムカプセルといわれる。特に、ベトナム中部海域に浮かぶクーラオチャム島[7]沖で発見された沈没船からは、積み荷である多数のベトナム青花が引き揚げられた。一括遺物としての陶磁器の様相は、その生産年代と生産地、積みだし港、航路などを考えるうえで第一級の資料とされる。

　クーラオチャム沖沈没船の遺物は、1993 年頃から漁師によって引き揚げられるようになったことが発見のきっかけである。これがホイアン市内の土産物屋に出まわるようになり、1995 年、当時ホイアンで考古学調査を実施していた菊池誠一がこれに気づき、ホイアン市遺跡保存管理センターに通報、予備調査を実施したのが嚆矢である。この結果、水深約 70 m に沈没船があることがわかり、ベトナム文化情報省（当時の名称）はこの海域への立ち入りを禁止した〔菊池 1998b：139〕。

　クーラオチャム沖沈没船はその後 1997 年から Visal（the Vietnamese National Salvage Corporation）、Saga（Saga Horizon）、MARE（Oxford University）、およびベトナム歴史博物館などが共同で本格的な調査を開始し、約 30 万点のベトナム陶磁器が引き揚げられ、うち 24 万点が完形品であった〔トン・チュン・ティン 2002〕。しかし、その一部は資金調達のためアメリカでオークションによって売却されてしまった。

　船体は東北東を指して沈んでおり、船体下部が残っていて、幅 7 m、縦 30 m 近い最大級のジャンク船であった。隔壁によって仕切られた 18 の部屋にベトナム青花がぎっしりと積まれていた。多くは青花と五彩で、ほかに藍釉や褐釉、低火度緑釉、青磁、白磁、焼き締め長胴壺などがある。

第5章　黎朝前期の交易

1　ベトナム青花類［ハノイ歴史博物館展示品］

2　ベトナム青花型物［ハノイ歴史博物館展示品］

3　ベトナム薄胎白磁［ハノイ歴史博物館展示品］

4　中国竜泉窯系青磁鍔皿［ハノイ歴史博物館収蔵品］

図54　クーラオチャム沖沈没船引き揚げ陶磁器

ベトナム以外ではタイ製貯蔵壺や、少量であるが中国の青花も含まれていた〔Guy 2000〕。また頭骨も出土しており、特徴がタイ人と類似する点などからタイ人乗組員の乗る中国船、あるいはタイの商船であるとの説もある。

　クーラオチャム沖沈没船から引き揚げられた青花について矢島律子は、器形や絵付けが精緻で青花の発色があざやかな「上質タイプ」と、早い筆運びで簡略化した文様を描き、青花の発色が暗灰色であきらかに質の劣る青料を用いている「略筆タイプ」の大きく二つのタイプにわけている。

　上質タイプでは大型盤や壺、合子、動物や人物をかたどった象形もの、クンディ形や仙盞瓶形の水注、瓢形の瓶や水注、そして、無釉窓形の貼り付け文を散らした玉壺春瓶や水注がある。絵付けでは、青地白抜きや縹綱、白描が多用され、文様としては、動物文（実在、空想の双方）、山水文が好んで使われていた。また、絵付けでは細く弾力のある線で細く文様を描いたものもあり、その背景には、ベトナムに絵画の伝統があったことを感じさせる、と分析している。

　略筆タイプでは盤や皿、大小の壺、合子、玉査春瓶などで、凝った器形はみられない。また大型盤は略筆タイプには少ない。量産タイプとして知られている烏や草文を描いた、やや大きめの瓶などがある〔矢島 2001b：6-7〕。チュウダウ窯の製品に類例をみることができる。

この2タイプが同じ船で輸出されており、その違いは時期差ではなく産地に伴う品質の差であったことがわかる。ジョン・ガイは、1～2シーズンの間に生産されたもであると分析し、その生産規模は景徳鎮と同等であったと想定している〔Guy 2000〕。五彩製品は、ミーサーで生産されたものであろう。

クーラオチャム沖沈没船に積まれていた陶磁器の年代は、15世紀後半から末でとらえられているが、近年は16世紀前半までの幅で考える研究者もおり[8]、その年代の確定が重要な課題となっている。

パンダナン島沖沈没船

クーラオチャム沖沈没船以外にも、ベトナム陶磁器を積んだ東南アジア海域の沈没船には、フィリピンのパンダナン（Pandanan）島沖沈没船やレナ・ショール（Lena Shoal）沈没船が知られている。

パンダナン島沖沈没船は、パンダナン島北東海岸の沖、約250m、水深42mのところで発見された。1995年にフィリピン国立博物館が主体となって調査が実施された。報告によると、船の長さは25～30m、幅6～8mで、引き揚げられた遺物は4,722点にのぼる。ベトナム北部や中部の陶磁器が全体の大半をしめ、そのほかに中国やタイの陶磁器、土器、鉄大鍋（60点）、永楽通寶（1点）、ガラス・石製品などがあった。これらの遺物から、船の沈没年代を15世紀中頃としている〔Dizon 1996：66-70〕。中国陶磁器は、14世紀の青花鉢や15世紀前半のものである〔Diem 1996：96〕。

ベトナム陶磁器は、北部産の青花では瓶や壺、盤などの大型の製品や合子、小壺、碗などがあり、チュウダウ窯の製品と報告されている〔Dizon 1996：99〕。また、ゴサイン窯の青磁皿や褐釉の大壺などベトナム中部産が全体の70％をしめていた〔Dizon 1996：99、101〕。

向井はタイ産四耳壺の編年からパンダナン島沖沈没船を15世紀中頃と位置づけ、首里城京の内跡出土資料と同時期としている〔向井 2003：96-98〕。

レナ・ショール沈没船

レナ・ショール沈没船は、パラワン島北側のブスアンガ島の西12km、水深48～50mのレナ暗礁で発見された。1997年にフィリピン国立博物館などが調査した〔Dizon 2003：11〕。報告によると、引き揚げられた遺物は約3,000点で、中国陶磁器、ベトナム陶磁器、タイ陶磁器、ミャンマー陶磁器、土器、金属器、錫インゴット、銭貨（洪武通寶）、ガラス・石製品、漆器などであった。

引き揚げられた遺物のうち、ベトナム北部の陶磁器は青花と白磁が28点であった。チュウダウの製品とされ、青花には瓶やクンディ、八角小壺、合子、鉢があり、白磁は壺である。ベトナム中部の陶磁器は、褐釉の四耳壺が多数あった〔Crick 2002：192-195、224〕。

この沈没船の陶磁器の年代は1480年から1490年とされ〔Goddio 2002：12〕、向井はタイ産四耳壺の編年から15世紀末から16世紀前葉としている〔向井 2003：98〕。

レナ・ショール沈没船のクンディの文様は、16世紀代のベトナム青花碗のなかによく描かれる

第5章　黎朝前期の交易

菊花唐草文であるが、唐草の描き方が略筆になっている。このような製品はクーラオチャム沖沈没船やトロウラン遺跡にはみられないため、それより一段階あたらしい、15世紀末から16世紀初頭に位置づけられる。窯跡での出土例から、ハイズオン省のゴイ窯で生産された可能性がある。同様の青花は、タイ湾で発見された15世紀末から16世紀初めに位置づけられるクランアオ沈没船でもタイの陶磁器とともに出土している。

フィリピンでは、ベトナム陶磁器は出土するがインドネシアの出土例にくらべるとわずかである。ベトナム北部地域との直接の往来ではなく、インドネシアなど海域アジアの西側を経由した交易により運ばれたと考えられる。パンダナン島沖沈没船やレナ・ショール沈没船の2隻に積まれてた、ベトナム中部の陶磁器は、これらの船がベトナム中部を経由してきたことを物語っている。

第3節　小結 ―黎朝前期・交易の最盛期―

1. 黎朝前期の陶磁器生産

黎朝前期になると、陶磁生産は発展し、大越の重要な輸出品となっていた。官窯やチュウダウ窯系の製品がその主要な商品となり、黎朝の陶磁器が海域アジアの各地へ運ばれ、さらにはエジプトまでもたらされた。

黎朝初期にみられるベトナム陶磁器の品質と生産性の向上、さかんなベトナム陶磁の輸出の背景には、陶磁器生産の大きな技術的向上が想定できる。陳朝末期に生産されていた初期青花・鉄絵は、元の初期青花を模倣したとはいえ、青料による文様の描き方も粗雑で、器壁も厚く、釉も厚く白濁する。同時期の中国陶磁器にくらべると、あきらかに粗製であった。

ところが、15世紀中頃になると、ベトナム国内外の遺構から、それまでとは全く異なるベトナム陶磁器が出土するようになる。それは、ベトナムの薄胎白磁碗であり、器壁が卵のからのように薄く、明かりに照らすと内面に范で施文した竜文や花文が透けて文様が浮かびあがるほどである。口縁と畳付を釉剥ぎしており[9]、あきらかにそれ以前の初期鉄絵・白磁とは異なる作りであり、技術的な隔たりを感じる。黎朝前期の青花製品でも口縁部の釉剥ぎが共通してみられる。この白磁は碗や小坏、蓋などの器種があることが確認されている。ベトナム国内では昇竜皇城遺跡や黎朝の陵墓藍京遺跡など、特別な遺跡でしか出土していない。海外ではトロウランや沖縄の首里城御内原北地区、今帰仁城跡でも発見されている。

年代をしめす出土例としては、首里城御内原北地区で1453年の造成土中から白磁碗が出土しており（図52-5・6）[10]〔沖縄県立埋蔵文化財センター編 2013〕、1450年代初頭には生産が開始され、輸出されていたことがわかる。中国陶磁器では、同様の器壁が薄い薄胎白磁の技術は永楽期に景徳鎮で完成されており、ベトナムの薄胎白磁も永楽期の景徳鎮陶磁器の系譜のうえに位置づけることができる。また、ベトナム陶磁の優品として知られるトルコのトプカプ宮殿博物館の「大和八年」

第3節　小結 ―黎朝前期・交易の最盛期―

（1450年）銘の青花天球壺から、1450年には景徳鎮窯の製品にひけをとらない上質な青花を生産できたことがわかる。

　亀井明徳は、この壺やインドネシアのトロウラン遺跡発見のベトナム青花鑵、梅瓶について、洪武、永楽、宣徳、正統の各形式を模倣していると分析している〔亀井2010：514〕。15世紀後半の品質向上と大量生産の背景に、中国からの技術の伝来あるいは陶工の移入が想定できるのである。

　ベトナムと国境を接する雲南には、玉渓窯や建水窯、華寧窯など、明代から青花を生産していた窯の存在が確認されている。雲南省玉渓市華寧県瓦窯村に、清館咸豊4年（1854年）に建立された「重建慈雲寺功徳碑」には陶工の由来を記す石碑がのこっている。それによると洪武帝のとき明軍の進駐に伴い、華寧に景徳鎮から人が連れてこられたという[11]〔葉編2003：35〕。華寧は現在にいたるまで雲南の陶磁器生産地である。そして、明は洪武15年には大規模な軍隊を駐屯させ、雲南の建水窯では、軍隊の生活用の器を製作していた。以後、雲南の青花は明末にいたるまで、景徳鎮窯の製品を模倣し、影響をうけてきたことがその作風から指摘されている〔施2008：189-198〕。

　この、雲南陶磁とベトナム陶磁は、器種や文様構成、文様の描き方も相似しており、両者には緊密な連携があったと指摘されている〔陸2007：390-397〕。焼成時のスタッキングにおける胎土目の使用や高台内に鉄銹をぬるなど、技術的な共通点も指摘できる[12]。建水窯は、雲南とベトナムを結ぶ街道上に位置しており、昇竜皇城遺跡からも雲南青花が出土している。また、雲南の明代の墓からは多数の雲南青花が出土しているほかに、ベトナム陶磁と思われる碗[13]も出土している〔雲南省文物考古研究所編2006：182〕。

　青花の生産には文様を描く青料の入手が必須である。ベトナムには青料の原料となるコバルトは産出しない。雲南は青料の産地として知られ、おもに滇池一帯で産出する。ベトナム青花への雲南の青料の使用は、双方の青料の成分が近似していることからすでに指摘されている〔Harrisson 1982：43〕。当時のベトナム青花で褐色あるいは黒灰色に発色しているものは、雲南の青料を使用している可能性があろう。また、雲南には明の正徳年間に外国の回青がもたらされ、ムスリム商人の関与が指摘されているが〔施2008：176-178〕、雲南にもたらされた青料がベトナムにも運ばれていた可能性もある。

　雲南とベトナムの間には、古くからさまざまな交流が確認できる。大越から中国への朝貢ルートは、李朝頃から陸路は南寧や邕州、海路は欽州や廉州を通過することを常としている。雲南と大越の交易をあらわす事象も古くからみられる。たとえば、大理の馬が帰化州を通って交趾に輸入されるルートをしめす「交趾買馬之路」が知られている〔河原1995：45〕。

　陳朝のころには、雲南を平定したモンゴル軍は、雲南から紅河沿いを南下して1257年に大越を攻めている。その目的は、雲南からベトナム経由で軍隊を広西や桂林に送り、進んで宋を攻めようとするものだった。実際、1259年の鄂州の決戦にさいし、モンゴル軍は雲南の諸民族を率いて雲南からトンキン平野にでて、ランソンから邕州に赴いて宋軍と戦っている〔山本達郎1975a：84〕。クビライが即位すると、雲南を経由して大越に使者を送り、即位の旨をつげるとともに、冊封の使

第5章　黎朝前期の交易

者として雲南方面の経営にあたっていたイスラーム教徒の納速刺丁を派遣している。1267年にクビライは大越に対し、大越に住むムスリム商人を元に派遣するよう要求している〔山本達郎 1975a：88-90〕。内陸カラコルムを都としていたクビライが、ムスリム商人を介在させた、雲南-大越ルートによる南海交易へのアクセスをもくろんでいたことがわかる。

　明の洪武期になると、大越に命じて雲南の軍餉5000石をださせたり、チャンパーから象50頭をベトナム経由で雲南に送らせていた。そしてベトナム侵攻にさいしては、1406年に中国の四川、雲南、貴州から西軍として75,000人の兵員が調達され、雲南に集合してから進軍した〔山本達郎 1975b：161〕。

　永楽期のベトナム侵攻にさいし、1406年に中国の浙江、福建、江西、広東、湖南から東軍として135,000人の兵員が調達され、広西に集合してから進軍した〔山本達郎 1975b：161〕。これらの地域はいずれも陶磁器の生産地があり、江西には景徳鎮がある。明支配期の支配体制について、山本は「ベトナムを領有して中国の内地と全く同様に統治する方針」をとり「文化政策においても同じ方針をとり、中国文化を普及させ、礼儀を習わせて」「学校を開き儒教教育をおこなって、ベトナム人を官吏に任用する道を開いた」と評価している〔山本達郎 1975b：209〕。

　このような支配体制により、ベトナムへは多くの明人が流入しており、その食料を生産するための屯田もおかれた〔山本達郎 1975b：208〕。当然、それを食するための器も必要となる。雲南の建水窯の例もあり、景徳鎮から、あるいは雲南から陶工がよばれ、食器が大量生産されていたのではないだろうか。15世紀後半の技術と品質向上、大量生産の背景に、中国人陶工の移入、あるいは技術の伝来が推定できるのである。

『大越史記全書』1406年（漢蒼開大4年）の条には、

　　莫迪・莫邃・莫遠および阮勛冒といった莫の姓のものは、みな義を守ることができず、明軍を迎えて投降し、明は官位を授けた。（莫迪・莫邃・莫遠及阮勛冒姓莫者、皆不得志、迎降於明、明並授以官。）[14]

とある。莫氏は南冊地方の名族であり、明の侵略にさいしていち早く明に降り官位を授かっている[15]。このほかにも、南冊州の「土人隊正」陳封らが明に来降しており、相ついで海陽一帯の勢力が明に従うようになっている〔山本達郎 1975b：170〕。この勢力圏はハイズオンを含む古くからの窯業地である。当時の南冊には、明の統治政策をうけ入れやすい状況があったことをしめしており、ハイズオンへの窯業技術の流入も不可能ではない。

　トプカプ宮殿博物館の「大和八年」（1450年）銘の青花天球壺には「南策州匠人裴氏戯筆」と記される。この壺は、景徳鎮青花の宣徳、正統期の各形式をモデルにしながらも、ベトナム的な雰囲気を持つと評されている〔亀井 2010：514〕。南策＝南冊では1450年にはすでに、景徳鎮青花の影響を消化して取りこんだうえで、独自の様式をもつ高品位な製品を生産できるようになっていたことがわかる。トロウラン遺跡出土の青花罐には至正、洪武、永楽期の製品をモデルにした青花もみられる〔亀井 2010：515〕。

第3節　小結 —黎朝前期・交易の最盛期—

　また、明支配期のベトナムには明から流入した技術をうけ入れるだけの技術力を備えていたことも指摘できる。明との戦いにおいて、胡季犛は火器を作って応戦しているが、明はその威力を見て胡朝の火器を明に持ち帰るとともに、その製造方法を知っていた捕虜の黎澄を登用し、胡朝の火薬、火器製造技術を明に伝え、明の火器を一変させた。永楽帝の北方遠征において大いに功があり、黎澄は死後、「火器の神」としてまつられている〔張 1992：45 - 74〕。そして、明がベトナムを支配するとすぐ、「交趾諸色工匠」7700 人が明に送られた〔山本達郎　1975b：179〕。『大越史記全書』1417 年（永楽 15 年）の条には、

　　黄福が通達し、富豪の地方官である阮勛、梁汝笏、杜維忠、杜希望、梁士永、楊巨覚ら、ならびにその家族・家来は燕京に赴き恩に報い、宮殿を営造する。（黄福箚令豪富土官阮勛、梁汝笏、杜維忠、杜希望、梁士永、楊巨覺等並以家人赴燕京報效、營造宮殿。）[16]

とあり、なかには燕京に送られ新宮殿の造営にかかわったものもいる。阮安のような傑出した都城建設技術者もおり、かれは、それまで煉瓦で作られていた北京の城壁をすべて磚で再建したという〔大西 2005：22 - 23〕。

　陳朝末期には、陶磁器製造技術も発展しており、大越国がすでにたかい技術力を有していたことがわかる。この技術力という土壌に景徳鎮における陶磁器生産技術が流入し、生産されたのが薄胎白磁製品だったのだろう。

　阮廌の『抑齋集』(1434 年）には

　　鉢場（バッチャン）は嘉林に属し、華球は文江に属する。中国の求めに応じて、磁器の鉢およそ 70 個、黒い布およそ 200 匹をささげた。（鉢場属嘉林、華球属文江。應供北聘鉢磁凡七十副黒布凡二百疋。）[17]

とあり。ベトナムの陶磁器が中国からのもとめに応じて運ばれていたことがわかる。高級陶磁器を生産し、輸出していた明がベトナムの陶磁器を要求するという記事である。

　台北故宮博物院には、15 世紀に生産されたベトナムの薄胎白磁である「永楽脱胎茗碗」が所蔵されている〔謝 2012：261 - 270〕。矢島は、この薄胎の白磁がこのとき運ばれた「鉢磁凡七十副」の一つであったと指摘している[18]。本書第 1 章第 1 節 4. で述べたように、現段階ではバッチャンの解明が進んでいない状況であり、また薄胎白磁製品は「官」の字が記されるため、昇竜城内の官窯で生産されていた可能性も十分残されている。キムランでも上質な製品を生産していたが、黎朝前期の 15 世紀後半から 16 世紀前半は、生産の空白期で、窯業活動は行われていない〔西村 2011：259 - 277〕。

2. 黎朝前期の交易活動

　陳朝期や胡朝期のベトナム陶磁器のおもな消費地はベトナム国内である。昇竜城や天長府で生産され、宮廷で使用された物のほかに、紅河デルタにいた陳朝の王族の領内で、日常生活のなかで使用するための陶磁器が生産され、その域内で消費されていた。そして、日本やインドネシアなど海外で出土する陳朝の陶磁器は、貿易港雲屯における交易を経済的基盤としていた陳朝王族の交

第 5 章　黎朝前期の交易

易活動のなかで運ばれたものだった。このようなベトナム陶磁器の交易活動の背景には、明による海禁政策により自由な交易活動が禁止され、当時世界にさかんに輸出されていた中国陶磁器が市場に出まわらなくなった現象、いわゆる「明ギャップ」が影響していた〔Brown 2004〕。中国陶磁器輸出の主要な担い手であった中国人商人の自由な海外渡航が禁止され、朝貢貿易も、国ごとに貢期が定められていたなか、その市場における中国陶磁器の欠乏を補うかたちで、ベトナム初期青花・鉄絵が生産され、中国陶磁の貿易ルートに便乗して東南アジア諸国に運ばれていた〔三上 1984：218-226〕。

これに対し黎朝前期には、ベトナム国内のみならず、海外にもさかんに陶磁器が運ばれ、注文生産による輸出も行われていた。

外交や貿易における、交換、贈答としての陶磁器の存在をみることができる。15 世紀前半にはベトナムの陶磁器が中国からもとめられていたことは本節 1. で記したとおりである。『大越史記全書』1437 年（黎太宗招平 4 年）の条には、

　　暹羅国使節の察罜剌らが入貢し（中略）。税率は、前年の例の半分に減らし、20 分の 1 とし、および厚く賞賜を加えるほか、国王には色絹二十匹、磁碗三十副、王妃には色絹五匹、磁碗三副を贈る。1 副は 35 口である。（暹羅國遣使察罜剌等入貢、帝以勅書使之賚還、并除今年抽抜也、引也。分、使減前年例半分、二十分抽一分、及厚加賞賜外、賜國主分色絹二十匹、磁碗三十副、國妃分色絹五匹、磁碗三副、毎副三十五口。）(19)

とあり、暹羅からの使節団が朝貢し、王(20)に絹と 30 組の陶磁器、王妃に絹と 3 組の陶磁器を送っており、陶磁器の 1 組は 35 点であったとある。タイではベトナム陶磁器の碗の出土が報告されており〔向井 2015〕(21)、また、それ以外の東南アジア大陸部では、15 世紀のベトナム陶磁器はラオスとカンボジアで出土が確認されている。今後、これらの遺物を精査することで、1437 年の記録にあるような、贈答されるた陶磁器の様相もあきらかになってくるだろう。

輸出されたベトナム青花でも、圧倒的な量と質を誇るのはトロウラン遺跡と沖縄各地の城遺跡である。これらの遺跡では、クーラオチャム沖沈没船に多くみられたような碗や小型の壺、合子のほかに、威信財的な大型製品や、型物の造形物が多く出土している。そして、薄胎の白磁も出土している。沖縄では、今帰仁城周辺のムラ跡で、内面に波濤文を范で施文した白磁が多く発見されており、この地域に一時に持ちこまれたものと考えられる。同じ製品は、昇竜皇城遺跡でも発見されており、昇竜のものには見込み部分に「長楽」と青料で書かれ、官窯の製品であることがわかる。今帰仁城主郭で出土した壺には 3 爪の竜文が描かれる。トロウラン遺跡でも竜文の壺が確認されている。黎朝前期の窯業遺跡で、竜文の陶磁器が発見されているのは昇竜皇城遺跡のみである。ハイズオン諸窯では、黎朝後期の陶磁器のなかに竜文はみられるが、黎朝前期の陶磁器では出土例を知らない。

また、トロウラン遺跡の特色としては、大型の盤が多いことがあげられる。タイルや造形物など、ベトナムの窯跡では未発見の製品が大量にあり、マジャパヒトからの注文生産品とされる。

第3節 小結 —黎朝前期・交易の最盛期—

トロウランでは、元末明初の青磁や青花が多く出土し、しかも非常に上質で大型の威信財的な官窯の高級品ばかりが出土していた。しかしそれは永楽期までで、それ以降は中国陶磁器を補完するようなかたちで、15世紀中頃から後半のベトナムやタイの陶磁器が出現する。海禁で輸出されなくなった中国陶磁器の代替品としてのベトナム陶磁器の存在が確認された。

それと比較して、王都となる以前の15世紀のヴィエンチャンでは、出土しているベトナム陶磁器のほとんどが碗や盤である。官窯で生産されたと思われる遺物はなく、いずれもハイズオン諸窯で一般的にみられる陶磁器である。

このことから、トロウラン遺跡や首里城遺跡から出土している特殊な遺物は、官窯で生産された可能性が高く、その交易に王権との関与も考えられる。

黎朝前期の盛んな陶磁器輸出開始の時期は、廃棄の年代があきらかな考古遺物から考察することができる。沖縄では御内原北地区の1453年の造成層から薄胎の白磁が出土している。また首里城京の内地点では、1459年の火災で焼失したとされる倉庫跡から被熱した青花玉壺春瓶や青花鳥形水注、青花三爪竜型水注など、上質の陶磁器が出土している。トプカプ宮殿博物館の所蔵品からも1450年にはベトナム陶磁器の生産技術がかなり高かったことをしめしており、輸出の開始には十分なレベルであった。中国や暹羅へ陶磁器が運ばれていたという史料の記述は1430年代中頃には確認できる。

以上のことから、ベトナム北部産の陶磁器は、1440年代にはある程度の規模で、ベトナム北部から海域アジアにむけて輸出を開始したと考えられる。

それは、ベトナムでは黎朝の初期にあたる。明初からの「厚往薄来」という朝貢貿易の方針は、永楽・宣徳頃までは維持することができたが、1435年に即位した正統帝のころから、中国の財政的状況は悪化し、朝貢品の政府買いあげ価格の大幅な削減や船数の制限、朝貢船の附搭貨物への課税や船舶の入港に対する課税まではじまった〔佐久間 1992：360〕。このころから、海外に運ばれる中国陶磁器の量は減少していったのであり、ベトナム陶磁器の品質の向上や大量輸出開始と期を一にする。

明との朝貢貿易における1〜2年1貢という貢期の優遇により、活発な貿易活動をおこなっていたのが琉球王国である。琉球の外交文書を集成した『歴代宝案』には、中国との朝貢活動を記すほか、1430年代以降1443年まで、爪哇との交易が記されている。また東南アジア諸国との公貿易も記されており、それは、中国で入手した陶磁器などを東南アジアへ運び、東南アジアでは胡椒や蘇木、香木など入手し、中国へ運ぶ中継貿易である。

黎朝は、「占城」や「暹羅」、「爪哇」などからさかんな朝貢をうけていたことが『大越史記全書』の記事にみられる。そのさいに貢物として差しだされたもののなかにも香木があり、その回賜品の一つとしてベトナム陶磁器も贈られていたのだろう。大越は、中国への貢物として金銀器のほかに象牙や香木を主に差しだしているが〔藤原 1975：268〕、占城などからの貢物としてうけ取った香木が大越の朝貢品として中国に差しだされていたのだろう。

第5章　黎朝前期の交易

『歴代宝案』のなかで、琉球と黎朝前期の大越の交流をしめす記述は、琉球国中山王の使者が「安南国万寿大王」へ硫黄などを贈ったという、1509年の記録だけであるが〔金武2002〕、沖縄では15世紀中頃から16世紀前半頃までの遺跡でベトナム陶磁器がまとまって出土している。同時期のベトナム陶磁器は、ブルネイやマレーシアでも出土しており、中国との朝貢貿易の制限が厳しくなっていくなかで、記録にあらわれないような、雲屯港を場とした東南アジア諸国と琉球を結ぶ出会い貿易が頻繁におこなわれ、そのなかでベトナム陶磁器も各地に運ばれていたと考えられる。

村井は文書のかたる公的外交の外で、シナ海を南蛮船が行き交い、琉球にも訪れていたことはたしかなようだと指摘する〔村井2000：29〕。トメ・ピレスはベトナム人について「マラッカには航海せず、シナやシャンパへ航海する」「マラカにはジュンコではほとんど来ない。かれらはジュンコでシナの大都会であるカントンへ行き、シナ人の仲間に入る。そしてシナ人といっしょにシナ人のジュンコに乗って商品をもとめに行く」〔ピレス1966：227-229〕とあり、ベトナム人と中国人の交易により、ベトナムの地では中国製品を入手することができたことがわかる。

『瀛涯勝覧』『星槎勝覧』によると、「爪哇」にはムスリムや広東、漳州人が住み、交易には中国銅銭が使われている。マジャパヒトの人は、中国青花磁器、麝香、銷金紵糸、焼珠の類を喜び、銅銭を用いて買い取る、とある〔小川編1998：7, 12, 29, 30〕。

トロウラン遺跡一帯では、多くの一括出土銭が発見されており[22]、開元通寶や北宋銭、明朝銭といった中国銭とともに洪徳通寶（図60-5）などの黎朝銭が出土している。洪徳通寶は15世紀後半に作られた、北宋銭とならぶ高品質の制銭である。15世紀のトロウランとその周辺では経済活動における交換具として銭貨が大量に使用されていたことがわかり、上述の記述を裏づける。トロウラン遺跡出土遺物のなかには貯金箱がみられるが、興味深いのは、豚をモチーフにした貯金箱の存在である。イスラーム教において、豚は不浄の動物であり、この貯金箱を使用していたのは中国人であったかもしれない。また、中国銭をまねた銭貨が生産され、そこにはジャワ文字やヒンドゥ神像が描かれる。あるいは方孔のまわりに4個の小孔をあけ、糸で綴じ合わせて飾れるように加工したものがみられる。爪哇では、銭貨が祭礼にも使用されていたことを示す。

黎朝政権下では私鋳銭が問題になるほど出まわっていたが[23]、同時に、ベトナム陶磁器輸出最盛期の15世紀後半には光順通寶、洪徳通寶といった高品位の制銭が発行されていた。中国との朝貢貿易の回数が制限されるなかで、ベトナムとマジャパヒトの交易には陶磁器だけではなく銭貨もはこばれていたのだろう。

マジャパヒトは、14世紀にはジャワ海以東の海上交易圏における集散地から東南アジア島嶼部全域における集散地へと勢力を拡張していた。しかし15世紀後半には、明との朝貢貿易にかげりがみえはじめ、中国人海商の密貿易が盛んになると、その適応に後れをとったマジャパヒトは〔深見2015〕、民間交易の基地として台頭した新興港市国家マラッカにその役割をゆずる〔青山2001：226-227〕。東南アジア海域における物資の集散港としての役割を担っていたマジャパヒト王国にとって、銭貨は交易の存続に必要な交換財だったのだろう。

第 3 節　小結 —黎朝前期・交易の最盛期—

3. 黎朝前期の貿易港

　雲屯港跡であるコンタイ島では、第 3 地区で黎朝前期のベトナム輸出陶磁器が出土している。第 3 地区は、陳朝以降、国内で生産、集荷された陶磁器を小舟で陸から島に運び、第 5 地点に停泊している貿易船に積み替えるために荷下ろしした地点と考えられる。ただし、第 5 地点ではベトナム青花がほとんど出土していないため、黎朝期には第 3 地区のみで貿易がおこなわれていた可能性もある。

　前節で考察したように、黎朝下におけるベトナム北部産陶磁器の大規模な輸出は遅くとも 1440 年代に開始しており、このころには、ハイズオンの窯業地では、陶磁器の大量生産と品質の向上を達成し、中国陶磁器の代替品としてさかんに輸出されるようになるのである。

　往時のベトナム陶磁器の輸出状況をかたっているのがクーラオチャム沖沈没船である。実に 30 万点の遺物が引き揚げられ、そのほとんどがハイズオン諸窯青花と五彩製品であり、沈没年は 15 世紀後半頃と推定されている。『大越史記全書』によると、1467 年（黎聖宗光順 8 年）に「蘇問杆剌國商舶貢物」[24]「暹羅國海舶來雲屯庄」[25]「爪哇國使臣那盃等來見」[26] とある。スマトラやタイ、インドネシアなど、東南アジア諸地域からの商船が雲屯に入港したことをものがたる記録であり、引き揚げ陶磁器や雲屯港跡出土遺物と時期的にかさなる。

　この船がむかった先は、マジャパヒト王国であったと推測されている。陳朝末期から 15 世紀後半まで、爪哇の船が雲屯に来航していたことは、（表16）にしめすとおりである。雲屯で交易活動がおこなわれていたことは、大型のベトナム青花やタイルが、コンタイ島第 3 地区から出土していることからもあきらかである。

　『大越史記全書』1434 年（黎太宗紹平 3 年）9 月の条には「本朝禁臣民不得私販外國商貨」[27] と記され、役人や個人による外国との私貿易は禁止されていたにもかかわらず、雲屯に入港した爪哇の船舶との取引において、ベトナムの役人が不正をおかしたため処罰されたことが記される（表16 参照）。山本は『黎朝刑律』の対外関係に関する条文に、特に雲屯のみに関して「貿易及び此の地の出入りに関して厳重な取り締まりが規定されており」、「その後このなかで特別に雲屯を開港場として指定するようになった」と考察し、雲屯が特別な貿易港として指定されていた、としている〔山本達郎 1939：5-7〕[28]。王権の関与による交易活動が行われ、厳重に取り締まられていた黎朝前期の雲屯港は、もはや陳朝期のような中継貿易や出会い貿易の場ではない。雲屯は大越国の商品を輸出し、自身の欲しているものを獲得するための大越国の玄関として機能していたのである。

　大越国の貿易の玄関口となった雲屯に、陳朝のころのような南策勢力の姿はみえてこない。黎朝はその開国当初、抗明闘争初期から黎利に付き従った開国功臣を任官し、出自を同じくする清化集団が武官の枢要の地位をしめていた。南策＝南冊地方は、黎利軍の進出が遅れたことから、黎利軍にほとんど組みこまれていなかった〔八尾 2009：151〕。

　南策勢力の活躍がみられるのは科挙試験においてであり、大宝 2 年（1441 年）に実施された科挙

試験では南策を含む海陽から7人の合格者をだし、3年1回の科挙試験の体制が確立する光順4年（1463年）には13人の合格者をだす。このときようやく一大文人勢力として黎朝政権に組みこまれ、15世紀にひきおこされる南策出身の莫登庸による政権の奪取につながる〔八尾 2009：169〕。その台頭に雲屯の経済活動という後ろ盾があったかはたしかではない。

南策勢力が一大文人勢力となる1460年代は、ベトナム陶磁器輸出の最盛期であるが、以降その輸出活動は16世紀初頭にむけて終焉していく。1471年に大越がヴィジャに侵攻しチャンパー王国の地を征服した。ウィットモアは、この出来事により、大越は古い東南アジアの曼荼羅スタイルから中国的官僚政治に変化したとしている〔Whitmore 2011：109〕。

黎朝初期の阮廌著『抑齋遺集』「輿地志」には

> 外国の諸人はほしいままに内鎮に入るを得ず。悉くこれを雲屯・萬寧・芹海・會統・會潮・葱嶺・富良・三奇・竹華に置く（外國諸人不得擅入内鎮。悉處之雲屯・萬寧・芹海・會統・會潮・葱嶺・富良・三奇・竹華焉。）[29]

とあり、外国人諸人とは中国人をさし、黎朝前期にはいくつかの外国人指定居住域があった〔藤原 1975：282〕。なかでも、海岸沿いに位置しているのはクアンニン省に位置する雲屯、萬寧と、ゲアン省に位置する芹海、會統、會潮があげられる。このように外国人を昇竜から隔離する規制は、「中国人が国内事情を窺がうこと」〔片倉 1967：80〕を警戒した黎朝の対外政策であった。グエン・ヴァン・キムは、雲屯を核として、その周辺の河口の港と萬寧、ゲアンの各港はそれぞれ連携しており、大越国の交易活動の維持に欠かせなかった、と考察している〔Nguyễn Văn Kim 2008：286-295〕。

萬寧は、ベトナムと中国の国境地帯にあり、現在のベトナムのモンカイ（Móng Cái）市と中国の東興市の境界部にあたる。このヴァンニンの浜辺、ヴァザット（Va Dát）には、多くの陶磁器が分布し、交易の場であったことがわかる。

芹海、會統、會潮はともに現在のゲティン地域の河口部をさす。ここからはラオス方面に抜けるルートがあり、タイ、カンボジア、ミャンマー、中国に囲まれ、インドシナ半島内陸部で産出する森林生産物の出口としてゲティン地域沿岸部には古くから中国などの商船が集まっていた。

陶磁器輸出の衰退

ウィットモアは、ベトナム陶磁生産の発展が雲屯の港とリンクすることによって交易が繁栄した、としている〔Whitmore 2011：105-106〕。リ・タナは、交趾洋での重要な接触ポイントとしてチャンパー、雲屯、海南島をあげ、元朝のムスリム商人の優遇政策が交易圏の繁栄を助長し、チャンパーのムスリム市場がチュウダウにおける陶磁器生産地を誘発し、遠くジャワや中東などの外国市場までもたらされたとしている。そして1471年に大越がチャンパーを制圧することにより、大越は重要な海外市場を失い、陶磁器の輸出が停止する、と考察している〔リ・タナ 2004：112-117〕。

アジア海域を縦横無尽に活躍する中国やチャンパー、ムスリム、琉球などの商船が、その交易のなかでベトナム陶磁を運んだのだろう。15世紀中頃の正統年間には「爪哇」から明朝への朝貢使節

第3節　小結 ―黎朝前期・交易の最盛期―

団のなかに、あきらかに海禁を犯して出海した中国・漳州出身者が使節として来朝している事例がある〔檀上 2005：167〕。ベトナムの史料には「爪哇」の来航が記されるが、そのなかにも中国人がいたことだろう。

　トロウラン遺跡へのベトナム陶磁器の輸出の最盛期は、考古学的には 1450 年代からクーラオチャム沖沈没船の時期までと考えられる。この、クーラオチャム沖沈没船の年代を探ることは、ベトナム陶磁の編年研究に大きな役割を果たすのである。「爪哇」は頻繁に中国に朝貢していたが、その回数が多く中国側の負担が大きすぎるという理由から、1443 年に 3 年 1 貢を命じられる。さらに明は 1465 年に「爪哇」に対して朝貢を減らすよう命じ、以後、明に対する朝貢は終息する〔青山 2001：228〕。「爪哇」は、その 2 年後の 1467 年に大越国に来航しているが、同様にその後、「爪哇」が大越にきたという記事は途絶える。

　ベトナム陶磁器をトロウランまで運ぶのは「爪哇」に限らないが、同時に明への朝貢も終わっており、1460 年代にひとつの区切りがあったことはたしかであろう。『大越史記全書』の 1485 年の記事には「爪哇」を含む南海各国に対する大越への朝貢のさいの注意が記されているが、このころまで「爪哇」との交易がつづけられていたかは不明である。クーラオチャム沖沈没船資料の年代の特定が待たれる。

　1459 年以降、明は沿岸部の混乱を取り締まる能力を喪失していた。成化、弘治期（15 世紀後半から 16 世紀初頭）には密貿易は顕在化し、「郷紳」による海外交易ブーム、そして嘉靖大倭寇につながる〔檀上 2004：10 - 15〕。

　ウイットモアは『明実録』に記述される、中国船が海南島から欽州への途中で大越の海岸で座礁し、13 人の乗組員は捕らえられ、大越に閉じ込められた事件や、大越の船が真珠養殖場を航行したことを明皇帝から非難され、逆に 30 隻以上の海賊船が大越の海岸を苦しめていると抗議し、海洋民の動向をおさえるのがどれくらい難しいかを述べている記事から、聖宗の 1460 年以降、ベトナム北部で繁栄する商業状況に対し、禁令によりコントロールとなんらかの構造を適用しようとしていた、と考察している〔Whitmore 2011：108 - 109〕

　海域アジアの情勢も 15 世紀末以降大きく変化した。中国 - フィリピン - インドネシアの海上交易ルートが開通し、交趾洋は東南アジアや南方地域と中国を結ぶ唯一の貿易ルートではなくなった〔Wade 1993：44 - 87〕。

　マラッカの台頭によるマジャパヒト勢力の衰退、倭寇の活発化に伴う密貿易の横行と沿岸部の治安の悪化による対外商業活動への禁令、海域アジアの海上交易ルートの変更など、様々な要因が重なり、大越の交易活動は 15 世紀末にかけて衰微していったのである。

　内政面でも、黎聖宗ののちは短命の皇帝が続き、宮廷内抗争の末、1527 年、黎朝政権内で着々と力をつけていった莫登庸は、王権を簒奪して莫朝をひらく。黎王族は都を追われ、黎朝は一時断絶する。黎朝開国功臣の末裔阮淦は、黎朝の王族を擁し 1533 年にタインホアで黎朝を復興し（黎朝後期）、莫朝と対立した。これ以後、ベトナム北部は長い内乱の時代を送ることになる。

第5章　黎朝前期の交易

註

(1) 窯業地キムランでは「窯官」という文字を印花にする白磁碗が発見されており、15世紀初頭の胡朝の製品とされる〔西村他 2013：218〕。
(2) 筆者が実施した博物館収蔵庫での調査結果による。
(3) 沖縄県内出土ベトナム陶磁を歴史的に意義づけた論考は〔金武 2002〕〔金武 2004〕がある。
(4) タイ・中国・日本の製品に関しても碗皿類が圧倒的に多いが、在地製品では碗皿類ともにほぼ皆無に近い。このため、王国内で流通・使用された供膳具は、限定された階層ないし場には搬入系陶磁器が用いられ、一般的には「やきもの」以外の製品が用いられていたと予察している〔清水 2012、2013a〕。
(5) 2009年にタンロン遺跡発掘担当者のブイ・ミン・チー氏が発見を発表したが、筆者は未見であり、詳細は不明である。
(6) 中国南部の沿岸部を出港し、海南島の東側からベトナム沿岸にそって南下しタイへ、あるいはボルネオ島の西側からマレー半島、そしてインドネシアへ向かう航路。東側の航路は台湾からフィリピン方面に南下する航路。
(7) ベトナム中部の歴史的港市ホイアンの東海上にある島。
(8) 2013年11月17日の「国際シンポジウム：14・15世紀海域アジアにおけるベトナム陶磁の動き―ベトナム・琉球・マジャパヒト」（於：昭和女子大学）における大橋康二氏の発言〔大橋 2015〕。
(9) 口縁部および畳付きを釉剥ぎした製品同士を、合わせ口状に積み上げていく技術で窯詰めされていたことを示す。
(10) 発掘調査担当者の仲座久宜氏からのご教示による。
(11) 〔葉編 2003：35〕には「冶北里許華蓋山下、大明洪武年間、有車姓者由江西錦（景）徳鎮来演、辦陶歴于此為生活之計、継則汪氏、張氏、彭氏、高氏、以及范、劉、柯、楊諸姓、因親及親、因友及友接到踵而至、遂萃処焉。」と引用されている。
(12) ただし、胎土目や鉄銹の技法は雲南における陶磁器生産開始前からベトナムでは存在しており、雲南がベトナムから影響をうけたとも考えられる。
(13) 報告では雲南青花とされているが、図面を見た限りでは、あきらかにベトナム陶磁である。
(14) 『校合本　大越史記全書』（上）、陳荊和編校、東京大学東洋文化研究所附東洋学文献センター、1984年：489。
(15) 八尾は、胡季犛が、南冊地方に広大な土地を所有し、勢力を温存していた陳朝宗室の経済基盤に打撃をあたえるため、大土地所有制の解体をおこない、結果として紅河デルタ勢力を敵に回し、これが明に降る最大の原因となった、と考察している〔八尾 2009：148〕。
(16) 『校合本　大越史記全書』（上）、陳荊和編校、東京大学東洋文化研究所附東洋学文献センター、1984年：511。
(17) 『抑齋集』巻之6　輿地志、阮薦撰、*Úc Trai Tập, Tập Hạ*, Ủy ban dịch thuật phủ quốc vụ khanh đặc trach văn hoa xuá bản：769。
(18) 2013年11月17日の国際シンポジウム『国際シンポジウム：14・15世紀海域アジアにおけるベトナム陶磁の動き―ベトナム・琉球・マジャパヒト』（於：昭和女子大学）における発言。
(19) 『校合本　大越史記全書』（中）、陳荊和編校、東京大学東洋文化研究所附東洋学文献センター、1985年：602。
(20) 前期アユタヤ朝のサームプラヤー王（在位1424年から1448）であろう。
(21) アメリカ合衆国のスミソニアン機構フリアー美術館の収蔵品に、バンコクで発見された白磁の陶枕がある〔http：//www.asia.si.edu/collections/edan/object.php?q=fsg_F1985.37a-b〕。
(22) トロウラン遺跡一帯の遺物を収蔵するモジョクルトの博物館において筆者がおびただしい数の一括出土銭を実見している。

(23) 本書6章3節3.を参照。ただし、このころ私鋳銭は中国や日本でも問題となっていた。
(24) 『校合本 大越史記全書』(中)、陳荊和編校、東京大学東洋文化研究所附東洋学文献センター、1985年：662。
(25) 同上：668。
(26) 同上：669。
(27) 同上：580。
(28) 黎朝が定めた『黎朝刑律』の対外関係に関する条文の中に「諸官司無故私出雲屯諸庄、及諸鎮官隘者、以徒流論、賞告者爵一資（中略）諸雲屯庄人、載北貨上京、不關安撫司給 至朝東歩、又不就提船司點檢（而）私自賣買、及至回歸日、不關提舶司給據至通（貿）場、又不就安撫點檢而私自還庄、各貶一資罰錢一貫、賞告者（三分之一、即別就各處鄰郷私行販賣者、貶三資罰錢二百貫、賞告者）如之、安撫司提舶司失覺者、貶一資、故縱者、如之罷職。（中略）諸化外商船就雲屯（庄）販賣、而察海使（司）私出海外關頭預行檢對（者）貶一資、即商船願往（多日）者、庄主具状告安撫司爲憑方得居住、私停止者貶二資罰錢二百貫（當）賞告（者）三分之一、若停止帳籍之不足年律客人（者）、貶一資罰錢五十貫、賞告者如之、」とあることから考察している。『黎朝刑律』は、黎朝の法律書で6巻12章からなる。黎朝では、聖宗（1470‐1497）のときに制定された「洪徳条律（刑律）」があり、1767年にこれをほぼ踏襲した「国朝条律」が発行された。現存する「国朝刑律」は、ほぼこの「国朝条律」と同じ内容と考えられる。「黎朝刑律」は後代にこれを書き写したものであり、「歴朝憲章類誌刑律誌」にも収録される。
(29) 『抑齋集』卷之6 輿地志、阮廌撰、*Ức Trai Tập, Tập Hạ*, Ủy ban dịch thuật phủ quốc vụ khanh đặc trach văn hoa xuấ bản：844。

第6章

黎朝後期の交易様相

第6章　黎朝後期の交易様相

はじめに

　莫朝は黎朝との戦闘により 1560 年代以降衰退にむかう。黎朝内では、阮淦の死後、鄭検が莫朝軍との戦闘を引き継ぎ、鄭氏と阮氏の両武臣が対立していた。阮淦の子、阮潢は 1558 年に中部のフエ（Huế）に拠点を遷し、ベトナム中部に自身の政権を確立していく。これが、黎朝後期の広南阮氏であり、その系統は 19 世紀の阮朝へとつづく。鄭氏勢力は、1592 年に首都昇竜を奪い政権を奪還し、莫朝は北部山岳地帯カオバン（Cao Bằng）地域に逃れ、地方政権として命脈をたもっていた。

　黎朝後期の各皇帝は名目的な支配者であり、実質的には紅河デルタからタインホア、ゲティン地域を鄭氏が支配し、中部地域、つまり現在のクァンビン（Quảng Bình）から南の地域を広南阮氏が支配していた。

　16 世紀後半から日本の商船がベトナムの地に来航するようになった。江戸幕府による「鎖国」がはじまると、それにかわってヨーロッパの商船がさかんに来航した。このころのベトナム北部はトンキンとよばれ、VOC は 1637 年に、EIC も 1673 年に[(1)]トンキン貿易のための商館をおいた。

　鄭氏、阮氏両者は 1627 年から本格的な戦争状態となった。クァンビン省のニャットレ（Nhật Lệ、日麗）川を中心として激戦が展開され、鄭氏はオランダの支援を、広南阮氏はポルトガルの支援をうけ戦いをすすめた。1673 年以降はザン（Giang 江）川を境に両者が対峙するようになり、約百年の休戦にはいった。阮氏は 1700 年にはサイゴン（Sài Gòn）の地を奪い、さらに領土を拡張したが、1771 年に阮氏領土内で西山（Tây Sơn）の乱がおこり、これに乗じた鄭氏は阮氏の拠点フエを陥落させ、阮氏は南へ敗走した。しかし鄭氏もそののち西山軍に敗れ、1789 年に黎朝は滅亡した。

　本章では、黎朝後期に大越から輸出された陶磁器と、同地に輸入された銭貨から、その交易の様相を考察する。

第1節　鄭氏政権下で使用されていた陶磁器

1. トンキンで流通していた陶磁器

　昇竜皇城遺跡では、黎朝前期にみるような動物を象ったものや瓶、大型の壺などは姿を消し、中国製品でもベトナム製品でも碗や皿といった小型の食器が中心となっていく。ベトナム青花では、外面や見込みに竜を描く碗が多数出土するが、描き方は稚拙である（図 55-1）。また、中国陶磁器の文様を模写した製品が多数みうけられる。しかし、官窯の物とは思えない粗雑な作りである。黎朝後期には竜の文様の製品はハイズオンのホップレー窯でも作られようになっている。竜文は、中国や日本の碗のモチーフとして多用されており、ベトナムでも竜文の使用に規制がなくなっていた

第1節　鄭氏政権下で使用されていた陶磁器

1　竜文の青花碗
［昇竜皇城遺跡資料館展示品］

2　中国　青花碗
［昇竜皇城遺跡資料館展示品］

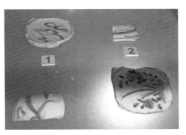
3　肥前　染付碗皿
［昇竜皇城遺跡資料館展示品］

図55　昇竜皇城遺跡出土陶磁器（2）

ようだ。

　中国青花も、明末の漳州窯系の鉢や景徳鎮窯系の碗が出土しているが、器種は碗などの小型の製品となる（図55-2）。清代の青花では、内底面を蛇の目釉剥ぎ印判で施文する17世紀末の碗や、「玩玉」銘のある青花散蓮華もみられる。ほかに、越中国境周辺の民間青花の流れをくみ青白色の釉が施される19世紀の青花碗などもある。ただし、清初の康熙年間にさかんに生産され、輸出されたような薄く上質な製品はみられない[2]。

　日本の陶磁器も出土している。染付碗皿類が多く、皿は内面に竜や魚、花、昆虫を描く。1650～1663年に肥前で生産された製品である。

　また、ハノイ市内の各地点でも多数の陶磁器が出土している。ハノイ中心部にあるオペラハウス正面の目抜き通りにあるチャンティエン百貨店の建設にともなう発掘調査で、16～17世紀の陶磁器が出土している。ベトナム製品ではチュウダウやホップレー窯の青花がみられる。中国陶磁器は竜や鳳凰を描く明末の青花である。日本の肥前染付碗が多数出土していることも特筆できる。荒磯文碗のほかに、日の字鳳凰文皿も出土している。遺跡の性格としては、富豪や貿易関係者の居宅跡と推定されている[3]。このほかに、バーディン地区の后楼や端門、北門、文廟においても数十点の竜文や草花、人物山水文のある肥前染付碗皿片が出土している（図55-3）。

2.　藍京遺跡出土の陶磁器

　タインホア省の藍京遺跡は、黎朝前期から黎朝皇帝の祖廟の地であり[4]、黎朝後期にあっても同じであった。しかし出土する遺物は、黎朝前期にはベトナムの青花や白磁が多かったが、この時期の磁器では中国の製品が多くなり、青磁や青花、五彩もみられる〔Nguyễn Văn Hảo 2007：126〕。青磁は、福建や広東で生産されている、蓮弁文を線描きにする碗で、器壁が厚く、青磁釉は薄い。青花は漳州窯系の折縁皿が多く、見込みに鳥や花を描き、縁に青海波を描く（図56-1）。16世紀後半から17世紀初頭の製品である。このほかに、草花文や鳥文を赤色で描く漳州窯系の碗皿もみられる。

　日本の肥前磁器も数点出土している。外面に竜文を描く荒磯文碗である（図56-2）。昇竜皇城遺跡や次項で述べるドンテェック古墓群に類例があり、ベトナムでは最も多く出土するタイプの碗で

第6章　黎朝後期の交易様相

1　漳州窯系の青花　　　　　　　　　　　　　　　2　肥前　染付碗
〔藍京遺跡資料館展示品〕　　　　　　　　　　　〔藍京遺跡資料館収蔵品〕

図56　藍京遺跡出土陶磁器（2）

ある。

3. ドンテェック遺跡出土の陶磁器

　ドンテェック遺跡は、歴代のムオン民族領主の埋葬地で、ホアビン省キムボイ県ヴィンドン社に位置する[5]。

　ドンテェック遺跡では、B地区の墳墓から14世紀の陳朝期の陶磁器が出土している。隣接するA地区では15世紀から17世紀の陶磁器が多数出土している。また、A地区の立石には、埋葬年月日や埋葬者の名前、功績などの墓碑銘を刻む立石もある。この墳墓は、埋葬年が確定できる資料であり、1998～1999年に出土遺物や家譜の調査をおこなった〔菊池 2001〕。

　以下に、考古学院と旧ハソンビン省文化課が発掘調査したA地区6基のうち、調査の詳細が報告されているM2号墓、M3号墓、M6号墓、M7号墓、M9号墓の5基の出土遺物について、再調査の結果をまとめる。なお、各出土陶磁器の詳細は、表17にまとめた。

a．M2号墓

　7m×8mの範囲内に方形に10個の立石が配されている。この範囲内には、ほかに3個の巨石が倒れており、M2号墓に属すると思われる。発掘調査は立石で囲まれた範囲内で実施され、長さ7m、幅5.4mのトレンチが設定された。深さ0.4mの覆土中から陶磁器が多数出土した。さらに深さ0.8mのところで炭化物を含む層があり、主体部と考えられる〔Trịnh Cao Tưởng (et al.) 1984：9-10〕。

　遺物は磁器碗8点、陶器壺2点、銅製品1点、総数11点である〔Phạm Quốc Quân 1994：54〕。中国の景徳鎮窯系の碗が5点で、内2点は見込部がせりあがる、16世紀後半の製品である（図57-1）。漳州窯系の碗は口縁部が端反る、17世紀後半の製品である。17世紀後半に埋葬されたと思われる。

b．M3号墓

　長さ8m、幅5.4mの長方形の範囲に17個の立石が配されている。発掘調査は立石で囲まれた範

第1節　鄭氏政権下で使用されていた陶磁器

表17　ドンテェック遺跡遺跡出土陶磁器

遺　跡	注記※	産　地	生産窯	器　種	主文様	年　代
M2	5	中国	景徳鎮	青花碗	団龍	16c 後半
M2	8	中国	景徳鎮	青花碗	団龍	16c 後半
M2	2	中国	景徳鎮	青花浅碗	双鳳凰	17c
M2	3	中国	景徳鎮	青花浅碗	双鳳凰	17c
M2	4	中国	景徳鎮	青花浅碗	双鳳凰	17c
M2	6	中国	漳州	青花碗	花卉	17c 後半
M2	7	中国	漳州	青花碗	花卉	17c 後半
M2	9	中国	漳州	青花碗	外花唐草	17c 後半
M2	注記なし	ベトナム	北部	陶器壺		
M3	2	中国	景徳鎮	青花碗	菊花	17c
M3	7	中国	景徳鎮	青花碗	菊花	17c
M3	4	中国	景徳鎮	青花碗	竹に鳥	17c
M3	6	中国	景徳鎮	青花碗	龍	17c
M3	9	中国	景徳鎮	青花碗	赤壁賦	17c
M3	10	中国	景徳鎮	青花碗	赤壁賦	17c
M3	17	中国	景徳鎮	青花碗	蓮華	17c
M3	11	中国	景徳鎮	青花皿	花唐草	17c
M3	16	中国	景徳鎮	青花皿	花唐草	17c
M3	12	中国	景徳鎮	青花皿	寿字龍	17c
M3	14	中国	景徳鎮	青花皿	寿字鳳凰	17c
M3	15	中国	景徳鎮	青花皿	寿字唐草	17c
M3	3	中国	漳州	五彩碗	丸と草花	17c
M3	8	中国	漳州	青花碗	花卉	17c
M3	5	日本	肥前	染付碗	荒磯	17c 後半
M3	注記なし	ベトナム	北部	陶器壺		
M6	6	中国	景徳鎮	青花碗	団龍	16c 後半
M6	7	中国	景徳鎮	青花碗	団龍	16c 後半
M6	10	中国	景徳鎮	青花碗	龍	17c
M6	13	中国	景徳鎮	青花碗	龍と花	17c
M6	3	中国	景徳鎮	青花皿	寿字唐草	17c
M6	4	中国	景徳鎮	青花皿	寿字唐草	17c
M6	5	中国	景徳鎮	青花皿	寿字唐草	17c
M6	9	中国	景徳鎮	青花皿	花と唐草	17c
M6	11	中国	景徳鎮	青花深皿	銭形と唐草	17c
M6	1	中国	景徳鎮	青花小坏	梅折枝	17c
M6	2	中国	漳州	青花碗	水鳥	17c
M6	12	中国	漳州	青花碗	草花	17c
M6	8	中国	福建・広東	青華皿		
M6	15	ベトナム	北部	白磁小碗		
M6	注記なし	ベトナム	北部	陶器壺		
M7	11	中国	景徳鎮	青花碗	宝相華唐草	16c 後半
M7	10	中国	景徳鎮	青花皿	鳳凰	16c 末～17c 前半
M7	8	中国	景徳鎮	青花皿	寿字唐草	17c 前半
M7	7	中国	漳州	青花碗	雲龍	17c 前半
M7	5	中国	漳州	青花碗	蓮華	17c 前半
M7	6	中国	漳州	青花碗	蓮華	17c 前半
M7	4	日本	肥前	染付碗	荒磯	17c 後半
M7	9	日本	肥前	色絵皿	花唐草	17c 後半
M7	注記なし	ベトナム	北部	焼締壺		17c

第6章　黎朝後期の交易様相

遺跡	注記※	産地	生産窯	器種	主文様	年代
M9	8	中国	景徳鎮	青花碗	人物	16c後半
M9	9	中国	景徳鎮	青花碗	龍	17c
M9	41	中国	景徳鎮	青花碗	ぼたん唐草	17c
M9	7	中国	景徳鎮	青花鉢	荒磯	17c
M9	6	中国	景徳鎮	青花皿	荷葉	17c
M9	1	中国	景徳鎮	青花小坏	花卉	17c
M9	10	中国	漳州	青花碗	宝相華唐草	17c
M9	4	中国	漳州	青花折縁皿	青海波と鳳凰	16c末〜17c前半
M9	5	中国	漳州	青花折縁皿	青海波と鳳凰	16c末〜17c前半
M9	10	中国	漳州	青花碗	宝相華唐草	17c
M9	2	ベトナム	北部	白磁小碗		
M9	3	ベトナム	北部	白磁碗		
M9	注記なし	ベトナム	北部	陶器壺		
M17	9	中国	龍泉	青磁碗	花	14c
M17	21	中国	龍泉	青磁碗	略雷文に蓮弁	14c
M17	8	中国	龍泉	青磁碗	蓮弁	14c
M17	10	中国	龍泉	青磁碗	蓮弁	14c
M17	6	中国	龍泉	青磁碗		14c
M17	11	中国	龍泉	青磁皿	蓮弁	14c前半
M17	22	中国	龍泉	青磁小壺		14c前半
M17	26	中国	龍泉	青磁尊		14c前半
M17	1	ベトナム	北部	外褐内白釉碗		陳朝
M17	2	ベトナム	北部	外褐内白釉碗		陳朝
M17	3	ベトナム	北部	外褐内白釉碗		陳朝
M17	4	ベトナム	北部	外褐内白釉碗		陳朝
M17	5	ベトナム	北部	外褐内白釉碗		陳朝
M17	23	ベトナム	北部	白磁水注		陳朝
M17	25	ベトナム	北部	白磁水注		陳朝
M17	125	ベトナム	北部	白磁水注		陳朝
M17	19	ベトナム	北部	白磁器台(硯?)		陳朝
M17	24	ベトナム	北部	白磁器台(硯?)		陳朝
M17	15	ベトナム	北部	緑釉器台(硯?)		陳朝
M17	16	ベトナム	北部	褐釉小壺・蓋		陳朝
M17	76	ベトナム	北部	焼締鉢	縄簾	

※注記は、個々の遺物につけられている収蔵番号。

囲内で実施され、長さ8m、幅5.4mのトレンチが設定された。深さ0.7mのところで、長さ4m、幅2mの範囲に炭化物を含む層があり、主体部とされる。この墓坑の深さ0.95mの西南隅の地点と1.1mの地点から重なって陶磁器が出土した。1.1mより下は地山となる〔Trịnh Cao Tưởng（*et al.*）1984：10-12〕。

遺物は副葬品として縦耳のつく陶器壺1点、磁器碗鉢10点、磁器皿5点（図57-2）、銀製品11点、総数27点である〔Phạm Quốc Quân 1994：54〕。17世紀前半代の中国景徳鎮窯系碗などとともに、かさなった状態で肥前磁器が1点出土している。外面に竜と鳳凰を描く荒磯文碗である。

立石17個のうち6個に文字があり、それによると埋葬者は丁文紀で、壬午（1582年）に生まれ、丁亥年10月13日（陽暦1647年11月9日）に死亡している。そして黎朝の慶徳二年（1650年）に埋葬

されており、死後の福泰七年（1649年）3月に朝廷から加増され、「掌衛事題督威郡公」を追贈された〔菊池2001：56〕。

c. M6号墓

7m×8mの範囲内に方形に7個の立石が残存しているが、それ以外に表土の下からいくつかの巨石が倒れた状態で出土している。巨石を除去したのち、長さ4m、幅2mのトレンチが設定され発掘調査された。深さ0.6mのところで、立石の脚部付近から壺が1点出土しており、さらに墓坑の南壁に接して、かさなった状態で碗や皿が出土した。出土した陶磁器は墓の覆土の外であった〔Trịnh Cao Tưởng（et al.）1984：13-14〕。

出土遺物は、陶器2点、磁器は碗5点、皿6点、小碗1点、小坏1点で、総数15点である〔Phạm Quốc Quân 1994：54〕。磁器は景徳鎮窯系の製品が10点、漳州窯系の製品が2点、福建・広東窯系が1点、ベトナム陶磁は1点であった。

景徳鎮窯系の製品では、竜や雲、蓮華、梅などが描かれる碗がある。M3号墓の出土に類似品がみられる。見込に団竜が描かれる碗は2点あり、外面には2匹の竜が描かれる。同様の碗はM8号墓からも出土している。銭文を描く碗は口縁が端反りし、高台は蛇の目高台になっている。小杯は、見込みに圏線内に花文、外面に梅折枝文が描かれる。皿は、見込みに二重圏線内に寿字が書かれ、その周囲に蓮華唐草文が描かれる（図57-3）。同様の皿はM6号墓から2点、M3号墓からも3点出土している。

漳州窯系の碗は、見込みに鷺が描かれ、外面は蓮華の花葉、水鳥が一対描かれる。釉は白濁する。ベトナム陶磁は白磁の小杯1点である。

M6号墓の碑文には「良舎伯丁季郎披覚明二十五歳終世送塞墓」と記され、良舎出身の贈り名覚明という人物の墓であることがわかるが、丁家家譜には名前がみえず、具体的な年代は不明である。しかし、出土遺物から16世紀後半から17世紀初頭に葬られていることがわかる。

d. M7号墓

M3号墓の東南に位置し、長さ9m、幅5mの範囲に25個以上の立石が配されている。発掘調査は立石で囲まれた範囲内で実施され、長さ8m、幅4mのトレンチが設定された。深さ0.6mの墓の覆土中から水注や小壺が、1mのところで磁器碗や皿が、1.4mのところでも碗や皿が出土している。1.9mのところで、長さ3.8m、幅1.7mの範囲に炭化物を含む層があり、主体部とされる〔Trịnh Cao Tưởng（et al.）1984：12-13〕。

遺物は陶器（酒壺）1点、土器小壺1点、磁器碗鉢5点、磁器皿3点、水注1点、総数11点が出土した（図57-4）〔Phạm Quốc Quân 1994：54〕。このうち磁器碗4点と磁器皿3点はかさなった状態で出土し、そのうち2点が肥前磁器、3点が漳州窯系、2点が景徳鎮窯系の製品である。

景徳鎮窯系の製品には見込み部がせりあがり、見込み二重囲線内に花葉文、外面は宝華唐草文が

第6章　黎朝後期の交易様相

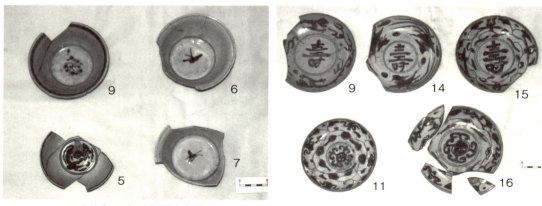

1　M2［ホアビン省博物館収蔵品］　　　2　M3［ホアビン省博物館収蔵品］

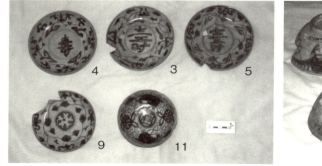
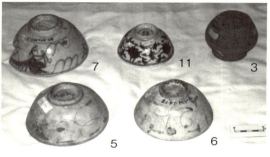

3　M6［ホアビン省博物館収蔵品］　　　4　M7［ホアビン省博物館収蔵品］

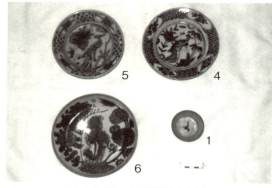
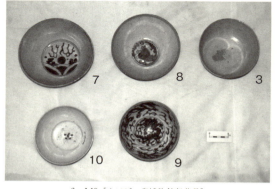

5　M9［ホアビン省博物館収蔵品］　　　6　M9［ホアビン省博物館収蔵品］

図57　ドンテェック遺跡出土陶磁器（2）

描かれる碗がある。高台内には「永保長春」の銘が書かれる。皿では見込み寿字文皿や、見込みに鳳凰が描かれた鍔皿がある。鍔内には花文と八宝の退化した文様が描かれる。漳州窯系の製品では見込みに花文、外面に雲竜を描く碗や、見込み蓮華文の碗がみられる。

　肥前磁器では、染付は見込み荒磯文碗である。外面には竜と鳳凰が描かれる。同類の碗がM3号墓から出土しており、同時期に生産され、ベトナムに運ばれてきた製品であろう。色絵皿もあり、見込みに赤絵で動物を描く。内側には黄と藍で花唐草が上絵される。高台内には目跡が1つあり、二重圏線内に「萬暦」が赤絵で書かれる。

　3個の立石に文字が刻まれている。それによると、被葬者は丙戌（1586年）生まれで、戌年（1658年）に死亡、5年後の癸卯（1663年）、黎朝の景治元年（1663年）に埋葬されたという。飢饉のため、埋葬年がのびたと記されている。M3号墓の埋葬者丁文紀の夫人墓とされる。

e．M9号墓

　7m×8mの範囲内に10個の立石が方形に配されている。この範囲内には、ほかに3個の巨石が倒れており、M2号墓の石と思われる。発掘調査は立石で囲まれた範囲内で実施され、長さ7m、幅5.4mのトレンチが設定された。深さ0.4mのところで陶磁器が多数出土した。さらに深さ0.8mのところで炭化物を含む層があり、主体部と考えられる〔Trịnh Cao Tưởng（et al.）1984：9-10〕。

　遺物は陶器壺1点、磁器碗6点、磁器皿3点、磁器小碗1点、磁器小坏1点、鉄製品1点、総数13点である〔Phạm Quốc Quân 1994：54〕。中国の景徳鎮窯系の製品は、碗・鉢が4点、皿が1点、小坏1点、漳州窯系の製品は、碗が1点、皿が2点である（図57-5・6）。皿は折縁で、高台付近には荒い砂が付着する。16世紀末から17世紀前半の製品である。ベトナム製品は、白磁の碗と小碗である。17世紀前半に埋葬されたと思われる。

第2節　海外に運ばれた黎朝後期の陶磁器

1．日本出土の黎朝後期の陶磁器

　黎朝前期には、沖縄を中心に出土していたベトナム陶磁だが、莫朝以降では出土しなくなり、その分布は九州、関西そして関東へ移っていく。森本区分Ⅲ期・Ⅳ期の陶磁器が該当する。

　この時期のベトナム陶磁には、白磁、青花（「安南染付」を含む）、鉄絵、焼締陶器などがある。白磁は、大友府内遺跡の1586年と推定される焼土層から白磁印花文碗が多数出土している。同様の白磁碗が和歌山・根来寺、大阪城、堺環濠都市、愛媛・湯築城周辺道後町遺跡などでも確認されており、16世紀後半から17世紀初頭に出土が集中する傾向がある。白磁印花文碗は、茶陶として輸入されたという説もある〔森村 2004〕。府内遺跡で出土した白磁印花文碗も破断面を漆継ぎによって補修していることから、茶陶であった可能性が指摘されている〔吉田 2004〕。

第 6 章　黎朝後期の交易様相

　この時期の青花で、もっとも古い出土例として茨城の小田城があげられる。16世紀後半に埋められた池跡から15世紀後半の青花玉壺春瓶が出土している[6]。このような黎朝前期の青花は、これ以後の遺跡からは出土しなくなり、いわゆる「安南染付」「南蛮」や粗製の皿や深皿へととって替わる。「安南染付」とよばれる青花は、ベトナム北部産の青花であるが、日本以外では出土が確認されていないため、また意図的に口縁部をゆがめた製品があるため、日本からの注文品であった可能性が指摘されている〔満岡他 1984〕。多くは伝世された茶道具の中に存在が知られており、青花では「安南染付蜻蛉文茶碗」や「安南染付絵替菊形皿」が、焼締陶器では「南蛮切溜花入」（北部・中部産の長胴瓶）や「南蛮〆切糸目建水」（中部産の鉢）、「南蛮縄簾水差」（北部産の鉢）などがある。

　「安南染付」は長崎旧市街地の金屋町遺跡（旧今町）や大阪の堺環濠都市遺跡からも出土している。金屋町遺跡では、青花海老文湯呑（図58-1）や青花竜文菊形皿（図58-3）などが1592年から17世紀初頭の遺構から出土している〔長崎市埋蔵文化財調査協議会 2002〕。

　粗製品には、青花や鉄絵ともに同じ文様構成、器形を持つ皿や深皿の一群がある。皿の一群は、文様は青花で描き、青料は青色や黒灰色に発色するが、圏線は鉄絵で描きオリーブ色に発色するものである（図58-5）（以下、「青花・鉄絵」とする。）。その内底面は蛇の目釉剥ぎし、高台内は碁笥底風に削りこんでいる。深皿の一群は、同じく青花・鉄絵で、印判手菊花文深皿とよばれる。菊花の文様や圏線が青花や鉄絵で印判、施文されるもので、腰から下は露胎とし、内底面は蛇の目釉剥ぎしている（図58-2）。

　焼締陶器は、ベトナムの地では古くから生産されていた。日本では16世紀以降の遺跡、特に長崎、大阪、京都に出土が集中する。その古い例では、大友府内町跡で、島津氏の府内侵攻により被災したものを処分したと思われる1580～1590年代の遺構から、ベトナム中部産焼締長胴瓶が出土している。16世紀後半には焼締陶器が日本にもたらされていたことがわかる。器種では、長胴瓶や四耳壺、鉢、浅鉢などで、ベトナム北部産のものにはいわゆる「縄簾文」が施文される。

　この時期のベトナム陶磁が出土した遺跡を概観すると、長崎では旧市内の屋敷、町屋跡で青花製品や青花・鉄絵製品、焼締陶器の瓶や鉢がセットになって出土しているが、出島の和蘭商館跡や唐人屋敷跡、新地唐人荷蔵跡では長胴焼締瓶のみが、教会、長崎代官所跡[7]では中部産四耳壺が出土しており、外国人にかかわる遺跡では青花製品や青花・鉄絵製品は出土しないことがわかる。

　堺環濠都市遺跡では、茶室関連遺構からベトナム陶磁が出土する事例が多い。その例としてSKT263では1615年の焼土層から青花皿や青花・鉄絵皿（図58-5）数点と焼締陶器の瓶や鉢がセットになって出土している〔堺市埋蔵文化財センター編 2004〕。同様の文様の青花皿は、石川の広坂遺跡でも数点出土しており（図52-7）、当時揃いの皿として使用されていたことがわかる〔庄田 2003〕。また、1615年に被災した蔵の遺構（SKT230）から多数のベトナム中部産焼締陶器が出土し、付近の遺構からも多くのベトナム産焼締陶器やタイ産四耳壺[8]が出土している。この一帯は朱印船貿易家が集住し、蔵があったと想定されている〔續 2010：239〕。同じように、多くのベトナム産焼締陶器やタイ産四耳壺が共伴する出土状況は、大阪城Ⅳ期の薬種問屋など、輸入品をあつかう問屋

第2節　海外に運ばれた黎朝後期の陶磁器

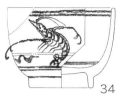
1 「安南染付」湯呑

2 青花・鉄絵菊花印判手深皿

金屋町遺跡出土［長崎市埋蔵文化財
調査協議会 2002：47・48・51］

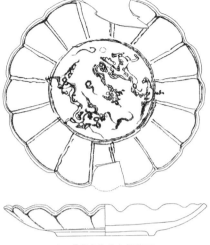
3 「安南染付」輪花皿

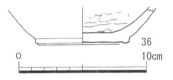
4 中世大友府内遺跡出土　白磁碗
［大分市教育委員会 2002：47］

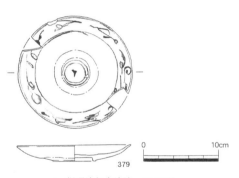
5 堺環濠都市遺跡　SKT263
出土 鉄絵皿［堺市埋蔵文化財センター 2004：30］

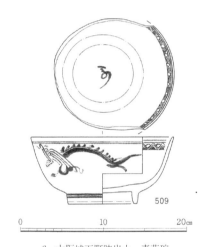
6 大阪城下町跡出土　青花碗
［財・大阪市文化財協会 2004：212］

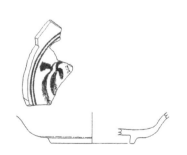
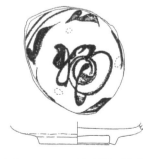
7 広坂遺跡出土　青花皿
　［庄田 2003：26］

図58　日本出土のベトナム陶磁器（黎朝後期）

跡と推定される遺構でも確認されている〔森毅 2002：312〕。

　しかし関東に目をむけると、出土は江戸の大名や武家屋敷跡、城跡に集中し、出土量は長崎や近畿にくらべると少数である。茶陶として使われていたであろう青花が千駄ケ谷五丁目遺跡や水野原遺跡[9]で出土している。また、骨董品としての茶陶の存在が出土品からも確認されている。東大構内遺跡（富山藩上屋敷）では、1683 年の火災による一括廃棄遺物のなかからベトナム李朝期の白磁蓮弁文壺が出土しており〔東京大学埋蔵文化財調査室編 1999：30〕、茶陶の伝世品「安南黄白釉水差」と同類の製品である。この壺は、ベトナム北部では古くから骨壺としても使われており、ベトナムでこの壺を見た茶道具の心得がある近世の商人が、骨董茶道具としてベトナムから日本へ輸出した可能性が指摘されている。

　17 世紀中期以降の遺跡で出土するベトナム陶磁として、青花・鉄絵印判手菊花文深皿がある。長崎、堺、関東に出土が集中しており、これまでに 33 点出土している。江戸遺跡では、ほとんどがこの青花・鉄絵印判手菊花文深皿である。長崎では、旧市街地の遺跡から寛文の大火（1663）の火災層にともなって多数出土しているほか、1663 年を下限とする浦五島町遺跡の石垣の裏込めからも出土していることから〔川口 2010：225〕、17 世紀後半には輸出を開始していたことがわかる。

　以上、近世遺跡の様相をまとめると、この時期からさかんに出土するようになるベトナム焼締陶器は、堺環濠都市遺跡の出土例から大越の輸出品であった糖蜜などの液体や香木、香辛料などを運ぶためのコンテナであったと考えられる。そして、内容物を消費した後の焼締陶器は、茶道具として転用され、茶陶「南蛮切溜花入」「南蛮縄簾水差」「南蛮〆切糸目建水」として「安南染付」と共伴して出土しているのである。そして、長崎では、外国人と関連する遺跡ではベトナム青花や青花・鉄絵が出土していない。このことは、ベトナム青花や青花・鉄絵は、日本人の生活文化のなかで需要、消費されるために、大越から輸出されていたことを意味する。

　ベトナム陶磁をはじめ東南アジア陶磁は、長崎でも大阪でも 17 世紀末以降の遺跡では出土が著しく減少し、江戸遺跡では大名や武家屋敷において茶陶として伝世していく。このことは磁器を生産していた鄭氏政権下から日本への陶磁輸出が 17 世紀後半で終焉していることをしめしている。

2. 東南アジア出土の黎朝後期の陶磁器

　東南アジアでは、インドネシアで多数のベトナム陶磁が出土している。それはおもに、日本の長崎や堺、江戸の遺跡で出土している、上述の青花・鉄絵印判手菊花文深皿である。17 世紀に生産されていたと考えられる。

　バンテン（Banten）遺跡は西ジャワ北部に位置し、17 世紀後半のバンテン王国の遺跡である。1683 年代に、オランダとの戦いに敗北し、その管理下にはいる。その遺跡から 17 世紀から 18 世紀の中国陶磁器が大量に出土している〔大橋・坂井 1999〕〔バンテン遺跡研究会編 2000〕。この大量の陶磁器のなかにベトナムの青花・鉄絵印判手菊花文深皿が 66 点、青花皿 1 点が含まれている。また、王宮のあったティルタヤサ（Tirtayasa）地区では、青花・鉄絵印判手菊花文深皿が 4 点出土している。

VOC は 1660 年代から 81 年まで、トンキンからバタビア（Batavia）に粗製の陶磁器を多数輸出しており、1670 年にはアンボイナ（Amboyna）やバンダ（Banda）まで運ばれている〔フォルカー 1954〕。青花・鉄絵印判手菊花文深皿がその商品であったとされている〔鈴木裕子 2001〕。バンテン以外では、スマトラのギエンでも青花・鉄絵印判手菊花文深皿が出土している。肥前磁器と共伴しており、17～18 世紀の遺跡である。

3. 黎朝後期の陶磁器生産と流通

　ベトナム北部に流通していた陶磁器のなかに、16 世紀の景徳鎮窯系の製品を模倣した青花の存在が指摘されている〔森達也 2001〕。ハイズオン省のカイ窯跡やフンタン窯跡で類似する遺物（図 5-3）〔Bùi Minh Chí, Kerry Nguyen Long 2001：216, 233〕が出土しており、16 世紀にもハイズオン諸窯で陶磁生産がおこなわれていたことはたしかである。海外では発見されていないため、国内需要むけの製品であったとされる〔森達也 2001：9〕。

　日本では、本節 1. で述べたように、伝世された茶道具のなかに「安南」や「南蛮」とよばれる一群があり、16 世紀末から 17 世紀初頭の長崎の遺構から出土している。「安南染付」は、日本からの注文品であり、黎朝後期にもベトナム北部の窯業地で注文生産がおこなわれていたことをしめす。

　フォーヒエンやドンテェック遺跡では、見込みを蛇の目釉剥ぎにし、浅い高台がつく白磁の粗製碗や皿が出土している。このような白磁製品が、ベトナム北部では一般的に使用されていたと思われる。また、フォーヒエンや日本、インドネシア、ラオス、カンボジアなどの各地では、青花・鉄絵印判手菊花文深皿が出土している。ハイズオン省のホップレー窯跡で類似の遺物が出土しており、この一帯で生産されていたことがわかる。

　中国では、15 世紀後半から明朝がさかんに海禁令をだし、中国人が海にでることを規制しようとするが効果が出ず、やがて地方の有力者が密貿易に参加しだし、東南アジア地域との密貿易を繰り返した〔檀上 2005：165〕。明の海禁政策がしかれていながらも、16 世紀初頭頃から双嶼半島を中心地とした中国南部沿海部の商人が密貿易活動を活発化させる。明が隆慶元年（1567 年）に海禁令を解除すると、漳州の月港が海外貿易の出港地として台頭する〔佐久間 1992：236〕。漳州では 16 世紀後半から陶磁器生産がさかんであり、青花や五彩の碗、皿を生産し、輸出していた。釉が厚く、胎土は灰色から橙色を呈している。景徳鎮窯の図柄を模倣した製品を中心に、独自の文様や器形の製品も生産している。その製品は、月港から輸出され日本や東南アジア海域の市場に運ばれていた。ベトナム北部でも、景徳鎮窯製品とともに昇竜皇城遺跡やドンテェック遺跡で多数出土しているほか（図 57-4-5～7、図 57-5-4・5）、中部の港市ホイアンでも多数出土するようになる。

　また、17 世紀中頃からあらたに加わる製品は、日本の肥前磁器である。中国でおこった明朝から清朝への交代の内乱により景徳鎮一帯が戦乱に巻きこまれ、生産活動が停止する。さらに清朝が遷界令をだしたことで、世界の陶磁器市場に中国陶磁器が供給されなくなる。この中国陶磁器の欠乏を補うために輸出されたのが肥前磁器であった。中国陶磁器から肥前磁器へ、流通する陶磁器が

第6章 黎朝後期の交易様相

変化していく様相は、ベトナム中部・ホイアンのディンカムフォー遺跡の出土状況から確認されている〔菊池編 1998〕。

ドンテェック遺跡では、M3号墓から肥前の荒磯文碗が出土しており、その埋葬年は1650年2月である。埋葬者丁文紀が死亡したのは1647年10月であり、ムオン民族は1945年の8月革命以前まで、一般的に生前に所有していたものを副葬する風習があった。1647年10月の死亡以前に肥前荒磯文碗を入手していた可能性、あるいは碑文にあるように、福泰七年（1649）に生前の功績により朝廷からの加増をうけており、そのさい親族が肥前荒磯文碗を入手した可能性を菊地が指摘した。そして、VOCが肥前磁器を最初に輸出したのが1650年10月であるから、それ以前にすでに肥前磁器が輸出されていた、と考察している[10]〔菊池 2001：57-59〕。

また少数民族地帯に肥前磁器が流入した背景については、黎朝・鄭氏政権からの下賜品、あるいは昇竜で購入、またはムオン民族地区に市場があり商人が運んできた、という可能性が指摘されている〔Phạm Quốc Quân 1998：150〕。

宇野は『永洞社藩臣丁家宗派本紀』に「出れば兵、入れば戸」という記述があり、永洞土酋の軍事的（傭兵的）機能が明確に提示され、ベトナム朝廷とは主従関係に定義される、と指摘している。そして、ムオン民族は早くから黎利および黎朝のがわについていたことは間違いなく、15世紀を通じた西方の諸民族の鎮定にさいして、ムオン民族は黎朝に協力してタイ族と戦っていた〔宇野 1998：153〕。

黎朝は1478年に藩酋朝賀例を、1490年の土官欠朝賀例を定めた。さらに土酋の継承にさいしては、新領主が昇龍にいって黎帝から爵位をあたえられていた〔宇野 1998〕。また、M3号墓の被葬者の父親は莫氏との戦闘で鄭氏に加勢して戦功をあげている。菊池は北部においては肥前磁器の分布がたいへん少なく、日常食器として普及していないことから、朝貢や戦功にともなう中央政権からの下賜品のひとつとして、外国製品である肥前磁器などが使用された可能性がたかい、と指摘している〔菊池 2001：58-59〕。

ドンテェック遺跡のうち、17世紀代の墓であるA地区の出土品はほとんどが中国青花であった。このころハイズオン諸窯では日本や東南アジアに輸出しているような陶磁器を生産していた。黎朝政権下でも陶磁器が生産され、輸出されていたにもかかわらず、その製品は朝廷からの下賜品として使用されていなかった。

ドンテェック遺跡では肥前磁器が3点出土している。しかし、中国陶磁器にくらべると決して上質な製品ではない。1650年にオランダ船がトンキンのVOC商館にとどける「種々の粗製雑器145個」を積んで長崎を出帆したという記事があり、このとき運ばれたのが肥前磁器とされる〔山脇 1988：277〕。ドンテェック遺跡で出土する肥前磁器は17世紀中頃に生産されたものであり、当時、肥前磁器は粗製品と認識されていた。

黎朝後期には在地の陶磁器と輸入陶磁器のあいだに使いわけがあったのだろう。ベトナム北部において、肥前磁器が多数出土する消費地遺跡は、都城遺跡である昇竜皇城遺跡や公的施設があった

とされるチャンティエン遺跡など首都昇龍一帯、地方では黎朝の祖廟遺跡である藍京遺跡、そしてドンテェック遺跡などに限定される。ベトナム北部においては特別な製品として宮廷や関連する施設で使用されていたのである。

　1639年から1645年まで、たびたびベトナム北部を訪れていたフランス人のタベルナ（Tavernier）が出版した記録によると、ベトナム北部の人びとは木製の小さな皿を使用している、とある〔Tavernier 2007：51-52〕。17世紀前半段階では、庶民の生活には、磁器製品はほとんど使用されていなかったのである。

　鄭氏政権下におけるヨーロッパ商人との交易は、王や高官による商取引への介入（外国商品の先買い、生糸など輸出品の高値による押しつけ）や商人との癒着、商税や商人からの「贈り物」の徴収などをほとんど必然としていた〔桃木 2005：183〕。優品であろうと粗製品であろうと、特権階級が優先的に入手することができた輸入陶磁器は、貴重なものとして地域の各首領や豪族への下賜品に使われていたと考えられる。

第3節　ベトナム北部における銭貨の使用

　黎朝後期には、ベトナムでは北部でも中部でも、銭貨を主要な輸入品としており、その運び手は、当初は日本の商船であった。「鎖国」により日本人の海外渡航が禁止されると、銭貨の運び手は中国人商人やVOCにかわり、アジア域内貿易において交易された。VOCはベトナム北部産の生糸の決済を日本の銀でまかなっていたが、江戸幕府が銀の輸出を停止すると、その決済は銅銭でおこなわれ、1660年代から70年代に日本から銭貨が大量に流入することになった〔Hoàng Anh Tuấn 2007〕。

　ベトナム北部では古くから銭貨が使用されてきた歴史があり、丈夫で朽ちにくい銭貨は、時代を超えて長期にわたり流通・使用されてきた。ゆえに、黎朝後期に流通していた銭貨の様相をあきらかにするためには、それ以前の銭貨使用の歴史も重要である。本節では、ベトナム北部の一括出土銭の調査結果を提示し、その成果から陳朝期以降の大越国における貨幣の使用についての歴史的流れを考察するとともに、17世紀後半の鄭氏政権下の交易を考察する材料としたい。

1.　一括出土銭の調査

　ベトナムで実施された考古学調査の概要は、考古学研究の2大雑誌『〜年考古学年報』と『ベトナム考古学』に報告されている。これらの雑誌に掲載された調査報告のなかから一括出土銭の調査情報を抜だし、2007年までに報告された分を集成した（表18、19）。また、2013年までの段階では、これまでに66個体の一括出土銭が調査されている。そのうち埋められた年代のわかるものをもとに分布図を作成した（図59）

第 6 章　黎朝後期の交易様相

銅・鉛銭

表 18　ベトナム北部発見の一括出土銭一覧（その 1）

資料名	出土地	状態	概　要	出　典
ダートン	ハノイ	容器無・縄	地表面下 0.6mのところから発見、他に遺物はなし。中国銭・ベトナム銭。最新は、康熙通寳と景興通寳。清の侵略時に埋められたか。	Nguyễn Đình Chiến (et al.) 1983 Phát hiện một sưu tập trên cổ ở Đa Tốn, NHP1982:229
ヴィエットフン	ハノイ	壺	地表面下 0.5mのところから発見。総量約 5kg。中国銭・ベトナム銭。最新は、安法元寳。壺は高 25cm、口径 10cm、胴径 50cm、沈線文あり。煉瓦で蓋がされる。	Bạch Văn Luyến (et al.) 1986 Phát hiện một sưu tập trên cổ ở Việt Húng, NPH1985:199
ズオンサー	ハノイ	壺	地表面下 1.3mのところから発見。2 個の総量約 15kg。16～17 世紀の白磁碗で蓋がされる。中国銭多く、ベトナム銭少ない。最新は、永楽通寳（1408）。	Bạch Văn Luyến (et al.) 1988 Thêm một sưu tập trên cổ ở Đương Xá (Gia Lâm, Hà Nội), NPH1987: 261
タンビン	ホーチミン	壺・縄	地表面下 1mのところから発見。総量約 200kg。総数 35224 枚。すべてベトナム銭、鉛銭多い。最新は、嗣徳通寳（1847）。1861 年のフランス軍の侵攻時に埋められたか。	①Phạm Hữu Mý (et al.) 1999 Tiền kem thời Nguyễn phát hiện tại quan Tân Bình, TP.Hồ Chí Minh, NPH1998: 584, ②Trịnh Thị Hoà (et al.) 1999 Về những dong tien kem thoi Thieu Tri moi phat hien, NPH1998: 586
ジエンフック	カインホア	壺	中国銭・ベトナム銭。最新は、安法元寳（1736）。入植した中国人が埋めたのか。	Phạm Văn Hoán (et al.) 1999 Về nhóm tiền cổ mới phát hiện ở Khánh Hoà, NPH1998: 592
ホアイフウォン	ビンディン	壺	総数 8600 枚。中国銭・ベトナム銭・寛永通寳。最新は康熙通寳（1662）。交易のなかで中国銭がもたらされた、あるいは、入植した明人が持ってきた。	Đinh Bá Hòa 2000 Tiền cổ Hoài Hương, NPH1999: 640
ドンモー	ハノイ	壺	総数 558 枚。すべて中国銭。最新は宋元通寳。壺を保存していなかったため、年代は不明。銅銭の年代から 14・15 世紀。	Phạm Vũ Sơn (et al.) 2001 Sưu tập tiền cổ Đồng Mô - Hà Tây, NPH2000: 676
タインクアン	ハイズオン	壺	洞窟内のタインクアン寺で発見。総量 200 枚以上、中国銭・ベトナム銭の銅、鉛銭。最新は光中通寳（1788）。18 世紀ごろに資産家の古銭コレクターが埋めたか。	Tăng Bá Hoành 2001 Sưu tập tiền cổ trong động Thánh Hóa, NPH2000: 680
トゥイホア	フーイエン	壺	壺 3 個地表面下 0.5mのところから発見。総量 250kg。うち、27kg、総数 8063 枚を届出。最新は洪徳通寳（1470）中国銭 57 種、ベトナム銭 4 種、計 61 種類。ベトナムのみ銭種を記載。その後の踏査で、30 年前に農民が耕作中に 4 個、500kgを、1984 年に 1 壺を発見している。発見地のドンフック河は、16～17 世紀のチャンパ時代の港か。	①Phan Đình Phùng (et al.) 2001 Phát hiện tiền cổ ở Tuy Hòa - Phú Yên, NPH2000: 686, ②Đỗ Văn Ninh 2002 Phát hiện tiền cổ tại Phú Yên, NPH2001: 698
ホアイスオン	ビンディン	容器無	総量 100kg、内 50kgは原形をとどめており調査可能。すべて中国銭。最新は紹定通寳（1228）。ビンディンで一括銭出土は 3 例目。	Đinh Bá Hoà (et al.) 2002 Về những đồng tiền cổ phát hiện tại Bình Định, NPH2001: 691
フックラム	ハタイ	壺	池を掘っている時に発見。総量 60kg、総数 15478 枚。主に中国銭。最新は 乹元重寳（758）。	①Nguyễn Thu Hương 他 2004 Tiền cổ xã Phúc Lâm, NPH2003: 678, ②Hoàng Văn Khoán (et al.) 2005 Sưu tập tiền cổ được phát hiện ở xã Phúc Lâm, NPH2004: 713
ザーサン	タイグエン	壺	池を掘っている時に発見。総量 2.2kg。総数 595 枚。中国銭・ベトナム銭。最新は嘉景通寳（1796）。	Bùi Huy Toàn 2004 Phát hiện tiền cổ ở Gia Sàng, thành phố Thái Nguyên, NPH2003: 680
ニンハイ	ニンビン	壺	深さ 1.5mのところから発見。60 種類の銅銭。中国銭・ベトナム銭。最新は景興通寳。	Hoàng Văn Khoán 他 2005 Sưu tập tiền cổ được phát hiện ở xã Ninh Hải, NPH2004: 722
ソムチュエン	ゲアン	壺	地表面下 0.3～0.50cmのところで壺を発見。壺の年代は黎朝。銅銭の総量 12.5kg、判明したのはすべて中国銭。開元通宝と洪武通寳（1368）。	Nguyễn Thị Ánh Hoà 2005 Những cổ vật phát hiện ở xóm Chuyền, NPH2004: 726

※ NPH は、*Những phát hiện mới về khảo cổ học năm* の略

第3節　ベトナム北部における銭貨の使用

表19　ベトナム北部発見の一括出土銭一覧（その2）

資料名	出土地	状態	概要	出典
ホアルー	ニンビン	容器無・縊	すべてベトナムの鉛銭。総量6kg。嘉隆・明命・紹治・嗣徳通寶（1847）。このほかに9～10世紀の「江西軍」銘煉瓦も出土。	Đặng Công Nga (et al.) 2006 Những đồng tiền kẽm và gạch Giang Tây Quân ở Hoa Lư, Ninh Bình, NPH2005: 749
ホアチュン	タインホア	縊	地表面下0.6mのところで発見。総量10kg、総数741枚。すべて中国銭。最新は乾元通寶（1778）。最多は開元通寶。昔は寺で古墓が多くのこる。住民の盗掘が多い。	Trần Thị Xuân (et al.) 2006 Phát hiện sưu tập tiền cổ ở làng Hòa Chúng, NPH2005: 752
マーキウ	ハタイ	壺	総量3kg、総数531枚。中国銭・ベトナム銭。最新は洪順通寶（1509）。最多は洪徳通寶。	Phạm Tân Tiến (et al.) 2006 Phát hiện hai sưu tập tiền cổ ở Hà Tây, NPH2005: 743
フートゥック	ハタイ	壺	総量10.5kg、総数2373枚。中国銭・ベトナム銭。最新・最多は安法元寶（1736）。	Phạm Tân Tiến (et al.) 2006 Phát hiện hai sưu tập tiền cổ ở Hà Tây, NPH2005: 743
ヴィン市場	ゲアン	鍋	地表面下0.6mのところから発見。総量9.8kg。中国銭・ベトナム銭。最新は啓定通寶（1916）。この地は古くから市場があり、ゲアン地方の大きな貿易地だった。	Nguyễn Thị Kim Hoa (et al.) 2006 Một số đồng tiền cổ phát hiện trên địa bàn thành phố Vinh, NPH2005: 754
ザムヌォイ	ゲアン	縊	ザムヌォイ遺跡から、連結した50枚の銅銭発見。すべてベトナム銭で、8種類の景興銭。	Nguyễn Thị Kim Hoa (et al.) 2006 Một số đồng tiền cổ phát hiện trên địa bàn thành phố Vinh, NPH2005: 754
ドンタン	カインホア	壺、鍋・縊	地表面下0.6mのところから、壺2個と鍋を発見。総量は壺2個で50kg、鍋20kg、計70kg。鍋には縊銭がつまる。1000枚が調査可能。中国銭・ベトナム銭・寛永通寶。最新は安法元寶（1736）。最多は元豊通寶。	Lê Đình Chi 2006 Phát hiện một số tiền cổ tại Khánh Hòa, NPH2005: 758
カオロック	ランソン	容器無	地表面下40mのところから発見。総量14kg。総数2800枚。すべて中国銭。最新は至元通寶（1264）。現在も継続調査中。	Nông Xuân Tiến (et al.) 2007 Tiền cổ phát hiện tại Cao Lộc, Lạng Sơn, NPH2006: 681
ソムヴァン	ハノイ	壺	10個の壺を発見。うち2個に銅銭がつまる。残っていた54枚のみ調査。中国銭・ベトナム銭。最多は景興銭。最新は昭統銭（1787）。壺は18世紀。	Hoàng Văn Khoán 2007 Phát hiện tiền cổ ở Xóm Vang, NPH2006: 679
モントゥオン	ハイフォン	壺	地表面下0.6mのところから発見。総量23kg。中国銭・ベトナム銭。洪化・乾隆・景興（1740）の3種。壺は土器、17末から18世紀。	Đỗ Xuân Trung 2007 Bộ sưu tập tiền cổ ở Mông Thượng, NPH2006: 680
フォックミーチュン	ベンチェー	壺	地表面下1mのところから発見。総量120kg。中国銭・ベトナム銭・日本銭。最新は嘉隆通寶（1819）が50kg。最多は景興銭で全体の60%。	Phạm Thị Lan 2007 Những phát hiện mới về hiện vật khảo cổ ở Bến Tre, NPH2006: 689
デージー	ビンディン	壺	地表面下1mのところから2個発見。総数8587枚、うち西山銭が7848枚。ベトナム銭。最新は景盛通寶（1793）。	Hoàng Văn Khoán 2007 Tiền Tây Sơn ở thương cảng Đe Di, Khảo cổ học 2007 - 1, （『出土銭貨』28号、2008年）

銀

資料名	出土地	状態	概要	出典
ザンホア	ハタイ	壺	壺にはいった一文字型の銀を34本発見。「嘉隆年造」（1812）。	Nguyễn Đình Chiến (et al.) 2000 Sưu tập thoi bạc thời Gia Long, NPH1999: 644
タインオアイ	ハタイ	容器無	一文字型の銀を15本発見。「嘉隆年造」。	Nguyễn Thị Giang (et al.) 2004 Phát hiện tiền cổ ở Thanh Oai, Hà Tây, NPH2003: 675
フックトゥック	ザーライ	袋	地表面下0.6mのところから袋にはいった一文字型の銀を150本を発見。「嘉隆年造」。50本をフーイエン博物館に売った。	Hoàng Văn Khoán 2007 Túi tiền thời ở thị trấn Phú Túc, NPH2006: 683

※ NPHは、Những phát hiện mới về khảo cổ học năm の略

第6章 黎朝後期の交易様相

15世紀前半以前
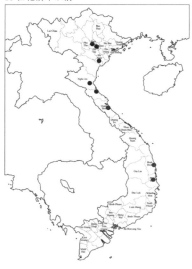

銅銭出土地域

15世紀中頃～17世紀
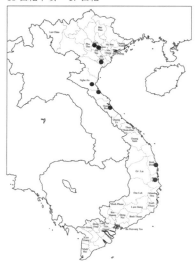

18世紀～19世紀

北部	-15c	15-17c	18-19c
ハザン			1
ランソン	1		
トゥエンクアン	1		
タイゲエン			1
ハタイ	2	2	1
ハノイ	1		3
バックザン			1
クアンニン			1
ハイフォン			3
ハイズオン			1
ナムディン	1		
ニンビン		1	2

中部	-15c	15-17c	18-19c
タインホア			1
ゲアン	2	1	2
ハティン		1	3
クアンビン		1	1
ビンディン	1	1	1
フーイエン		1	

南部	-15c	15-17c	18-19c
カインホア			2
ビンフック	1		2
ホーチミン			2
ベンチェー			1

図59 一括出土銭 分布図

ベトナム北部における一括出土銭は、中国との国境やホン河流域、北部から中部にかけての沿岸部に分布がひろがる。南部では、調査報告事例が少ないせいか分布状況はまばらである。しかし、ホーチミン（Hồ Chí Minh）市の社会科学博物館には多数の銭貨が収蔵され、ホーチミン市立博物館にはベトナム銭貨史を紹介する展示室もある。

　さらに、調査報告に基づきその埋められた年代ごとに分布をみると、北宋銭が主体となる15世紀前半以前は、北部に多く分布がみとめられる。また、ビンディン（Bình Định）省の資料は、チャンパー王国の領域で埋められたものと思われる。15世紀中頃から17世紀になると、分布は中南部にもひろがり、銭貨の使用が地方にひろがっていることがわかる。18世紀から19世紀には個体数がふえるとともに、南部へも分布がひろがり、また、分布は沿岸部に集中している。

　一括出土銭ではないが、山間部ではラムドン省で墓の中から中国や肥前磁器とともに銭貨がみつかっている。山間部での銭貨の出土は少なく、沿岸部との森林生産物との交換、交流の過程でえられたものであり、山間部の域内決済通貨として使用されていたとは考えがたい。

　以下に、2006年から菊池誠一、櫻木晋一、三宅俊彦らが中心となり、筆者も参加した日本人研究者グループによるベトナムの一括出土銭の考古学的研究の調査成果について、埋められた年代が古い順に、報告書に基づいて概要をまとめる〔菊池編2009〕〔菊池編2013〕。

　ベトナム北部では、これまでに6個体が調査され、それぞれ1号から6号まで番号がふられている。本書では略称として、北部発見の一括出土銭には個体番号の頭にNorthのNをつけてN1、N2…と表記する。

　なお、N1資料は最新銭が阮朝の嘉隆通寶であり、黎朝後期の一括出土銭ではない。しかし、嘉隆帝は阮朝の初代皇帝であり、含まれる銭貨は黎朝後期の状況を反映しているため、本書でもあつかうこととする。

a．N2資料

　3,619枚を調査している。上方に緡銭、その下にバラバラに銭貨が容れられていた。壺は陳朝初期のころの特徴がある。最古銭は唐の開元通寶（初鋳：621年）で、最新銭は明の洪武通寶（初鋳：1368年）である。陳朝末期の14世紀末から胡朝の15世紀初頭に埋められた資料とされる。永楽通寶が含まれないことから、胡朝滅亡につながる戦乱を契機として埋められた可能性が指摘されている〔三宅2009：183〕。私鋳銭の開元通寶が1枚含まれた以外は、すべて中国の制銭であり、大半が北宋銭であった。

　緡銭は67枚1緡のものから59枚1緡のものまで、26個確認された。陳朝で短陌が制定されるのは1226年だが、このときは69文で1陌であった。銅銭60枚（文）を1陌とする短陌が制定されるのは、黎初の1439年であるから、民間ですでに陳朝末から1緡60枚前後の短陌がおこなわれており、朝廷がそれを追認していたことがわかる。なお、『島夷誌略』交趾の条には、民間では67枚を中統鈔1両に換算、官の使用では70文とする、と記述される〔井上泰成2009：49〕。

第6章　黎朝後期の交易様相

b．N４資料

3,535枚を調査している。上方に緡銭、その下にバラバラに銭貨が容れられていた。壺はベトナム北部産の14〜15世紀のもので、最新銭の年代とほぼ同時期である。最古銭は前漢の五銖銭（前118）で、最新銭は大中通寶（初鋳：1361年）である。同時期の洪武通寶は含まれなかった。陳朝末期の14世紀末の資料と考えられ、N2資料と同時期になる。ベトナム銭2枚を除いてほぼすべてが中国銭で、その大半が北宋銭であった。

緡銭は9個確認できたが、緡の原型を損なっているものもあり、おおむね67枚1緡であった。

c．N６資料

1,727枚を調査している。容器はないが、錆びついた形状から、小型の壺にいれられていたことがわかる。最古銭は唐の開元通寶で、最新銭は景統通寶（初鋳：1498年）である。88％が中国銭で大半が北宋銭であった。2％の33枚がベトナム銭で、10％の176枚は銭銘判読できない銭であった。

d．N５資料

4,409枚を調査している。壺は16世紀前半のものである。最古銭は唐の開元通寶で、最新銭は洪順通寶（初鋳：1509年）である。半数が中国の制銭で、残りは私鋳銭と若干のベトナムの制銭であった。調査した櫻木晋一は、半数をしめる私鋳銭を小型のコピー銭とさらに小型のローカル銭にわけている。そして私鋳銭が半数をしめる状況を、日本でも16世紀には粗悪な銭貨でも埋蔵されるほど流通銭貨が不足していたが、ベトナムでも粗悪な銭貨であっても制銭と認識されるほど流通銭貨が不足してきたもの、と考察している〔櫻木2013：48-49〕。

e．N３資料

1,645枚を調査している。壺の年代は不明である。最新銭は南部ベトナムに入植した鄭氏（広東系華人）が1736年に生産した私鋳銭の安法元寶で21枚含まれる。18世紀前半に埋められた資料である。銭銘を判読できた723枚のほとんどが北宋銭や永楽通寶（初鋳：1408年）を模した粗雑で小型の私鋳銭であった。そして、残りの913枚が判読できないほど粗悪な銭貨であった。さらに77枚は制銭にない銭銘である。また、調査した三宅俊彦は制銭にある銭銘の一部を「聖」に変えた私鋳銭の存在を指摘し、ベトナム銭の可能性を考えている〔三宅2009：184〕。

f．N１資料

29,018枚を調査している。壺の年代は18世紀頃である。最新銭は阮朝の嘉隆通寶（初鋳：1804）である。87％がベトナムの制銭であり、なかでも景興通寶が最多で23,038枚含まれる。中国では雲南で鋳造された清朝銭や呉三桂の銭貨が含まれるほか、日本の寛永通寶や長崎貿易銭の元豊通寶

が含まれる。寬永通寳は公鋳銭であった。

2. 陳朝期から明支配期の銭貨

　ベトナムでは中国の銭貨が流通するとともに、丁朝のころから中国の銭貨を模倣して円形方孔の銭貨を鋳造していた。前黎朝期には天福鎮寳が発行され、中国南部まで運ばれていたことは第4章でも述べた。李朝期にも銭貨を発行しているが、遺跡での出土はまれであることから流通量も少なく、中国の銭貨が使用の主体となっていたであろう。

　陳朝末期に埋められた資料である N2、N4 資料は、北宋の制銭が主体であり、ベトナムの銭貨はほとんどなかった。このことから、陳朝でも銭貨を発行していたが、市場で流通するほどの量ではなく、一般的には北宋銭が流通していた〔櫻木 2009b：86〕。N2 に含まれる北宋銭は、3,239 枚で全体の 87.7％、唐銭は 9.7％ をしめる。日本の 14 世紀代の一括出土銭では、北宋銭が 87.47％、唐銭が 9.01％、南宋銭が 2.48％、その他が 1.04％ であり〔永井 1999〕、日本においても北宋銭が多く使用され、唐銭も一定量あった状況と共通する。

　また、日本中世の一括出土銭では、銭種組成が均一であることが指摘されている〔鈴木公雄 1992：35〕。N2 の銭銘組成を詳細に分析した三宅俊彦は、中国や日本の一括出土銭調査事例の分析結果とベトナムの資料を比較し、枚数の多い銭銘の上位 30 位までは中国国内や日本国内で流通していた銭貨とほぼ類似していることを指摘した。そして、中国において流通していた銭貨は銭種組成が均一であり、その銭貨がそのまま日本あるいはベトナムにもたらされていると考察するとともに、ベトナムに持ちこまれた貨幣は一文銭のみであり、折二銭などの大銭や鉄銭はほとんど含まれないとしている〔三宅 2009〕。日本でも、一般的に流通していたのは一文銭であり、沖縄や博多に集中する大型銭は〔小畑 2003〕、中国人社会における中国的貨幣使用や貨幣の経済外的機能による使用が指摘されている〔櫻木 2007：65〕。中国の出土例では、元豊通寳の 30％ は折二銭であることから、日本やベトナムに流入する過程で取り除かれていたとされ、このことが元豊通寳の含有率が中国にくらべ低い理由とされる〔井上正夫 2009：41-42〕。

　中国からの銭貨流出の画期は、金の銅銭禁止令（1215 年）や南宋が滅亡し（1270 年代）、元が紙幣を発行したことによる銭貨需要の減少であったことが指摘されている。このとき大量の銭貨が周辺諸国に流入し(11)、日本でも銭使いが拡大した〔大田 1995〕。つづく明朝でも、基本的に紙幣（大明鈔寳、1394 年）が基準通貨であったが、1436 年には明朝が銀財政への転換を開始し、それまで流通していた銭貨の使用を禁止したため、中国において決済手段や資産としての銭貨の地位を失った北宋銭が、大量に日本へ流出したとされる〔三宅 2005〕。おそらく同じころ、大越へも流入していたと考えられる。

　なお、日本では 14 世紀前半に埋められた一括出土銭から模鋳銭が発見されている。それは模鋳銭流通の初期の段階とされる〔永井 2001a：21〕。また、日本の遺跡では 14 世紀中葉以降、銭貨鋳造のための鋳型が発見されており〔櫻木 2007：55〕、15 世紀段階から大量の私鋳銭が出土する。14 世

紀末に埋められたN2資料には1枚の私鋳銭が含まれる。しかし、N4は制銭のみで私鋳銭は含まれない。大越で私鋳銭の流通が顕著になるのはつぎの黎朝前期以後である。そのため、この段階ではほとんど私鋳がおこなわれていなかったのであろう。陳朝は1323年に鉛銭を発行しており[12]、翌年12月には禁止している[13]。遺物としては未確認であり、鉛銭はあまり流通していなかったと考えられるが、後世で流通する悪銭生産の初現ととらえられる。

陳朝では1226年に納税においては70文で1陌、民間の使用には69文で1陌とする短陌が規定された〔Whitmore 1983：366-367〕。陳朝末期、権力を掌握した黎季犛[14]は、ベトナム史上初めての紙幣である「通寶会鈔」を7種類発行した。『大越史記全書』1396年（陳順帝光泰9年）4月の記述によると、

> 人々に両替させ、一緡ごとに一緡二陌の紙幣とした。その形象は、十文紙幣は藻を描き、三十文紙幣は水波を描き、一陌は雲を描き、二陌は亀を描き、三陌は麒麟を描き、五陌は鳳凰を描き、一緡は竜を描く。偽造したものは死罪とし、田畑財産は押収する。銅銭をとどめることを禁じ、私蔵使用してはならず、京城の鼇池倉および各地の治所に治めること（以下略）。（令人換錢、毎錢一鏹、取鈔一緡二陌。其法、十文幅畫藻、三十文幅畫水波、一陌畫雲、二陌畫亀、三陌畫麟、五陌畫鳳、一緡畫龍。偽造者死、田擬没官。禁絶銅錢不得私藏私用、並收入鼇池、及各處治所（以下略））。[15]

とあり、銅銭の使用と貯蔵を禁じ、紙幣を使用することを規定した。また、季犛は1緡の銅銭は1緡2陌の紙幣と交換する令を公布し、銅銭の回収を試みた。その狙いは、銅を集め武器を作ることにあったとされる〔グエン・ヴァン・キム 2008：160〕。

陳朝から王権を簒奪した季犛は胡朝をたてた。しかし、このころ商いでは紙幣を使用することが嫌がられていた[16]。胡季犛も漢蒼も聖元通寳などの銭貨を発行しており、胡朝期には紙幣は根づかなかった。

胡朝は明の侵攻によって1407年に倒れ、以後1428年まで明支配期となる。ベトナム北部に進軍した明軍は、各地の銅銭を回収し、傳馬で金陵におくった[17]。また、永楽15年（1417年）の、銭貨による各地からの貢賦の状況をみると、税金として銅銭3,902貫あまりが徴収されており、永楽22年（1424年）まで継続していた〔山本達郎 1975b：212〕。1421年に永楽帝は南京から北京に遷都しており、新都建設に銅材が必要とされたのかもしれない。このころ、胡朝の技術者も大量に明に送致され、紫禁城の造営にあたっていた〔張 1992：45-54〕。

3. 黎朝前期から莫朝期の銭貨

黎利が明軍を駆逐し、1428年に即位して黎朝をひらく。黎朝前期（1428-1527年）においても各皇帝が銭貨を発行していたが、その流れには大きな変化がみられるようになる。『大越史記全書』1429年（太祖順天2年5）7月の条に、

> 銭は人々の血管であり、なくてはならないものである。我が国はもとより銅鉱があったが、古

第3節　ベトナム北部における銭貨の使用

い銅銭は胡朝が破棄してしまい、100 のうちわずかに 1 が存するのみである。今に至り、軍事、国事のため、しばしば（銅銭が）乏しくなる。その流通と使用を求め、（以下略）。（夫錢乃生民之血脉、不可無也。我國家本産銅穴、且舊銅錢已被胡人銷毀、百僅一存。至今軍國之務、屢爲匱乏、求其流通使用、（以下略））。[18]

とあり、人びとに銭貨の私蔵をやめ流通させるよう促している。日本では、14 世紀後半頃から銭貨を備蓄する慣行がひろまる[19]。大越でも 14 世紀代には銭の私蔵がはじまっていたようである。『大越史記全書』1434 年（太宗紹平元年正月）の条には、

今後割れたり欠けたりした銅銭でも、なお緡銭に穿つことができれば、流通に使用し、拒否してはならない。もし断欠し緡銭に穿つことができなければ不要とし、命にそむいて、拒否してうけ取らなかったり、よい銭をえらんだりしたら、同じような罪になる。国初以来、幾度も詔で人々が（銭貨のうけ取りを）拒否することを禁じる命令を出すが、役人らは徴税においてつねによい銭を選び、人々の禁を止めることができず、ゆえにふたたびここに命じる。（今後銅錢破缺、猶穿得緡貴、即流通使用、不得拒斥。若已斷缺、穿緡不得即不用、違拒揀擇亦同罪。國初以來、數出詔旨、禁民拒斥、而庫吏收税、常揀好錢、民間禁不能止、故更有是令）。[20]

とあり、いかなる銭貨でも緡銭にすることができれば、うけ取り拒否を禁ずる撰銭令[21]、すなわち悪銭でも流通させようとする法令が発せられている。日本では伊勢の神宮地域で 1430 年代から撰銭行為がおこなわれ、撰銭の慣行をふまえた悪銭の使用割合に関する法の存在が指摘されている〔千枝 2007：129〕。日本でも、15 世紀初頭ないし前半には「悪銭」が相当量流通しており、なかには日本の模鋳銭が含まれていたと想定されている〔桜井英治 2007：316〕。

黎朝は、1439 年には銅銭 60 枚（文）1 陌を制定しており、陳朝期以上の短陌が推進されている。また 1434 年や 1448 年の記録には新銭の使用が記されており[22]、あらたに銭貨が鋳造され、流通に供されていた。

貨幣流通量の縮小は物価高騰をもたらすとされており〔黒田明伸 2007：18-19〕、一連の施策は大越国内における銭貨流通を一定量維持しようとしていたととらえることができる。黎朝前期初頭の銭不足の状況は、前述した胡朝による紙幣の発行のほかに、明支配期における銅銭の持ちだしに起因しているだろう。

また、ティエリーは明がベトナムの鉱山を空にし、加工された金属を大量に持ち去っていたことを指摘しており〔ティエリー 2009：55〕、経済の立て直しには一定の期間が必要だった。

15 世紀後半の黎聖宗のころになると、黎朝は良質な銭貨を発行した。光順通寶（1460～1469）と洪徳通寶（1470～1497）（図 60-5）の分析結果では、おおむね銅 70～85％、鉛 9～20％、錫 2～7％の組成であり、亜鉛の含有量は 0 ないし 0.1％未満であり、北宋銭に比すべき[23]銭貨であった〔ティエリー 2009：55〕。良質な銭貨の発行と同時に、1462 年には、銅銭のうけ取り拒否を禁止し[24]、1464 年には銅銭を私鋳すると罪に問われ[25]、ついで 1469 年には偽銭を納税用の銭に交換することを禁じている[26]。撰銭の禁令が出されていながら、納税用の銭貨を分別しているところが興味深

い。「偽銭」「税銭」が何を意味するのか、今後の課題である。大越国内でも私鋳がおこなわれるようになり、粗悪な銭貨が流通するようになったため、納税用の銭貨が区別されるようになったのだろう。納税用の銭貨は、聖宗帝が発行した良質の銭貨や北宋などの古銭であったと考えられる。

　1486年にだされた撰銭令では、

　　撰銭を禁じる。（中略）貨幣を用いるのに、重要なことは上下において流通することで、倉のなかに貯めておくのは、長い間壊れないということでは重要である。今日まで内外の各衙門は、公私の罰金を追跡し要求し、また各項目の銭を検査して収めたりだしたりしており、官の倉に入って貯蔵されるのならば、本物の銅銭を選び取らなくてはならない。輪郭が少し欠けていても、本当の銅であり、長い間壊れなかったものは、それもまたうけ取らなければならない。もし、役人の給与や民間の売買において私に銭を用いるならば、本物の銅が穿たれている緡である以上は、一体でうけとり、撰銭や拒否をしてはならない。（禁揀銭。（中略）泉貨之用、貴於上下流通、府庫之儲、貴於長久無弊。繼今内外各衙門、追徴公私贓罰及度支撥收各項錢、应入官庫儲積者、並宜選取眞銅錢、雖輪郭少缺、係是眞銅、積久無弊者、亦宜選取。若官吏代俸及百姓売買私用錢、凡眞銅穿緡猶著者、一体収用、不得拒斥苛揀）。(27)

とあり、銅合金の銭貨のみを選択して使用することをゆるしている。この条文をティエリーは、十分な量の銭貨が生産されるようになったため、銅以外の粗悪な銭貨のうけ取り拒否が許されたとしている〔ティエリー 2009：55〕。また、1497年には良貨を判断する基準の一つは銭貨を地面に落としたときに鳴る音であり、このときに排除されたのは、音の鈍い粗悪な銅合金や鉛、あるいは亜鉛銭であったとされる〔ティエリー 2009：56〕。黒田は「新銭」（私鋳銭）の流入が聖宗期の良貨との差別化による混乱をもたらした結果と考えている〔黒田明伸 2007：25〕。

　一連の撰銭令は、使用できる銅銭の基準を示したもので、どのような銭貨でも流通させようとしていた銭不足のころの15世紀前半の撰銭令とは性格が異なる。質のたかい制銭を発行し、同時に、15世紀後半には銭貨の私鋳も始まっており、銭貨の流通量が増していた大越国内において、鉛などの粗悪な銭貨を排除する令であった。

　同時期の、アジアの銅銭流通圏の状況をみると、大田は15世紀後半には日本や中国、朝鮮においても共時的に経済成長や悪質な貨幣による銭貨流通の動揺がおき、その動揺は「交易の時代」を背景にベトナムやジャワなどの東南アジア地域にまで波及し、明からの悪銭流入があった、としている〔大田 2011：31-32〕。黒田は、中国においては宣徳（1426-1435年）以降、萬暦（1573-1620年）まで、公式の銭貨供給がほとんどなされていなかったため、1480年代以降、開元通寶や元豊通寶などが私鋳され、「新銭」として北京あたりで出回りはじめていた。このときに私鋳の対象となっていたのは、うけ取られやすい点、私鋳の咎めを少しでも遠ざける点から、以前からよく見慣れた唐や北宋の銭貨であったとする。そして同時に撰銭がおこなわれるようになり、このときに選ばれたのは私鋳された唐や北宋の銭銘の「新銭」であり、抜き取られていたのは既存の明朝銭であった、と考察している〔黒田明伸 2007：16-18〕。

第3節　ベトナム北部における銭貨の使用

　　1　元豊通寳　初鋳：1078［C2］　　　　　　2　元豊通寳（長崎貿易銭）　初鋳：1659［C2］

　　3　順天元寳　初鋳：1428［C2］　　　　　　4　紹平通寳　初鋳：1434［C1］

　　5　洪德通寳　初鋳：1470［N5］　　　　　　6　永壽通寳　初鋳：1675［N1］
　　　［菊池編 2013：88］　　　　　　　　　　　　　［菊池編 2009：80］

　　7　元豊通寳（私鋳銭）［N5］　　　　　　　　8　永楽通寳（私鋳銭）［N5］
　　　［菊池編 2013：86］　　　　　　　　　　　　　［菊池編 2013：88］

一文字入れ替えている私鋳銭

　　9　治平聖寳（私鋳銭）［C2］　　　　　　　10　紹平豊寳（私鋳銭）［C2］

　　11　太平聖寳（私鋳銭）［C2］

図60　一括出土銭の銭貨

第6章　黎朝後期の交易様相

　日本でも文明17 (1485) 年に大内氏が撰銭令をだしており、使用の歴史が浅く価値が不安定な明朝銭の撰銭を禁じるものであった〔中島 2005：51-52〕。撰銭令は、以後16世紀に頻繁にだされるようになっており、中国での混乱が日本にも波及したとされる〔本多 2006〕。

　黎朝がだした1486年と1497年の撰銭令は、日常的に流通していたであろう銅合金以外の粗悪銭（私鋳銭）や緡に穿てない破銭を排除する令であり、15世紀後半の中国や日本のような銭銘による撰銭行為を禁じたものとは性格が異なる。

　この時期の一括出土銭であるN6資料では10％が判読できない粗悪な銭である。N5資料では半数が私鋳銭であり、そのなかには一見して私鋳銭とわかるほど小型で薄い銭貨の一群が含まれていた（図60-7、8）。中国銭と黎朝銭といった上質な制銭、そしてベトナムや中国の私鋳銭が混在した混沌とした銭貨の流通状況が撰銭行為を頻発させていたことはたしかであろう。

　なお、三宅はN2資料とN3資料を比較して、櫻木はN2、N4資料とN5資料を比較して、制銭と私鋳銭の二重構造が生じていた、と考えている〔三宅 2009：185〕〔櫻木 2013：49〕。N5、N6資料が示す状況の解釈と撰銭令の関係や、銭貨の二重構造を論じるには、今後さらなる調査資料の増加が必要であろう。

　1527年に黎朝から王権を奪い、ハイフォン (Hải Phong) 出身の莫登庸が莫朝 (1527-1592) をたてる。莫朝の各皇帝も貨幣を発行した。『大越史記全書』1528年（莫登庸明徳2年）正月の条には

　　この時、登庸はあらたな政令による変更をしようとし、古い様式、年号の通寶銭を鋳造することを命じるが、あまり成功しなかった。その後、鉛や鉄、新色などの間銭を鋳造し、領域内の各地に配り、これを流通し、使用させた。（是時登庸欲更立新政、乃令鑄旧年号樣圜法通寶銭、多不能成、後復鑄鉛鐵新色諸間銭、頒行天下各處、使之通用焉。）[28]

とある。莫朝初期に発行された明徳通寶は精銭であり、古い様式、年号の通寶銭は北宋銭をさすと思われる。ベトナム北部のタイグエン (Thai Nguyên) 省で銭貨を鋳造するための石の鋳型が発見されている〔Đỗ Văn Ninh 2000：645〕。その鋳型がいつの時代の物なのかは不明であるが、鋳型に彫りこまれた銭銘は、開元通寶、至道元寶、熙寧元寶、元豊通寶などであった[29]。いずれもベトナムや日本、中国における一括出土銭の調査で多数出土している唐や北宋の銭貨であり、これらが中国の「新銭」と同じような、大越の人々にもなじみのある「通寶銭」であったのだろう。

　そののちにつくられた間銭は低質銭であり、1547年に莫朝が発行した永定通寶は小型な銭貨である。16世紀末に再興した黎朝は、これらの亜鉛や鉄の銭を駆逐するのに苦労していたことが指摘されている〔Whitmore 1983：368〕。ティエリーは『芸臺類語』の記述から、高額取引や国家のかかわる決済には60枚1陌、民間の商取引には36枚からなる「銭」の使用があり、この2つの計算方法が併用されていた、と指摘する。またベトナム最大の銅山である聚竜銅山は、莫朝と黎朝との争いのなかで明に割譲されてしまい、タイグエンやカオバン、ランソン (Lạn Sơn) にも銅山が存在していたが、これらの地域は、莫朝と黎朝の内乱により荒廃し、あるいは地方豪族の支配下にあり、銅を確保できなかったことから悪銭鋳造の発達をみた、としている〔ティエリー 2009：56〕。

表20 一字を別の字に置き換える銭貨

私鋳銭銘	右側の字を置換えた場合に想定できるオリジナル銭銘	置換え文字
治平聖寶	治平通寶（北宋・1064）	聖
太平聖寶	太平通寶（北宋・976）	聖
紹平豊寶	紹平通寶（黎前期・1434）	豊
紹平聖寶	紹平通寶（黎前期・1434）	聖
祥聖聖寶	祥符通寶（北宋・1008）	聖

　18世紀の一括出土銭N3資料では、北宋や黎朝前期の制銭の銭銘の一部を別の字に置き換えている私鋳銭の一群が指摘されている〔三宅2009：184〕。右の字を置き換えている場合が多く（表20）、そのオリジナルの銭銘で最も多かったのは治平銭である。治平通寶の「通」を「聖」の字に置き換えている。日本では、福井・中世朝倉一条谷遺跡第57次調査で出土している[30]。太平聖寶は世高通寶（初鋳：1461）を最新銭とする、宮崎・押方片内山中遺跡出土の埋蔵銭からも出土しており〔永井2002：160〕、このように「聖」に置き換えて私鋳した銭貨は15世紀には鋳造を開始していたことがわかる。しかし、私鋳銭を一定量含む15世紀末から16世紀初頭の一括出土銭であるN6、N5資料には含まれない。同様に、一字を別の字に置き換える銭貨には紹平豊寶、紹平聖寶、祥聖通寶などが発見されておりこれらも15～16世紀の私鋳銭と想定できる。ベトナム中部の一括出土銭の調査でも治平聖寶や太平聖寶などが多数発見されており（図60-9～11）〔阿部他2013〕、このような小型で粗悪な銭貨の私鋳銭が大量に生産されていたことをしめしている。

　日本では15世紀末以降、戦国時代にかけて撰銭令が頻発しており、日本で生産された模鋳銭や破銭、悪銭の使用を禁止、あるいは制限し〔髙木2009：155-157、164-170〕、銭貨の利用に一定の規制があったが、黎朝・莫朝期の撰銭の禁令は1497年以降、1658年までだされていない。16世紀の私鋳が横行していた状況を考えると、低質な銭貨や私鋳銭の使用になんら制約がなかったと解釈できる。

　ベトナム銭の日本への渡来は1560年代以降とされ、その量の多さから日本とベトナムの直接交易によるものと考えられている〔永井2001b：26〕。このことは、粗悪なベトナム銭が当時の有効な貨幣として海域アジアで流通していたことを意味している。

4. 黎朝後期の銭貨の使用

　1592年に莫朝勢力を昇龍から駆逐し、黎朝が再興する。しかし、ベトナム北部は鄭氏が、ベトナム中部は広南阮氏が実質支配し、抗争状態にあった。鄭氏は、17世紀前半には制銭の鋳造をおこなっていない。17世紀前半のトンキンは銭不足であったとされ、内戦にともなう武器の製作に銅が使われ、銭貨にまで銅がまわらなかったためであろう。

1627年にトンキンを訪れたアレクサンドル・ド・ロード（Alexandre de Rhodes）[31]は、このころの銭貨流通について、小型と大型の2種類の貨幣があり、大型貨幣はほとんどが中国人商人、あるいは日本人商人によってもたらされ、小型貨幣は王都とその周辺の四つの道でしか通用しないということ、また、大型貨幣と小型貨幣の貨幣交換レートは、3枚対5枚であり、5枚以上にあがることもあったということを伝えている〔Rhodes 1994：36〕。地域通貨としての小型銭の存在と、その利用における階層化がベトナム北部では17世紀初頭にははじまっていたことがわかる。

『大越史記全書』1658年（黎神宗永寿元年）5月の条には、

> 時に国内の銭貨は、日々の生活や官民の出納、買売で、互いに習慣に従って、撰銭をしすぎる。ここに初めて禁止し、いまより撰銭をしてはならない。買い物にあたっては、鉛や錫、割れたり欠けたりした銭はまぜて用いてはいけない（時天下銭幣、日用官民出納買売、循習安相效、揀擇太瑳、至是始禁、自今不得揀擇、其買物者亦不得雜用鉛錫破缺錢（以下略））。[32]

とある。撰銭の禁令がでたのは黎朝前期の1497年以来であり、そののちの約150年間で撰銭が慣習となっていたようである。このころには永寿通寶（図60-6）も発行されており、また1679年にも撰銭の禁令がでている[33]。鄭氏政権は銭貨の流通に対し、なんらかのコントロールを加えはじめたことがわかる。18世紀の一括出土銭であるN3資料には多くの薄く小型で鋳あがりの悪い私鋳銭が含まれていた。しかし、鉛銭は含まれていなかった。ベトナム北部では15世紀より一貫して、資産保蔵機能が付与されていたのは銅合金の銭貨であり、鉛銭はその対象外であった。

17世紀初頭から、大越には中国人商人に加え、ヨーロッパや日本人商人が来航し、交易をおこなうようになる。ベトナム北部、中部の一括出土銭資料には莫朝の制銭は含まれない。黎朝後期でも17世紀前半の制銭は含まれないが、N1資料では突如、永寿通寶（1658）が46枚もあらわれる。17世紀は日本から多くの銅や銭貨がベトナムに輸出されており、N1、N3資料には、多種類の元豊通寶が確認されている。それは、北宋の制銭、その模鋳銭、あきらかに書体の異なる私鋳銭が数種類、長崎貿易銭、長崎貿易銭の模鋳銭などである。また1650〜60年代にはポルトガルがマカオで銭貨をつくらせ、ベトナムに運んでいた〔Souza 1986：116〕。17世紀という時代に、様々な勢力の鋳造した銭貨がベトナムで流通していたことがわかる。それが一連の撰銭の禁令を招いていたと考えられる。

18世紀になると、銭貨に加えて銀も使用されるようになるが、18世紀前半には銀の価格は低下しており、その流通を促すためにインゴットのものを小さくきりわけ用いられていた。1570年代以降は、銀がフィリピンから東南アジア地域に流入していた〔黒田明伸 2007：32〕。これらの銀が福建や広東を経由してベトナム北部にもひろまり、その大量流入が銀の価格の低下を招いたとされる〔ティエリー 2009：60-61〕。

1728年に、ベトナム最大の銅山聚竜が清から返還され、その後、1756年に太原道の爽木、安欣、廉泉といった各銅山を、1759年には興化道の呈蘭銅山や諒山道の懐遠銅山を稼動させた。これにより鋳造されていたのが「景興」銭であり、景興通寶のほかに景興巨寶、景興永寶　景興泉寶など

銭銘はじつに14種類にのぼる。表面にも背面にも竜や鳳凰などの文様が施文され銭貨もみられる。また、1762年以降は庚申などの紀年銘のほかに「太」（太原）、「北」（北江）、「京」（昇竜）といった生産地が記されるようになる。

　N1資料の80%をしめる黎朝後期の景興銭は、この時期の産物である。その生産量は非常に多く、一括出土銭資料N1では総枚数29,018枚中、景興銭はじつに23,038枚をしめた。またその後の昭統通寶も多数確認されている〔菊池編 2008：15〕。

第4節　小結 —輸入品からみた17世紀の交易—

1.　黎朝後期の貿易港

　ベトナム北部では、昇竜皇城遺跡やチャンティエン遺跡など、首都ハノイ一帯や藍京遺跡、ドンテェック遺跡などの消費地遺跡において、16世紀末から17世紀前半の代表的な貿易陶磁の一群が多数出土している。また、一括出土銭の調査から、中国や日本から銅銭が運ばれてきていた。そのため、中国や日本から陶磁器や銅銭を輸入するための港の存在が想定できる。同時にこの時期、大越国内は鄭氏、阮氏の内乱のさなかであった。

　黎朝後期である16世紀から18世紀の遺物は雲屯港跡であるクアンラン島カイラン地点に分布している。中国やベトナムの貿易陶磁器である青花類が多数確認できることから、近世の港と位置づけられる[34]。また、フォーヒエンでも17世紀後半以降中国やベトナム、日本の貿易陶磁器が出土し、この地は17世紀後半以降、国際貿易港として発展しはじめることがわかった[35]。

　ヴァンドンとフォーヒエンで出土する陶磁器様相を比較すると、ベトナム製品の磁器では青花花文碗や青花・鉄絵印判手菊花文深皿、鉄絵見込み輪状釉剥ぎ皿が共通する。ゲティン地域でも発見されており、その生産地はホップレー窯が中心となる。陶器では、胴部にいわゆる「縄簾」文がある焼締鉢形容器などが共通する。これらと同様のベトナム陶磁器では、日本の長崎や堺、大坂城関連遺跡、江戸からも出土している。

　しかし中国製品では、ヴァンドンでは景徳鎮窯系で饅頭心タイプの碗が多数出土しているが、16世紀後半の漳州窯系の製品や17世紀後半の肥前磁器は確認されていない。フォーヒエンでは17世紀後半以降の徳化窯系や漳州窯系の製品が多く、肥前磁器も出土している。16世紀後半から17世紀前半の漳州窯系製品が出土するのは、鄭氏政権下の港ではゲアン省とハティン省の省境を流れるラム川の河口部、ホイトン[36]である。

　ホイトンにはこの時期、重要な港があった。VOCの記録である『バタヴィア城日誌』によると、トンキンをめざす朱印船は、まず18度3分の2に位置するギヤングの島に着岸し、小舟に商品を積み替え、川をさかのぼり昇竜にむかった、とある。ギヤングは義安（ゲティン地域、ハノイの南200km）に比定されている。川は、ラム川をさす。また、昇竜まで100kmほどのタイビン河口の港

に入港しない理由として、『バタヴィア城日誌』には河口の砂が堅く船が沈没した経緯があること、トンキン川の河口から海南島の西を通って長崎に北上するには大変なことが記されている。また、タインホアの港には風をよける島がなく、風向きからゲアンの河口のほうが勝っている、という〔村上訳注 1970：250-256〕。義安は古くから重要な港であり、『抑齋遺集』でも、沿岸部で外国人が立ち入ることができたのは雲屯・萬寧・義安など、限られていた。

中国や日本を出港した船が、海南島の東南側を通過し、ベトナムにたどり着く先はラム川河口部であり、陸路でラオスともつながっている。トンキンを旅したダンピアの1668年の記録ではクロボー川は中国人やシャム人が多く利用していたとある〔Dampier 2007：27-28〕。サミュエル・バロン（Samuel Baron）が残した地図によると、クロボー川は現在のダイ（Đay）川であることがわかる〔Baron 1723〕（図61）。ゲティン地域からダイ川をのぼって昇龍へ向かうルートが考えられる。また、近年ベトナム陶磁器が多数出土したラオスでも、黎朝後期の製品があり、ゲティンからチュオンソン山脈を超えてラオスまで運ばれたと考えられる。

17世紀前半には雲屯と義安において、17世紀後半にはフォーヒエンと義安において中国人商人などの外国人商人との交易の場があり、雲屯と義安では商人グループに相違があったことが想定できる[37]。とくに、漳州の商人は義安に来港していた。

また、ベトナムの史料にはないが、ヨーロッパ商人の記録にあらわれる港もある。VOCの記録では、トンキンの川の入り口にドメア（Domea）という港の存在が記され、そこから川をさかのぼって昇竜の商館まで行っていた。2000年の発掘調査では、ベトナム陶磁器が多数出土しており、その存在が確認されている〔Nguyễn Quang Ngọc 2008〕。EICも、ドメアからフォーヒエンまで船でのぼることができた。しかし、EICの船はフォーヒエンから川をさかのぼることができなかったため、小舟に積み荷を積み替えてハノイまで運んでいた。このため、EICは1683年に拠点をフォーヒエンから昇竜に移したのちも、フォーヒエンに倉庫を置き、小舟で頻繁に往復していた〔Hoàng Anh Tuấn 2010：256-574〕。

2. 朱印船貿易時代の交易様相

黎朝後期（1533～1789年）になると、北部は鄭氏が、チャンパー王国の故地である中・南部は広南阮氏が実権を掌握する。広南阮氏は積極的な南進政策をとり、チャンパーへ侵攻、大越国の版図を南に拡大するとともに、北部の鄭氏政権と敵対した。同時に16世紀にはいると、ポルトガルを筆頭にヨーロッパの商船が海域アジアでの交易活動に参加しはじめ、1557年にポルトガルがマカオに拠点を置くことで、その活動は本格化していった。

中国や東南アジア諸国の商人に加え、日本やヨーロッパの商船が頻繁に寄港していた。ベトナム北部は、日本市場むけ生糸や絹織物を入手できる土地であったからである。15世紀の大越の陶磁器輸出活動は一時期のものではあったが、16世紀末～17世紀初頭の巨大な国際経済にベトナムが参入するさいの堅固な基礎となっていたと評価される〔グエン・クアン・ゴック 2010：112〕。

第4節 小結 ―輸入品からみた17世紀の交易―

　日本船の大越渡航は記録の上では1577年までさかのぼる。また、1593年には薩摩から「交趾」に船がむかっており、1596年にはベトナム中部に多くの日本船が来航していた〔岩生 1966：23-24〕。日本人商人は朱印船貿易が開始する以前から東南アジア方面に進出し、海域アジアにおける主要な商人として台頭していた。長崎の金屋町遺跡では、1571年の町建てから17世紀初頭の遺構でベトナム北部産の「安南染付」に分類される蜻蛉文碗や千鳥文菊形皿が出土している〔長崎市埋蔵文化財調査協議会 2002：48〕。このことは、徳川幕府による朱印船貿易が開始されるころすでに、日本から大越に対し陶磁器の注文がおこなわれ、大越との交易を開始していたことを実証している。茶陶のなかに「交趾香合」と呼ばれる焼き物がある。交趾とはベトナムをさし、当時はベトナム産の陶磁器と認識されていた。しかし、近年の漳州窯での発掘調査により、「交趾香合」の産地が福建省漳州窯であったことが確認された。「交趾」の名がついたのは、この焼物が大越からもたらされたためであり、16世紀後半に、ベトナムを経由した中国陶磁器の日本への流入が確認できる。このような流れの中で、ベトナム北部において日本むけの陶磁器が生産され日本に輸出された。また、漳州窯の陶磁器がドンテェック遺跡で多数出土していることも、このようなベトナム北部と漳州との交易の道がたしかに存在していたことをあらわしている。

　岩生成一の統計によると、1604年から1635年の朱印船貿易がおこなわれていた期間にベトナム北部にむかった朱印船は37隻であり、日本からは銀や銅、銭貨が、大越からは生糸、絹織物を輸出していた〔岩生1985：127〕。ベトナム中部の広南阮氏は1601年に家康に国書を送り、その後

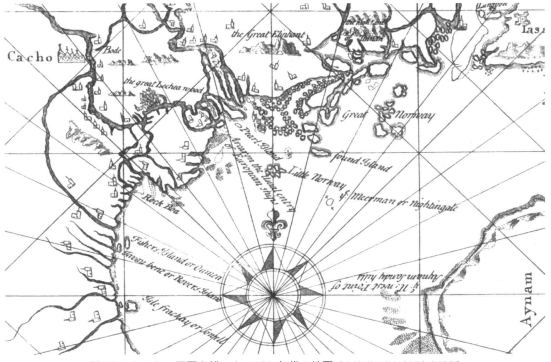

図61　トンキン王国を描いた1680年代の地図［公益財団法人東洋文庫所蔵］

1604年から広南阮氏を相手とした朱印船貿易が開始する。しかしベトナム北部の鄭氏が将軍家光に国書を送り、正式な交易をもとめたのは1624年になってからである[38]。

広南阮氏政権は、ホイアンなどに貿易港をひらき、積極的に対外貿易をすすめ、出入外国船や貿易品に課税することによって大いに収入をあげた〔藤原 1949〕。ホイアンには日本町などの外国人居留地もつくられ、外国人に対して優遇策がとられていた。この点でも北部の政権と対応が異なっていた。

3. ヨーロッパ商船の時代

1635年に朱印船制度が廃止され、日本の商船が海域アジアから姿を消すと、ヨーロッパ貿易会社の交易活動が活発化する。トンキン貿易の主要な担い手は中国やVOCにとってかわり、引きつづきトンキン生糸と日本の銀、銭貨が運ばれた。近年のベトナム北部発見の一括出土銭からは、日本の寛永通寳や長崎貿易銭が多数発見されている〔菊池編 2009〕。

トンキン貿易にのりだしたVOCは1637年に昇竜に商館を建設する[39]。EICは、日本との生糸貿易をもくろんで〔Hoàng Anh Tuấn 2010：272〕、1672年にベトナム北部での交易に乗りだした。当初はフォーヒエンに商館を設置したが、1683年に昇竜に移転している。フランス東インド会社は、1681〜1686年の5年間のみフォーヒエンに商館を置いていた。

ダンピアの記録によると、フォーヒエンには2,000軒の家があり、住民はみな貧しい。数年前までケーチョ（昇竜）にいた華商が移り住み、現地の人と同数になるほどふえた、と記している〔Dampier 2007：33〕。EICは1697年に、VOCは1700年にトンキンから撤退する。以後は、フォーヒエンに集住するようになった華人商人が担い手となって、トンキン貿易を維持していくことになる。

また、VOCのトンキン貿易には、トンキン在住の日本人商人和田理左衛門が関与していたことが知られている。「鎖国」によって帰国できなくなった日本人商人が交易を斡旋する現地のブローカーとして活躍していた〔永積 2001：209-229〕。また、理左衛門と思われる人物の娘が北部の窯業地バッチャンに嫁いだとする文書がベトナムで発見されており〔ファン・ダイ・ゾアン 2002〕、日本へのベトナム陶磁器輸出に関与していた可能性が指摘されている。

1630年代になると、中国の王朝交代の内乱により中国陶磁器の市場への供給が減少する。景徳鎮でさかんに生産され、輸出されていた上質な陶磁器の代替品となったのが肥前磁器であった。このことは、中部の港市ホイアンの旧市街地における発掘調査で、17世紀前半の中国青花が出土する土層の上層で、中国青花の図柄を模倣した肥前染付が出土するようになり中国青花が姿を消す出土状況からも確認されている〔菊池編 1998〕。

山脇悌二郎は肥前磁器の海外輸出のはじまりを、1647年秋から冬と考えている。それは、長崎からシャム（タイ）経由でカンボジアにいく一艘の中国船が「粗製の磁器174俵」を積んだというオランダの記録があるからである。また、1650年10月にオランダ船ウイッテン・ファルク号がベト

第 4 節　小結 —輸入品からみた 17 世紀の交易—

ナム・トンキンのオランダ商館に届ける「種々の粗製雑器 145 個」を積んで長崎を出帆したという記事も、いくつかの疑問があるが日本磁器としたい、と考えている〔山脇 1988：277〕。以後 1679 年まで、公式貿易だけでも 12,850 点の肥前磁器がトンキンに運ばれている〔櫻庭 2009：22〕。

　1660 年代になると、中国での内戦の戦火は福建地域にもおよび、清朝は遷界令をだし、これにより景徳鎮のみならず、福建・広東地域で生産されていた東南アジアむけの粗製の陶磁器の輸出も停滞しはじめた。それにとってかわったのがベトナムの陶磁器である。また、1665 年には肥前磁器の価格が高騰しており、そのことが、VOC がベトナム陶磁器の輸出を開始したことにもつながっていた〔Hoàng Anh Tuấn 2011b：315〕。

　1663 年、バタビアでベトナムの粗製磁器 10,000 点を運ぶ中国船をオランダ人が目撃しており、1669 年までに 250,000 点のベトナム陶磁器が中国人商人によってバタビアに運ばれている。また、1669 年に VOC トンキン商館は 381,200 点のベトナム粗製陶磁器を購入してバタビアに送っている。以降 1680 年代初頭まで、VOC はインドネシア海域の市場にベトナム北部の陶磁器を輸出していた〔Hoàng Anh Tuấn 2011b：320〕。1660 から 80 年代に輸出されたベトナム陶磁はどのような製品だったのか。

　バンテン遺跡では青花・鉄絵印判手菊花文深皿が出土しており、この皿が VOC によって輸出されたベトナム陶磁ではないかと考えられている。フォーヒエンの発掘調査でも、この深皿が多数出土しており、1672 年から 1683 年までフォーヒエンに商館を設置していた EIC によってフォーヒエンから運ばれた可能性も指摘できる。また同時に、この時期のベトナム北部の遺跡で多くみられる遺物として白磁の粗製皿（図 39-12・15 など）がある。この製品もフォーヒエンでは多数出土している。EIC の記録には、相当数のベトナム陶磁器を購入していたことが記されており、白磁皿も輸出されていたという可能性も視野に、今後東南アジアの当該期の遺構から出土する陶磁器を丹念に調査していく作業が必要である。

　しかし、これらのベトナムの粗製陶磁器は、輸出と同時に 1670 年代頃から東南アジアの各地からバタビアに返品されるようになっていた〔Hoàng Anh Tuấn 2011b〕。明清動乱が終息すると康熙年間の 1680 年代から中国陶磁器の輸出が再開され、その量と質のたかさはヴンタウ沖沈没船などからもうかがえる（図 62）。これにより、東南アジアむけのベトナム陶磁輸出は終焉するのである。

4. ヨーロッパ商人の撤退

　1700 年に VOC はトンキン商館を閉鎖する。明末清初の中国の混乱を利用して発展した生糸・絹織物や、明の海禁体制下で発展した陶磁器など、紅河デルタの輸出産業は順調な輸出を再開した中国製品との競争力を持たなかったものと考えられる〔桃木 2005：197〕。ホアン・アイン・トアンは、1680 年代になると、安価なベンガル生糸との競争に負けトンキン生糸の輸出が衰退したと考察している〔Hoàng Anh Tuấn 2007：162〕。

　ベトナムでは北部であっても中部であっても、銭貨は主要な輸入品であった。とりわけ鄭氏政

第6章　黎朝後期の交易様相

図62　ヴンタウ沖沈没船引き揚げ陶磁器［ハノイ歴史博物館展示品］

権が外国との商取引で海域アジアからえていた商品は、武器と銭貨であった。1624年に鄭氏が将軍家光に国書を送り、正式な交易をもとめ、誠実な交易の実施の証として金7両と奇楠香38両を贈っている。そして、日本の商船が来航するときには、剣10本と刀10本を寄贈してほしいと書き添えている。事実、1628年にベトナムを訪れたロードの記録によると、多くの日本人や華人の商人がベトナム北部にやってきて商売をしていた。そして日本人は以前は多くの銀を此の地にもたらし、生糸を買った。彼らは多くの刀剣や武器を運び、売っていた、としている〔Rhodes 1994：36〕。当時、鄭氏と広南阮氏は抗争状態（～1673年）であり、鄭氏政権の朱印船貿易への参入は、武器の輸入や交易による軍費の獲得が目的であったと考えられる。また、VOCがトンキン貿易を開始すると1641年に鄭氏はオランダと軍事協定を結び、1672年まで大砲や武器の供給を要求している〔Hoàng Anh Tuấn 2010：35, 103〕。広南阮氏と休戦する1673年頃まで、VOCのトンキン貿易は順調であり、このことは鄭氏政権が軍事力強化のため外国との商取引に積極的に参加していたことの証であろう。

　銭貨の流通状況をみると、本章第3節2.で述べたように、17世紀中頃のベトナム北部は銭不足に陥っていた。VOCは1646年に日本の銅輸出が解禁されて以降、その輸出量を増やしていくが、その主たる販売地は南アジアであった〔島田 2010：306、310〕。VOCがトンキン貿易に乗り出して以降、トンキン生糸の購入には銀をもちいていた。

　この流れに変化が現れるのは、1668年の日本銀の輸出停止である。VOCのトンキン貿易は、銀

第 4 節　小結 ―輸入品からみた 17 世紀の交易―

から銭貨に切り替わり、1670 年代までさかんに日本の銅をトンキンに輸出しはじめた。しかし、1675 年になると状況は一変し、トンキンでの日本銭の需要が落ち込み、70 年代末頃から日本の銅の価格が下落する(40)。VOC は日本銅のトンキンへの輸出を停止し、再び銀を輸出し始める〔Hoàng Anh Tuấn 2007：134 - 139〕。

　ベトナム北部発見の一括出土銭では、16 世紀の銭貨を最新銭とする N5 資料では北宋銭が多数をしめ、自国銭がわずかであったのに対し、19 世紀初頭の銭貨を最新銭とする資料では、ベトナム銭が多数をしめている。なかでも、永寿通寶（初鋳：1657 年）や長崎貿易銭（元豊通寶、初鋳：1659 年）、利用通寶、康煕通寶といった 17 世紀後半の銭貨が多数含まれる。

　朱印船貿易時代、日本から多くの銅や銭貨がベトナムに輸出された。それは中国銭や日本で生産された中国銭の模鋳銭であった。その後はオランダや中国商船により寛永通寶や長崎貿易銭が輸出された。VOC は 1660 年代から 70 年代に日本から銭貨をトンキンに 2 億枚以上輸出したとされる〔Hoàng Anh Tuấn 2007：136〕。また、1650 年代から 60 年代、ポルトガルはマカオにおいて銭貨を鋳造しベトナムに運び大きな利益を得ていたが、その原料は中国船によって長崎から輸出された日本の銅であった〔Souza 1986：116〕。

　VOC による日本の銅の輸出は 1677 年で停止するが、その理由は、鄭氏による制銭鋳造の試み及びトンキンにおける銭貨の充足が想定されている〔Hoàng Anh Tuấn 2007：137〕。N1 資料では日本の寛永通寶や長崎貿易銭が 244 枚含まれていた。また雲南で 1659 年から 2 年間のみ生産された清の順治通寶が 25 枚、同じく雲南で生産された呉三桂勢力の利用通寶（初鋳：1673 年）が 140 枚、雲南の製造局で作られた康煕通寶が 108 枚含まれていた。このほかに、広東からの小制銭も含まれる。産地が記される康煕通寶は 17 世紀代には小制銭を主に生産しており、1 枚（文）が 3.8ｇ以下の銭貨は 53 枚でこの分が 17 世紀後半に造られた康煕通寶であろう（表 21）。中国船による日本銅の輸出は、1663 年以降しられるようになり、1680 年代には日本銅の中国船むけ輸出が増加する。中国船によって輸出された銅は中国に運ばれるほか、東南アジアを経由し、インドへも輸出された〔島田 2010：307〕。EIC の商館記録にも 1675 年以降、中国船が日本から銭貨を運んできていると記されている〔Farrington 1994：152〕。17 世紀後半にはある程度の量の銅が日本から、あるいは中国からベトナムに流入していたことがわかる。

　ベトナム中部では、北部と同様に 17 世紀初頭から日本やポルトガル人が銭貨を運んでいた。18 世紀前半に埋められたベトナム中部発見の一括出土銭 2 号資料では、康煕通寶はほとんどが小制銭であり、裏面に記される製造局は広東が 86 枚で最多、ついで北京地域が 18 枚、江西南昌が 10 枚などであった〔阿部 2013b〕。1686 年に記された『撫辺雑録』によると、ベトナム中部の順化・広南地域では銅鉱がなく、日本からや福建、広東からの商船が紅銅を積んでくる、としるされ〔ティエリー 2009：63〕、中国南部の商人が銅を運んでいたことがわかり、中国南部地域からの銅や銭貨の流入をしめしている。

　N1 資料で 358 枚出土した康煕通寶もほとんど小制銭で、うち 129 枚が広東、108 枚が雲南で製

第6章　黎朝後期の交易様相

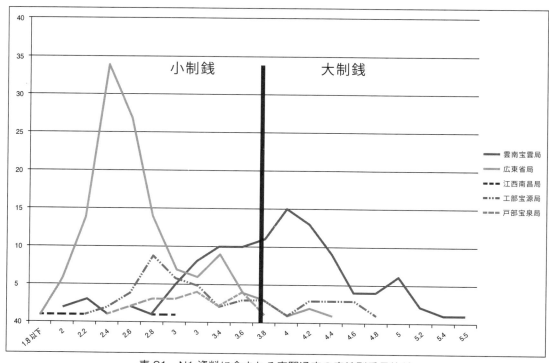

表21　N1資料に含まれる康熙通宝の産地別重量比較

造されていた。ベトナム北部では、陸でつながる中国南部地域からの銭貨の流入が想定できよう。1680年ごろから、福建・広東の鋳造局でも康熙通寶が作られるようになっており〔上田裕之 2009：37-77〕、マカオなどとの交流で大量に流入してきたと考えられる。これにより1680年代以降には鄭氏政権下に銭貨が十分供給され、日本の銅の需要が落ちこんだのだろう。

　また、1673年には、鄭氏と広南阮氏は停戦しており、武器をつくるための銅需要の低下を招いていたとかんがえられる。軍備に使う武器輸入の必要もなくなる。ベトナム北部鄭氏政権の対外貿易の動機は銭貨不足と武器の獲得にあったとすれば、1680年ごろには鄭氏政権が外国と貿易する動機がなくなるのである。このころ盛んだった東南アジアへのベトナム陶磁輸出の背景には、安価なベンガル生糸の登場によるトンキン生糸交易の衰退があり、オランダ東インド会社はベトナム陶磁を輸出することでトンキン貿易の維持をはかっていたのであり〔Hoàng Anh Tuấn 2011b：321〕、鄭氏政権の積極的な交易活動とは言えない。

　1650年と1663年に、黎朝は外国人を居留地に住まわせキリスト教を禁じたが、あまり効果はなかった。EIC商館は1683年にフォーヒエンからハノイに移転するが、倉庫はフォーヒエンにあった。1687年には禁令を強化し、外国人がハノイ一帯に住むこと、および許可や付き添いがなく都にあがることを禁じた。この禁令をうけ、フォーヒエンには都や周辺地域から隔離された華人が集住するようになり、17世紀末から18世紀にかけて繁華街として一時大いに栄えた。それは、フォーヒエンの考古学調査で多数出土する徳化窯の青花や肥前の染付が証明している。しかし、

第 4 節　小結 —輸入品からみた 17 世紀の交易—

　これら一連の政策は、外国人、特に中国人への機密漏えいを防ぐものであった〔藤原 1986：237-243〕。国土の安寧のため、外国人を都から隔離する政策は、鄭氏政権の貿易に対する消極的な態度をあらわしている。

　VOC の商館長らは中国と直接交易ができる商館建設の可能性をもとめて中国とベトナムの国境地帯の "Tinam" を探検し、その後鄭氏商館建設の許可をもとめた。VOC は、中国から南寧経由でもたらされる金と麝香の直接貿易をもくろんでいたのであり、VOC は、低迷しはじめるトンキン貿易になんらかの打開策を模索していた。しかし、鄭氏政権はそれを許さなかった。

　1683 年、清朝は敵対する鄭氏勢力を台湾から駆逐し、展開令をだすと 1680 年代以降には中国製品の輸出が再開する。その量と質のたかさによりヨーロッパのトンキン貿易はさらに危機的な状況となる。

　17 世紀後半、清の支配からのがれた中国人が相ついでベトナム南部に入植する。カンボジアとの国境ちかく、ハティエン一帯には鄭氏（広東系華人）が入植し、開拓をはじめた。当時、中南部ベトナムを実質的に支配していた広南阮氏は鄭氏を臣下とみなし、河仙（ハティエン）鎮の鎮守として帰属させた。鄭氏は清に対しては「港口国」として入貢していた。そして 18 世紀末のベトナムの内乱により鄭氏が滅ぶまで、積極的な外交や国際貿易活動を展開していた〔北川 2001〕。また、広南阮氏は 1736 年には鄭氏に貨幣鋳造用の炉を設けることを許可し、広南阮氏政権に銭貨を納めさせていた。鄭氏は 50 種類の銭貨を作ったとされる〔Nguyễn Anh Huy 1997〕。現在知られているのは、「太平通寶」や「安法元寶」である。この鄭氏の銭貨はバリ島で多数発見されており、ベトナム中部から南部のさかんな交易活動の一端をあらわしている。トンキンの商館を閉鎖した EIC は、その後 1702 年にベトナム南部のヴンタウ沖の島に 3 年間のみ商館を設置している。ベトナムの交易の勢力分布は、明らかに南に移っていった。

　1699 年、バタビア VOC はトンキンから撤退することを決定した。VOC が鄭氏政権にだした撤退の理由を述べる手紙のなかで「トンキンの貿易活動は赤字であり、トンキン商館の困難な状況に対し鄭氏政権が何の保護もしてくれない」と不満を述べている。そして VOC は鄭氏政権に対し「もしこのまま（VOC が）ケーチョにいることを望むなら、オランダ人の安全と VOC の交易活動の援助を約束しなくてはならない」と交換条件をだし、トンキン商館閉鎖の回避を試みた。しかし鄭氏政権は「トンキン商館閉鎖とオランダとの断交には完全に無関心」であった〔Hoàng Anh Tuấn 2011b：254〕。

　銭貨と武器という外国貿易の動機がなくなり、外国人に対する警戒心から、鄭氏政権は消極的な対外政策にのりだす。そして、それはトンキン貿易減退期と一致している。外国人による鄭氏政権下での商業活動は王権や役人が関与することで成立していたのであり[41]、これらの支配階級が外国との商業に消極的となることは、外国貿易の不振と直結していたのである。

　安価なベンガル生糸の登場によるトンキン生糸貿易の不振と大越国内での銅の需要の下落、中国陶磁器の輸出再開という状況にあって、黎朝からの貿易活動への保護をえられなくなった VOC や

第6章　黎朝後期の交易様相

EICは1700年までにあいついで商館を閉鎖してトンキンから撤退し、ベトナム北部は海域アジアの交易ネットワークから外れていく。

フォーヒエンは、17世紀末、大量の華人が移住したことにより、「第一に京圻（ハノイ）、第二に舖憲（フォーヒエン）」と並び称されるほど繁栄し、その後19世紀にかけて華人街として存続していくことになる。

19世紀、中国南西部の拱北港や北海港とトンキン湾の諸地とのジャンク貿易がおこなわれていたことがコーチシナに派遣された外国人の記録から指摘されている〔松浦 2010：331〕。汽船の時代をむかえた19世紀にいたるまで、雲屯では外国との交易が継続していた。しかしそれは往時の公式な貿易港としての交易ではなく、中国との小規模な交易であった。

註

(1) 1683年に昇竜に移転する。
(2) 中部の港市ホイアンの旧市街地における発掘調査では多数出土している。
(3) このほかにも、通りの名前であるチャンティエンは漢字では「鎮銭」と書き、銭貨の鋳造所があった、あるいは鄭氏の邸宅跡であった、という説もある。
(4) 本書第5章第1節2.参照。
(5) 本書第4章第3節4.参照。
(6) 発掘調査担当者の山本賢一郎氏のご教示による。
(7) 勝山遺跡と称される。サントドミンゴ教会は、1609年に鹿児島から移設されるが1614年に破壊される。その後朱印船貿易家末次平蔵の屋敷となり長崎代官所が設置された［長崎市教育委員会編 2003］。
(8) SKT202で出土したタイ四耳壺は硫黄を充填していた。
(9) 尾張藩川田久保屋敷跡。安政の大地震や大火で廃絶した遺構から青花鉢が出土した［新宿区生涯学習財団編 2002］。
(10) 大橋康二の肥前磁器の編年によると、荒磯文碗・鉢の生産時期を17世紀後半、主として万治～寛文年間と考え、1655年（明暦）以降の生産と推測している［大橋 1982］。M3号墓出土肥前荒磯文碗は、この生産開始年代をみなおす貴重な資料である可能性がある［菊池 2001］。
(11) 日本では、10世紀以降に銅の生産量が急激に落ち込み、この銅生産停滞期（11～14世紀）に中国の北宋銭が日本にもたらされ、その当初は銅材料として日本に移入したことが分析科学研究からあきらかにされている［平尾他 2009：146］。
(12) 『校合本　大越史記全書』（上）、陳荊和編校、東京大学東洋文化研究所附東洋学文献センター、1984年：403。陳明宗大慶10年11月の条。「鋳鉛銭。」
(13) 同上：404。陳明宗大慶11年12月の条。「禁鉛銭。」
(14) 1400年に改姓して胡季犛となる。
(15) 『校合本　大越史記全書』（上）、陳荊和編校、東京大学東洋文化研究所附東洋学文献センター、1984年：471。
(16) 同上：482。漢蒼開大元年2月の条「時商賈多嫌幣鈔」。
(17) 同上：490。漢蒼開大4年12月の条「収各處銅銭、驛送金陵」。
(18) 『校合本　大越史記全書』（中）、陳荊和編校、東京大学東洋文化研究所附東洋学文献センター、1985年：560。
(19) 銭貨備蓄の背景には中国からの銭流出鈍化による銭荒に起因しており、この時の銭荒は朝鮮やベト

ナムを含む東アジア規模で進行していた可能性が指摘されている［桜井英治 2007：316-317］。
(20)『校合本　大越史記全書』(中)、陳荊和編校、東京大学東洋文化研究所附東洋学文献センター、1985年：570。
(21) 日本においては、撰銭の許容範囲の弁別と解釈され、撰銭に関する基準を規定した制限令であり、撰銭を完全に禁止した禁令ではないとされる［高木 2009：154］。日本の撰銭令の機能には、貢租支払手段にかんする規定とする説や［川戸 2005］［中島 1992］、食料需給における実質価格の抑制をはかる政策とする説［黒田基樹 2003］［高木 2002］などがあるが、撰銭令が繰り返し出されている事実から、その本質的な要因は中世の貨幣システム自体がいきづまり、解体に向かっていることにあるととらえられている［中島 2003］［中島 2005：52］。ベトナムにおける撰銭令の研究はなされていないため、その性格は今後研究を深めていく必要があるが、時代によっては破銭や缺銭の利用を制限したり、素材の選択的利用を定めるなど、銭貨利用上の制限令であったと考えられる。
(22)『校合本　大越史記全書』(中)、陳荊和編校、東京大学東洋文化研究所附東洋学文献センター、1985年：578、616。太宗紹平元年（1434年）9月の条「頒紹平新錢六百餘貫、賜文部百官。」、仁宗太和6年（1448年）6月の条「賜僧徒綾綺十疋、新錢二十緡。」とある。黎朝政権が頒布した銭貨であり、黎朝が発行した制銭であったろう。このころ、中国では新たに制銭を鋳造していないため、中国銭であったとは考えられない。
(23) 天宝年間（8世紀）の開元通寶（制銭）の成分比は、銅83.46％、鉛14.56％、錫1.96％であり、Dai Zhiqiang、Zhou Weirong両氏の分析では、唐朝を通じての組成も、銅60～80％、鉛10～30％、錫5～10％の範囲に収まっている［ティエリー 2009：55］。
(24)『校合本　大越史記全書』(中)、陳荊和編校、東京大学東洋文化研究所附東洋学文献センター、1985年：645。聖宗光順3年（1462年）2月の条「嚴禁拒斥銅錢」。
(25) 同上：650。聖宗光順5年（1464年）8月の条「聖旨犯僞汞珠及私鑄銅錢罪」。
(26) 同上：677。聖宗光順10年（1469年）9月の条「禁以偽錢換税錢」。
(27) 同上：729。
(28) 同上：836。
(29) 2016年に筆者が調査を実施した。その詳細は別稿にまとめる。
(30) 天正元年（1573年）に織田信長が越前一乗谷を攻めたとき、井戸に投棄されたとされる銭貨の一括出土銭。
(31) イエズス会のフランス人宣教師、1591～1660。
(32)『校合本　大越史記全書』(下)、陳荊和編校、東京大学東洋文化研究所附東洋学文献センター、1986年：961。
(33) 同上：1010。黎熙宗4年（1679年）10月の条「禁民間撰錢」。
(34) 本書第2章第4節参照。
(35) 本書第3章第4節参照。
(36) 2016年に筆者が実施した発掘調査の成果による。
(37) 漳州窯系の製品は、倭寇の活動のなかで運ばれた製品であり、ホイトンでの交易には倭寇が参加していたと想定できるが、現段階ではその指摘にとどめ、考察は別稿にまとめる。
(38) 1624年以前には、角倉船がベトナム北中部の興元（ゲアン）へ渡航していたことが現地の役人との文書で判明している［岩生 1985：150-151］。
(39) これまでの研究では、VOC商館はフォーヒエンにあったとされてきたが、近年の商館記録の解読や、筆者による考古学調査により、ハノイであったことがわかっている。本書第3章4節参照。
(40) ホアン・アイン・トアンは、1660年代にはじまる日本の銅のベトナムへの輸出を「日本の銅の時代」と定義し、その時代が終焉する理由は謎であるとしている［Hoàng Anh Tuấn 2007：138］。
(41) 本章第2節3.参照。

終　章

終章

はじめに

　ベトナム史の研究には長い蓄積がある。それは、呉士連や黎貴惇、潘輝注など歴代の官吏が編纂してきた史書の研究にはじまったといえる。そして現在も、ベトナムの史書のみならず中国や日本など、各国にのこる史資料を駆使し、ベトナムの歴史を綿密に組みあげる作業がつづいている。その過程に考古学が一定の役割を果たすようになるのはフランス植民地時代からであり、わずか100年余りの歴史である。1960年代以降はベトナム人による考古学研究がさかんになり、ドイモイ政策以後は研究の国際化により、ベトナムと外国との文化交流や交易関係をさぐる研究へと幅をひろげてゆく。

　このような流れのなかで、1990年代初頭に活発となったのが港市遺跡の研究である。ホイアンの考古学研究成果はその嚆矢と位置づけられる。そして、このホイアン研究の次段階に位置づけられるのが筆者によるヴァンドンとフォーヒエンの考古学研究である。

　本書では、大越国の貿易港である雲屯およびフォーヒエンの重要性に着目し、その考古学調査の成果をまとめている。まず、各港の貿易港としての歴史的変遷、および港としての構造を遺物の出土状況から考察した。そして、港遺跡から出土した交易品である陶磁器に注目し、港、生産地、消費地の各遺跡で出土した陶磁器の様相から、ベトナム陶磁器が海外に運ばれ、中国や日本の陶磁器がベトナムに運ばれた背景について、時代ごとに考察した。さらに、大越国の対外政策と組み合わせることによって、各貿易港の役割や海域アジア交易ネットワークにおける位置づけを考察した。

　以下に、本研究において論じてきた各視点をまとめながら、序章において提示したいくつかの問題設定について総括したい。それは、第1に雲屯の港としての構造について、第2に雲屯の港としての役割および大越国の交易活動が衰退する時期とその経過、理由について、第3にトンキンにおけるヨーロッパの各貿易会社の活動について、第4に17世紀末にトンキン貿易が衰退し、VOCやEICが商館を閉鎖するに至る経過と理由について、である。

1.　雲屯港の構造

　『大越史記全書』には1149年に雲屯港が設置され、南海諸国の商人が集まったと記述される。しかし、その南海諸国の国名が14世紀以降登場する名であったことから、この記述が疑問視されてきた[1]。また、『大越史記全書』が15世紀に編纂された史書であり、その編纂の背景には中国に対して大越の権威を高めようとする儒学者の思惑が働いており、陳朝以前に関する記載には脚色がみられることも、李朝のときとする雲屯設置の記述の危うさを指摘する根拠となっている。

　雲屯の存在を確実に史料からあとづけることができる最古の記述は、1350年頃成立した『島夷誌略』である。船舶の停泊地として「断山」[2]の名があらわれており、14世紀中頃には断山＝雲屯が

港として存在していたことはたしかである。

　雲屯港跡であるヴァンドン地域の考古学調査で出土した遺物の中で、大きなウェイトを占めたものの中に中国・元時代に生産された竜泉窯系の青磁がある。その生産年代は13世紀であり、李朝末期から陳朝初期にあたる。この竜泉窯の青磁と同類の製品は、景徳鎮系の白磁とともに13世紀から14世紀にかけてさかんに輸出されており、海域アジアの各地で発見されている。また、ベトナム国内でも昇竜皇城遺跡で多数出土しており、その流入ルートとして雲屯港の可能性が指摘できる。

　コンクイ地点など、クアンラン島の北側一帯では陳朝期の陶磁器が多数出土し、またコンタイ島第5地区では13世紀から14世紀の元朝の青磁が出土しており、考古学調査からは13世紀中頃には港として存在していたことが確認できる。

　『大越史記全書』の記述どおり、雲屯は李朝の1149年に港として存在していたのかという問いには、考古学調査からは明確な答えをだすことができなかった。しかし、『宋会要』ではムスリム商人が広州から海路ベトナムに行き、交易をしていたことが記述されている。海南島にムスリム商人拠点があったことはリ・タナによって論証されている [Li Tana 2006]。広州から海南島の北側を通ると雲屯港があったハロン湾にでる。この一帯には多くの漢墓が確認されており、また初期貿易陶磁である越州窯や長沙窯の皿類も発見されている。ハロン湾は宋への輸出品であった真珠の産地でもある。ベトナム北部の沿海部では、李朝の初期段階において東南アジア海域の交易ネットワークの一部として外国の商船が行きかっていたことは確かである。しかし、このころヴァンドンの島々に港があり商船が停泊していたとはかぎらない。そのまま沿岸部を進みバックダン河に入れば、直接、国都昇竜にいたることができる。

　雲屯を設置したとされる1149年前後は、李朝中期にあたり、チャンパーや真臘、宋といった外国勢力の入寇をうける。それは1104年、1128年、1132年、1136年、1143年とつづき、とりわけ真臘は、たびたび義安（ゲティン地域）に来襲していた。1149年に外国との貿易の場を雲屯に限定したことが、外国人商人の船を国都昇竜から遠く離れた島に停泊させ、陸に近づけないようにするという政策であったならば、大越がベトナム海域の治安の維持をめざした対応であったと理解できよう。

　雲屯港が位置するハロン湾の考古学調査では、コンタイ島、コンドン島には、陳朝から黎朝前期の遺物が集中し、この一帯が港であったと考えられる（図63）。各地点の遺物分布状況から2つの様相が指摘できる。ひとつは、13～15世紀頃の、中国産褐釉四耳壺、青磁や白磁の碗、瓶、香炉といった中国貿易陶磁器を特徴とする遺物群の分布で、コンドン島と、コンタイ島西側の第5地区一帯にみられる。いまひとつは、陳朝から黎朝前期である13～15世紀のベトナム青磁や青花の碗や蓋、緑釉などの陶磁器を特徴とする遺物群で、コンドン島とコンタイ島東側の一帯である。15世紀のベトナム貿易陶磁器はコンタイ島に多い。コンドン島は、コンタイ島と同時期の中国の青磁が表採されているが、コンタイ島とくらべると分布している地点は限られることから、両島を比較

終　章

するならばコンタイ島に港があったと考えることができよう。

　コンタイ島は、陳朝から黎朝前期にかけて港が置かれていたと考えられるが、地点によって遺物の時期や様相が異なり、港の構造が反映されているようだ。コンタイ島第5地区一帯は、14世紀に中国からさかんに海外に輸出され、海域アジア各地の港市遺跡でも出土している中国貿易陶磁器が主要な遺物である。そのため、この一帯は中国陶磁器を満載した外国の貿易船の停泊地であり、雲屯までの航路で破損した陶磁器を荷下ろししたさいに破棄した場所と推定できる。国都昇竜へ運ばれる中国陶磁器は、ここで小船に積み替えられ、ハロン湾から河口へ、そして川を遡上して国都まで運ばれていた。

　第3地区一帯は第5地区一帯と並行する時期である14世紀のベトナム陶磁器が出土しており、さらに15世紀のベトナム青花も多数出土している。これらの陶磁器は、陳朝末期から黎朝前期に生産され、さかんに海外に輸出されたベトナムの貿易陶磁器であり、日本やインドネシアで出土している。そのためこの一帯は、国内で生産、集荷された陶磁器を小舟で陸からコンタイ島に運び、貿易船に積み替えるために荷下ろした停泊地であり、小舟で運搬しているさなかに破損した陶磁器を廃棄した場所と推定できる。国内で集荷する際の陸側の港としては、イエンフンのズオンハック（Duong Hạc）地点とホアインボー（Hoanh bò）ガオザン（Gao Rang）地点があげられる。ともにハロン湾に注ぐ河岸に位置し、ズオンハック地点では陳朝の陶磁器が、ガオザン地点では黎朝前期のベトナム青花などが多数表採できる（図64、65）。ガオザン地点は、莫朝期の遺跡でもあり、バイチャイを一望できる高台に位置している[3]。黎朝前期においても、船舶の出入りや管理をするための拠点、あるいは海域が荒れているときの一時待機場のような施設であったかもしれない。

　以上の考古学成果から生産地と港の関係を総括する。陳朝期から黎朝期には、ベトナム北部では昇竜城を含むハノイ一帯、ナムディン、ハイズオンで陶磁器が生産されていた。いずれの地にも大河川がながれ、ハロン湾に注ぐ。生産された陶磁器を河川を用いて沿岸部ズオンハック地点やガオザン地点まで運び、ここから海に出て、コンタイ島第3地点まで運ぶことが可能である。そして、小船から降ろして第5地点の外国船に積み込む、という陶磁器輸出までの流れが想定できる（図66）。第3地点に面する海は、コンドン島との間を流れる川の様相を呈しており、波が穏やかなハロン湾の中でも、特に波がない。外洋に近い第5地点よりも小船の停泊には適している。現在も、ハロン湾の水上生活者の船は、波が穏やかなこの海域に多くが停留している。陳朝期の生産地であるナムディンからは、ダイ川を南下して、海に出るルートも想定できる。この場合、タインホア省のラックチュンやハティン省のホイトンが外国船が停泊する港と位置付けられる。

　カイラン地点では、16世紀後半から17世紀の中国やベトナムの貿易陶磁器である青花類が多数確認できることから、近世の交易場と位置づけられる。このことは、雲屯が17世紀においても港であったことを証明している。カイラン地点が位置するクアンラン島は、外洋とハロン湾を隔てる島である。湾への入り口はクアンラン島の北端にあるクアドイ海口であり、ここから入った船が島の西側に沿ってすすむとカイラン地点に到着する。途中には、陳朝時代の陶磁器が分布するコンク

1. 雲屯港の構造

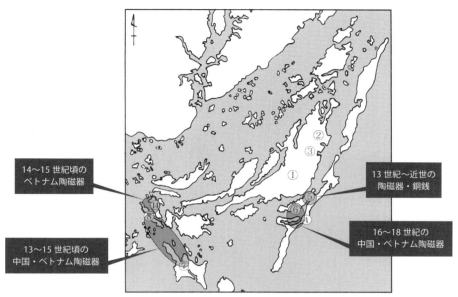

図63 ヴァンドン地域の遺物分布

図64 陳朝期の内陸の港

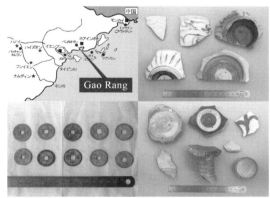

図65 黎朝前期の内陸の港

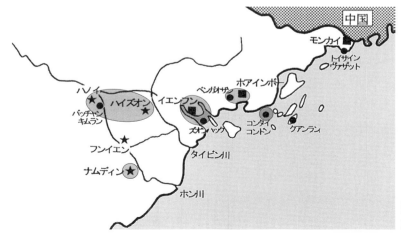

図66 陳朝期から黎朝前期の陶磁器生産と流通拠点

終　章

イ地点やジエンティエン地点、ティエンハイ地点があり、古くからの船舶通航ルートであった。このルートも、島と島の間を流れる細長い川の様相を呈している。

　外洋から雲屯をめざして来航した船舶は、ハロン湾に入ると波の穏やかなルートを航行し、停泊した。そこで、他国の商人と交易するために一部の商品を積み下ろすとともに、陸から運ばれてきた大越国の商品を積み込み、再び外洋に向けて船出したのである。雲屯は、外国船を内陸部に入れることなく交易をおこなうための構造を有する港であった。

2.　中継貿易の場としての雲屯

　雲屯の港としての存在があきらかなのは、モンゴル襲来のときである。このとき、雲屯にいた商人をたよって陳聖宗の弟である陳益稷が元軍に投降している。元代には、軍事政策と商人の交易活動には密接な関係があり、このとき雲屯にいた商人とは、オルトク商人ではなかっただろうか。だとすれば、雲屯はこのとき中国の特権商人たちが集まった貿易港であったといえる。コンタイ島、クアンラン島では13世紀後半の中国青磁碗が発見され、同じ製品は日本の元寇遺跡である鷹島海底遺跡にもみられる。

　考古学的調査の成果から、14世紀の中頃には大規模な交易活動が雲屯で展開されていたことはたしかである。第2章でしめした、ヴァンドン地域のコンタイ島第5地区で出土する元末明初の膨大かつ高級な陶磁器群、および陳朝末期の14世紀後半に生産された初期青花・鉄絵は港の存在を裏づけている。

　陳朝の初期青花・鉄絵は、九州はじめ沖縄、インドネシアで多数出土しており、14世紀後半以降にベトナム陶磁器が輸出されていたことがわかる。その生産地は昇竜城とハノイ近郊のキムラン、ハイズオンのヴァンイエンである。ハイズオンは南冊地域に位置し、陳朝の王族の荘園がおかれ、南冊勢力によって支配されていた。雲屯における貿易により南冊地方は大いに栄え、その富を経済基盤とした南冊は一大勢力を形成していた［八尾 2009：144］。

　陳朝期には、陳朝王族の経済活動の一環として雲屯での交易活動が展開されていた。その担い手として倭寇があげられる。九州では、倭寇の拠点から多数の陳朝陶磁器が出土しており、倭寇や中国人商人の活動のなかで運ばれたとされる。

　なお、リ・タナはチャンパーが東南アジアや中東のムスリム市場と大越の窯業地ハイズオンを結ぶ役割をはたしたとしている［Li Tana 2006］。しかし、14世紀末に大越は、たびたびチャンパーと戦っており、それが陳朝の終焉の引き金になった。陳朝の王族の経済基盤である雲屯やハイズオンで敵国チャンパーと交易をする可能性は低い。また、このころチャンパーも青磁を生産し輸出していた。大宰府でも14世紀代の遺構からチャンパー青磁が出土しているが、雲屯ではチャンパー青磁は出土していない。

　日本へのベトナム初期青花・鉄絵の流入は、14世紀末から15世紀初頭の活発な壱岐・対馬の倭寇や中国人商人の活動を介していたのであろう。そしてそれは、南冊勢力との雲屯を通じた交易

の結果であったと考えられる。

　沖縄へのベトナム陶磁器の流入は、明の海禁政策にはじまる琉球王国の中継貿易の流れのなかに位置づけることができる。琉球は、東南アジア各国との中継貿易を展開していた。その相手国には「爪哇」も含まれる。また、『大越史記全書』には「爪哇」から商船が雲屯に来航していた記述があり、大越とマジャパヒトとの通商があったことがわかる。雲屯港跡であるコンタイ島第5地区では、首里城で出土している竜泉青磁と同様の青磁が多数出土しており、マジャパヒト王国王都トロウラン遺跡の中国陶磁器とも共通する。この共通性は、同時期に中国製品が各地に流入していたと指摘できる。『歴代宝案』のなかには琉球から大越への文書は1506年の1回のみである。しかし、14世紀末段階では公文書にあらわれないような、東南アジア各国との出会い貿易が雲屯でおこなわれ、そのなかでベトナム陶磁器も運ばれたことが考古学調査の成果から指摘できる。

　ベトナム国内では元末明初の竜泉窯の青磁や景徳鎮の青花が出土する地点は非常に限られ、昇竜皇城遺跡に集中し、数量もベトナム陶磁器の量にくらべればわずかである。このことは、雲屯港にもたらされた中国陶磁器は、大越を輸出先とした大越国内むけの商品ではなかったことをあらわしており、雲屯港が出会いや中継貿易の場であったことを裏付けている。

　大越国の明支配期（1407～1428年）には、雲屯には西南諸国からの使節を応接するための市舶司や抽分場が置かれた。永楽期以降には密貿易の延長上に略奪問題があり、琉球に対する朝貢貿易の優遇は、琉球を有力な朝貢主体に育て、朝貢貿易の外にはじかれた海賊や民間交易勢力のうけ皿とし、海域世界の秩序化を図った、とされる［岡本 1999:11］。雲屯への市舶司の設置には、琉球を優遇した理由と同じく、朝貢貿易の外にはじかれた民間交易勢力のうけ皿のような役割があったのかもしれない。

3.　黎朝前期の雲屯港の役割

　陳朝末期の混乱に乗じて胡季犛は王権を簒奪するが、それを契機に明軍の侵攻をうける。ベトナム北部は明の支配下に入り、雲屯にも市舶司がおかれる。このことは、海外貿易を官の独占として、朝貢貿易による利益の維持をはかったとされる［佐久間 1992：34］。

　1428年に黎利が明軍を駆逐して黎朝をひらく。黎朝期のベトナムの陶磁器は陳朝期の初期青花・鉄絵とは大きく様相が異なり、高品質な青花が昇竜皇城やチュウダウ、バッチャンで大量に生産され、さかんに海外に輸出される。注文生産による輸出もこのときにはじまっている。

　ベトナム陶磁器の大量輸出の背景には、明の海禁政策が影響していた。中国人の対外渡航禁止により市場で不足した中国陶磁器の代替品として、ベトナム陶磁器が輸出されていたのである。トロウラン遺跡では永楽期までは威信財的な上質で大型の青花が出土していたが、宣徳期以降みられなくなる。ちょうど、それを補完するような形で15世紀中頃のベトナム青花の上質な大型瓶や盤、注文生産されたタイル、タイの青磁や鉄絵陶器が多くなり、このことを証明している。

　また、品質の向上には、筆者は明支配期の陶工、あるいは技術の移入を想定している。雲南で

終章

は、明軍の駐屯にともない景徳鎮から陶工がつれてこられ、軍隊のための陶磁器を生産していたが、それと同じことがベトナムでもおこなわれていたと推測できる。

15世紀中頃のベトナム白磁のなかに、非常に薄手に作られた薄胎白磁がある。それまでの陳朝の陶磁器とは一線を画する製品であり、新技術の流入を示唆している。中国でも永楽期に景徳鎮で脱胎白磁の生産が開始しているが、生産量は多くなかった。ベトナムの生産地は官窯である昇竜城であろう。ベトナムでは昇竜皇城遺跡と藍京遺跡でしか出土しない。文様は5爪の竜文であり、皇帝が使用した官窯の特別な陶磁器であったことがわかる。輸出先ではクーラオチャム沖沈没船で竜文の薄胎白磁碗が出土しているが、トロウラン、首里城、今帰仁城では花文か無紋の薄胎白磁で出土も少数である。各国の権力者への贈答品と考えられる。

黎朝はその初期の段階から海禁政策をとっていた。そして、「占城」や「暹羅」、「爪哇」などからさかんな朝貢をうけていたことが『大越史記全書』の記事からわかる。そのさいに貢物として差しだされたもののなかに香木があり、その回賜品の一つとしてベトナム陶磁器も贈られていたのだろう。昇竜皇城遺跡で出土する青花の竜は5爪であるのに対し、沖縄やインドネシアで出土する青花の竜は3〜4爪である。このことも、黎朝皇帝からの下賜品であることがうかがえる。

またマジャパヒトは、大越の陶磁器を得ることを目的地として来航していたことが、大量のベトナム青花タイルや獅子の置物の存在からもわかる。ヴァンドン地域のコンタイ島第3地点では、トロウランで出土するタイルの類似品が出土しており、雲屯から運ばれていたことが確認できる。

『瀛涯勝覧』などには、マジャパヒトの人は、中国青花磁器、麝香、銷金紵糸、焼珠の類を喜び、銅銭を用いて買い取る、とある［小川編 1998：7、12、29、30］。トロウラン遺跡一帯では、多くの一括出土銭が発見されており、また、バリ島でも確認されている。15世紀のトロウランとその周辺では経済活動における交換具として銅銭が使用されていたことがわかり、上述の記述を裏づける。

ベトナム北部の一括出土銭では、黎朝頃から銭貨の私鋳が横行するようになるが、同時に黎朝は質のたかい制銭を発行していた。トロウラン遺跡でも、中国銭とともに黎朝の洪徳通寶が出土しており、ベトナムから銭貨が運ばれていた可能性が指摘できる。それはマジャパヒトが東南アジア海域における商品の集散地として存続するために必要な交換財であっただろう。

琉球の『歴代宝案』は、大越との交流を1506年の1回のみとするが、首里城へは、ベトナムの脱胎白磁を含む高品質な陶磁器が大量に運ばれている。国家間の交流が存在したことはたしかであろう。当時黎朝が海禁政策により民間の私貿易を禁じていた。このような交易にあって、雲屯港はもはや陳朝期のような中継貿易や出会い貿易の場ではない。雲屯は黎朝朝廷の堤舶司が置かれ、大越国の玄関として機能していたのである。

黎朝は16世紀になると短命の皇帝がつづき、開国功臣による宮廷内抗争の末、1527年、黎朝政権内で着々と力をつけていった莫登庸が、王権を簒奪して莫朝をひらく。この混乱期は「莫ギャップ」とよばれ、大越の交易システムの終焉をまねき、雲屯が消滅するとともに、港としての機能は

施内やホイアンなど中部に移行したとされる。

　はたして、16世紀初頭で雲屯の港としての役割は終焉し、大越国の交易活動は衰退するのだろうか。ヴァンドン地域の考古学調査では、カイラン地点で16世紀後半から17世紀の貿易陶磁器群が確認されている。このことは雲屯が16世紀においても港であったことを考古学から証明している。

　カイラン地点で出土している中国陶磁器は景徳鎮窯系の青花碗皿が中心であり、昇竜皇城遺跡や少数民族墓ドンテェック遺跡で多数出土している。ドンテェック遺跡の被葬者は、黎朝と莫朝の争いでは黎朝に味方しており、黎朝との主従関係のなかで陶磁器がホアビンまでもたらされていたと考えられる。

　ドンテェック遺跡で漳州窯系の陶磁器も多数出土している。このころ明の海禁令が解除され、月港からが海域アジアに大量に流出した製品だが、ヴァンドンでは出土していない。それは、ハティン省のホイトンで出土している。景徳鎮窯系の陶磁器を運んでいた商人が、雲屯において交易をおこなっていたが、それがどのような背景を持った商人だったのか、今後研究を深めていきたい。

　ハイズオンではこの時期、相変わらず中国陶磁器を模倣した青花が生産されており、模倣された中国陶磁器はカイラン地点で発見されている景徳鎮窯系の青花が多い。しかし、これらの陶磁器が輸出された痕跡は考古学資料からはみあたらない。

　16世紀後半、勢力を復活しつつあった黎朝政権下において、中国から雲屯へ陶磁器が運ばれ続けており、雲屯は消滅していなかったが、その交易規模はさほど大きくはなかった。15世紀段階の大越の貿易活動を支えていたのは真珠、陶磁器、銅銭をもとめたマジャパヒト王国との交易であり、マジャパヒト王国の滅亡とともに、大越は大きな交易相手を失っていた。また、16世紀には琉球の貿易活動も下火になっており、このことも雲屯の交易活動の低下につながっている。

4. 外国商人の活動と黎朝の対外国人政策

　近年まで、フォーヒエンは17世紀初頭以降の貿易港であり、朱印船の寄港地とも考えられてきた。しかし、フォーヒエンにおける考古学調査の成果では、この地は17世紀後半以降、国際貿易港として発展しはじめたのであり、朱印船の寄港地にはなりえないことが確認できた。この時期の港は雲屯と義安にあった。

　日本人商人は徳川幕府による朱印船貿易が開始する以前から東南アジア方面に進出していた。長崎の万才町遺跡では、1571年の町建てから1601年の六町火災の間の遺構でベトナム北部産の「安南染付」に分類される陶磁器が出土している。このことから、徳川幕府による朱印船貿易が開始される以前に、日本からベトナムに対し陶磁器の注文がおこなわれ、ベトナムと直接貿易を開始していたことがわかる。

　朱印船制度が廃止され、日本の商船が海域アジアから姿を消すと、ベトナム北部であるトンキンの貿易の主要な担い手は中国やVOCにとってかわり、引きつづきトンキン生糸と日本の銀、銭貨

が運ばれた。近年のベトナム北部発見の一括出土銭からは、日本の寛永通寳や長崎貿易銭が多数発見され、このことを裏づけている。

　明清の動乱期になると、景徳鎮のみならず、中国南部の粗製陶磁器の輸出までも停滞しはじめ、それにとってかわったのがベトナムの陶磁器であった。1680年代初頭まで、VOCはインドネシア海域の市場にベトナム北部の陶磁器を輸出した。インドネシアのバンテン遺跡では青花・鉄絵印判手菊花文深皿が出土しており、VOCによって輸出されたベトナム陶磁の可能性が指摘されている。1670年代にEICの商館がおかれたフォーヒエンでも青花・鉄絵印判手菊花深皿が多数出土しているため、EICによってベトナムから陶磁器が輸出されていたことも想定できる。

　明清動乱が終息すると1680年代から中国陶磁器の輸出が再開し、その量と質のたかさはヴンタウ沖沈没船などからもうかがえる。これにより、東南アジアむけのベトナム陶磁輸出は終焉する。

　17世紀代、日本から多くの銅や銭貨がベトナムに輸出された。朱印船貿易時代には中国銭や日本で生産された中国銭の模鋳銭が輸出され、その後はオランダや中国商船により寛永通寳や長崎貿易銭が輸出された。また、1650年代から60年代、ポルトガルはマカオにおいて銭貨を鋳造しベトナムに運んでいた。1677年になると、VOCは日本からベトナムへの銭貨の輸出を停止するが、それはベトナムにおける銭貨の価値が下落したためである。

　ベトナム北部発見の19世紀初頭の銭貨を最新銭とする一括出土銭、N1資料では、ベトナム銭が多数をしめていた。中でも、17世紀代の銭貨では黎朝の永寿通寳のほかに、日本の寛永通寳や長崎貿易銭、清の順治通寳、呉三桂勢力の利用通寳、小制銭の康熙通寳などが多数含まれていた。

　また、多種類の元豊通寳が確認されている。それは、北宋の制銭、その模鋳銭、あきらかに書体の異なる私鋳銭が数種類、長崎貿易銭、長崎貿易銭の模鋳銭などである。17世紀の時代、様々な勢力の鋳造した銭貨がベトナムに流通していたことは明らかである。また、1680年頃から、福建・広東の鋳造局でも康熙通寳が作られるようになっており、これらの銭貨は、マカオや広東との交流で大量にベトナムへ流入してきたと考えられよう。17世紀後半にはある程度の規模の銭貨が流通し、充足していたこと、また、1673年に広南阮氏と抗争が終結したことにより、武器を作るための銅需要が低下し、銅の価格が下落したと考えられる。

　鄭氏政権が外国との商取引で海域アジアからえていた商品は、武器と銭貨であった。それは、広南阮氏との戦いに必要なものであった。武器輸入の必要がなくなり、また、ベトナム北部で流通する銭貨も充足してくることにより、1680年頃には鄭氏政権が外国と貿易する動機がなくなるのである。

　1687年に鄭氏政権は外国人がハノイ一帯に住むこと、および許可や付き添いなく都にあがることを禁じ、中国人はフォーヒエンに移住する。これにより、17世紀末以降フォーヒエンが商業の中心地として栄えるようになる。その状況を示しているのが、フォーヒエンの考古学調査で大量に出土する徳化窯の青花である。しかしそれは、鄭氏政権の消極的な対外国人政策のあらわれであり、その時期は、トンキン貿易減退期と合致している。

トンキン生糸の不振と、台湾鄭氏の降伏、中国の海禁政策解除による中国商人の活性化に加えて外国人に対する警戒心から、鄭氏政権は消極的な対外政策にのりだす。貿易活動への保護をえられなくなった VOC や EIC は、1700 年までにあいついで商館を閉鎖し、トンキンから撤退すると、ベトナム北部は海域アジアの交易ネットワークから外れていく。

まとめ

　本書では、大越国の貿易港である雲屯、およびフォーヒエンの発掘調査成果を軸として、生産・流通・消費の各段階の遺物を相互に関連づけた。そして、港の成立から衰退までの歴史、および港としての構造、役割を実際の遺物からあきらかにするとともに、ベトナムの対外貿易政策とあわせて論じることで、海域アジアにおける交易ネットワークに大越国の製品が運ばれた背景に光をあてた。

　本研究で扱った港以外にも、ベトナム北部から北中部の沿岸には多数の港が存在し、その地域一帯の交易・流通拠点として機能していたであろう。このような地点での交易品の様相や、個別の港と雲屯の関係などについては、今後の課題としたい。

　また、ベトナムにおける銭貨の使用の歴史には、まだ不明な点が多い。ベトナムでは古くから銭貨を鋳造し、使用してきた歴史がある。各時代における撰銭令や私鋳銭の横行といった現象をアジアにおける共時的現象としてだけで解釈することはできない。一括出土銭資料のさらなる調査資料の増加が必要であり、その解釈にはベトナムの社会、経済状況といった背景を突き詰めていく研究が必要であろう。

　その成果は、これまでおもに文献史研究から組みあげられてきた大越国の対外政策史を補強するものであり、また一方では、グローバルヒストリーの観点からあらたな問題を提起するものであったと自負する。それが、ベトナム歴史学にあらたな研究の方向性をもたらすものであればと願う。

註

(1) 本書第 2 章第 1 節 1. 参照。
(2) 「断山」の記述は、『安南志原』巻 1 山川の条にも「雲屯即断山」とある。
(3) 同地には、20 世紀のトーチカも残存している。

おわりに

　本書は、2014年に東京大学大学院総合文化研究科に提出した同名の学位論文をもとにしたものである。同大学院在学中より多角的な視野からご指導をたまわった、主査でベトナム史がご専門の東京大学名誉教授の古田元夫先生に御礼申し上げる。また、審査にあたっては深い専門的視点から貴重なコメントをいただいた中国古代史がご専門の北海道大学の吉開将人先生、日本史がご専門の東京大学の桜井英治先生、東南アジア史がご専門の同大学の島田竜登先生、東洋史がご専門の同大学の杉山清彦先生に深く感謝申し上げたい。

　また本書に収められた研究には、笹川科学研究助成、高梨学術奨励基金、三島海雲記念財団、科学研究費補助金・若手研究（B）（JSPS科研費 JP19720206）、研究活動スタート支援（JSPS科研費 JP15H06899）の助成を受けた。そして本書の刊行は、科学研究費補助金・研究成果公開促進費（学術図書）（JSPS科研費 JP16HP5091）の交付を受けた。ここに記して深く感謝する次第である。

　私が考古学という学問に興味を持ち始めたのは高校1年生のころだった。地理の課題で、地域の歴史を調べているうちに、自宅一帯が縄文時代からの遺跡群の上にあることを知った。そのとき、家の庭に竪穴式住居があることを妄想したのを今でも鮮明に思い出すことができる。大学に進学し、川村学園女子大学名誉教授の梅村恵子先生から歴史学の、国立歴史民俗博物館の杉山晋作先生からは考古学の手ほどきを受けた。初めて参加した古墳の調査で人物埴輪を掘り出したときの興奮が、考古学を現在まで続けている私の原点である。修士論文では、文系の私を快く受け入れてくださった東京学芸大学名誉教授の大沢真澄先生、国立歴史民俗博物館の齋藤努先生のご指導のもと、古墳時代の金銅製品を自然科学的手法で分析し、その製作技法について考察した。

　修士論文をまとめ終わったころ、早稲田大学名誉教授の故桜井清彦先生から、ホイアン考古学調査隊に参加しないか、とのお誘いを頂いた。次のステップを模索していた私は、二つ返事でとびついた。こうして、私が初めてベトナムを訪れたのは、本書の刊行からちょうど20年前の1997年3月だった。その時のハノイの街の感想を『考古学研究』第44巻4号（1998年）に掲載した「ベトナム中部の考古踏査記」の中で「古いものと新しいものが交錯し、そのなかにいる人々は左右されることなく、たくましく生活している。（中略）人間臭く、実に魅力的な街である。」と書いている。現在のハノイは、高層ビルが林立し、道路には自動車や信号が増え、国全体が大きく様変わりしたが、人間臭い街に変わりはなく、そこがまた大きな魅力となっている。

　ホイアン考古学調査隊の一員としてかかわり始めた当初は、一年の4分の1をベトナムで過ごした。この間、出土した陶磁器について一から見方を教えてくださった九州陶磁文化館元館長の大橋康二先生はじめ、沖縄県立芸術大学の森達也先生、国立歴史民俗博物館元副館長の小野正敏先生、森本朝子先生、町田市立博物館の矢島律子先生から多くを学んだ。地理学では、早稲田大学名誉教

授の故大矢正彦先生や三重大学の春山茂子先生、早稲田大学の久保純子先生から考古学と地理学が連携した学際的調査の方法を教えていただいた。建築学では、昭和女子大学の友田博通先生や千葉大学名誉教授の福川祐一先生に街並み保存と活用について学ばせていただいた。

一連の学びから、ベトナムの華人街という存在に関心が高まり、中国・上海交通大学に留学して中国語を学ぶとともに、その後ベトナム・ハノイ国家大学に留学してベトナム語を学び、ベトナム考古学研究の道へ大きく研究者人生の舵を切った。ハノイ留学中は、ベトナム学の大家であるハノイ国家大学のファン・フィー・レ先生をはじめ、ブー・ミン・ザン先生、グエン・クアン・ゴック先生、グエン・ヴァン・キム先生、ハン・ヴァン・カン先生、ラム・ティ・ミー・ズン先生から多くご厚情を受けた。私にとって、この時期が最も刺激的で、新しい知識の吸収に心躍らせる充実した日々だった。この時の記憶が、今も私をベトナムに惹きつけて離さない。

留学を終え、自身の研究フィールドとしてヴァンドンとフォーヒエンの調査を開始した。これらの調査には、ハノイ国家大学のグエン・チュウ先生、グエン・スアン・マイン先生から大変丁寧なご指導をいただいた。また、同大学のホアン・アイン・トアン先生やダン・ホン・ソン先生は、当時はまだ大学生としてご参加いただいていた。あのころ助手であったキムさんと大学生だったトアン君は、両人とも今ではハノイ国家大学人文社会科学大学の副学長の要職を務めており、時の流れを感じる。そして、クアンナム省博物館及びフンイエン省博物館の館長ならびに職員の皆様は、外国人である私に対し、大変親身に接して下さった。

また、ベトナムにおける銅銭の考古学的研究では、下関市立大学の櫻木晋一先生、淑徳大学の三宅俊彦先生に銅銭研究の手ほどきを受けた。東南アジア研究のフィールド調査や研究方法については、東京大学名誉教授の故桜井由躬雄先生の勉強会に参加し、ご教授いただいた。また、私が所属する東南アジア考古学会の上智大学名誉教授の青柳洋治先生、鹿児島大学名誉教授の新田栄治先生、鶴見大学の田中和彦先生、金沢大学の山形眞理子先生、上智大学の丸井雅子先生、早稲田大学の田畑幸嗣先生からは、常に研究上の刺激を受けてきた。さらに、海外在住の研究者である、台湾大学の坂井隆先生、台湾中央研究院の飯塚義之先生、アメリカ合衆国・スミソニアン機構のルイーズ・コート先生には、貴重な研究の機会をいただいた。この他にも、紙面の関係上お名前を記すことはできないが、ご指導、ご協力いただいた各地、各国の大学や博物館、美術館、埋蔵文化財関係の皆様には、深く感謝申し上げたい。

このように振り返ってみると、私はこれまで各分野で第一線で活躍されている素晴らしい先生方に出会い、支えていただいていたことに気づかされる。本書は、これまでの研究による成果をまとめたものである。各論文の初出は次のとおりだが、本書をまとめるにあたり大幅に手を入れているため、今後は本書をご参照いただきたい。

序　章　阿部百里子 2009「ベトナムにおける銭貨研究史」『ベトナム北部の一括出土銭の調査研究』昭和女子大学国際文化研究所紀要 Vol.12：151-154 の一部を基にした。

　　　　　阿部百里子、菊池誠一 2013「ベトナム陶磁の生産と海外輸出」『陶磁器流通の考古学』高志書院：199-232 の一部を基にした。
第 1 章　阿部百里子、菊池誠一 2013「ベトナム陶磁の生産と海外輸出」『陶磁器流通の考古学』高志書院：199-232 の一部を基にした。
第 2 章　阿部百里子 2004「ベトナム、大越国の陶磁貿易」『ベトナム・ホイアンの学際的研究』昭和女子大学国際文化研究所紀要 Vol.9、昭和女子大学：211-236 の一部を基にした。
　　　　　阿部百里子 2004「ベトナム北部雲屯港発見の銭貨」『出土銭貨』第 20 号：132-141 の一部を基にした。
第 3 章　阿部百里子 2013「ベトナムの華人街フォーヒエンの歴史的変遷」『東南アジア考古学』33 号：1-14 の一部を基にした。
第 4 章　阿部百里子、菊池誠一 2013「ベトナム陶磁の生産と海外輸出」『陶磁器流通の考古学』高志書院：199-232 の一部を基にした。
　　　　　阿部百里子 2014「交易史資料にみるマジャパイトとベトナム」『上智大学アジア文化研究所 Monograph Series（インドネシア、トロウラン遺跡出土の陶磁器）』No.15：71-74 の一部を基にした。
　　　　　グエン・ディン・チエン、阿部百里子 2006「ベトナム・ハノイ昇龍皇城遺跡発見の貿易陶磁器」『貿易陶磁研究』No.26：156-163 の一部を基にした。
第 5 章　阿部百里子 2000「ベトナム海域の沈没船と陶磁器」『月刊考古学ジャーナル』No.464：20-23 の一部を基にした。
　　　　　阿部百里子、菊池誠一 2013「ベトナム陶磁の生産と海外輸出」『陶磁器流通の考古学』高志書院：199-232 の一部を基にした。
　　　　　阿部百里子 2015「黎朝前期におけるベトナム陶磁の交易」『昭和女子大学国際文化研究所紀要』Vol.21：91-103 の一部を基にした。
第 6 章　阿部百里子、菊池誠一 2013「ベトナム陶磁の生産と海外輸出」『陶磁器流通の考古学』高志書院：199-232 の一部を基にした。
　　　　　阿部百里子 2014「ベトナム一括出土銭調査成果からみた近世の貨幣流通」*History, Culture and Cultural Diplomacy Revitalizing Vietnam-Japan Relations in the Rejginal and International Context*, Vietnam National University Press: 55-64 の一部を基にした。
終　章　新稿

　最後に、ベトナム調査に参加する機会を与えてくださった昭和女子大学国際文化研究所元所長の平井聖先生はじめ、所員の先生方、職員の皆様、そして現在研究面での支援を頂いている、大学共同利用機関法人人間文化研究機構の立本成文機構長、平川南理事、佐藤洋一郎理事、小長谷有紀理事、榎原雅治理事、特任研究員諸氏、職員の皆様、また本書を上梓するにあたって雄山閣の八木崇

氏、桑門智亜紀氏及び編集の皆様には大変お世話になった。深く御礼申し上げる。

　そして、私をいつも暖かく見守ってくれた両親と、師であり、公私にわたってのパートナーである夫菊池誠一の支えがなければ、そして私の最大の支援者である子供たち、圭織と駿秀の応援と笑顔がなければ、本書をまとめることはできなかった。心から感謝したい。

2017年1月

菊池（阿部）百里子

引用・参考文献一覧

◆漢籍

『校合本　大越史記全書』（上・中・下）、陳荊和編校、東京大学東洋文化研究所附東洋学文献センター、1984～1986年

『洪徳版図』*Hồng Đức Bản Đồ*, Bửu Cầm (*et al.*), Bộ Quốc Giáo Giao Dục 1962年

『同慶御覧地輿誌図』（下冊）、東洋文庫、1943年

『中外交通史籍叢刊　蘇繼頊校釈　島夷誌略校釋』汪大淵著、中華書局、1981年

『大南一統志』維新三年（1909）刊　（公益財団法人東洋文庫所蔵　請求番号X-2-29）

『大明一統志』（下）三秦出版社、1990年

『抑齋集』巻之6　輿地志、阮廌撰、*Ức Trai Tập*, Tập Hạ, Ủy ban dịch thuật phủ quốc vụ khanh đặc trach văn hoa xuả bản

◆日本語・中国語

青柳洋治
- 1992 「交易の時代（9から16世紀）のフィリピン—貿易陶磁に基づく編年的枠組—」『上智アジア学』第10号：144-176
- 2000 「ベトナム・ゴサイン窯の発掘—海のシルクロード史上のチャンパ陶磁」『シルクロード学研究叢書』2、シルクロード学研究センター：97-112

青柳洋治、小川英文
- 1992 「ベトナム陶磁器の編年的研究と古窯址の調査報告—ベトナムの古窯址と貿易港Vân Đồnを訪ねて—」『東南アジア考古学会会報』第12号：58-74

青山　亨
- 2001 「シンガサリ＝マジャパヒト王国」『岩波講座　東南アジア史2　東南アジア古代国家の成立と展開』岩波書店：197-230

安里嗣淳、菊池誠一、金武正紀、手塚直樹
- 1998 「ベトナム陶磁調査紀行」『資料編集室紀要』第23号、沖縄県教育委員会：143-165

アジア考古学四学会編
- 2013 『陶磁器流通の考古学—日本出土の海外陶磁—アジアの考古学1』高志書院

穴吹　允
- 1989 「十三文字の謎」『目の眼』155

アブ・リド、ワァヨノ・M（亀井明徳訳）
- 1983 「東ジャワ・トゥバン発見の陶磁」『貿易陶磁研究』No.3：77-78

阿部百里子
- 2000 「ベトナム海域の沈没船と陶磁器」『月刊考古学ジャーナル』No.464：20-23
- 2004 「ベトナム、大越国の陶磁貿易」『ベトナム・ホイアンの学際的研究』昭和女子大学国際文化研究所紀要 Vol.9、昭和女子大学：211-236

2005 「胡朝城踏査遺物及び民家保管の遺物」『ベトナム胡朝城の研究Ⅰ―15世紀の王城跡の史跡整備にともなう考古学的研究―』昭和女子大学菊池誠一研究室：15-19

2009 「ベトナムにおける銭貨研究史」『ベトナム北部の一括出土銭の調査研究』昭和女子大学国際文化研究所紀要 Vol.12：151-154

2010 「陶磁器から見た北部ベトナムの貿易様相」『海の道と考古学―インドシナ半島から日本へ―』高志書院：127-138

2013a 「ベトナムの華人街フォーヒエンの歴史的変遷」『東南アジア考古学』33号：1-14

2013b 「ベトナムにおける一括出土銭の最新研究」『日本考古学協会第79回総会研究発表要旨集』於：駒澤大学（東京）：148-149

2014 「ベトナム一括出土銭調査成果からみた近世の貨幣流通」*History, Culture and Cultural Diplomacy Revitalizing Vietnam - Japan Relations in the Rejginal and International Context*, Vietnam National University Press：55-64、51-58

2015 「黎朝前期におけるベトナム陶磁の交易」『14・15世紀海域アジアにおけるベトナム陶磁の動き―ベトナム・琉球・マジャパヒト―』昭和女子大学国際文化研究所紀要 Vol.21：91-103

阿部百里子、菊池誠一

2013 「ベトナム中部における一括出土銭の調査研究」『中世考古学の創成（平成21～24年度科学研究費補助金（基盤研究（A））研究成果報告書』鹿児島大学　新田栄治：83-89

網野善彦

1991 『日本の歴史をよみなおす』筑摩書房

新垣　力、仲座久宜

2015 「琉球出土のベトナム陶磁」『14・15世紀海域アジアにおけるベトナム陶磁の動き―ベトナム・琉球・マジャパヒト―』昭和女子大学国際文化研究所紀要 vol.21：181-185

荒武賢一朗編

2011 『周縁の文化交渉学シリーズ4　陶磁器流通と西海地域』関西大学文化交渉学教育研究拠点

飯塚義之、内田純子

2009 「ベトナム一括出土銭の金相分析」『ベトナム北部の一括出土銭の調査研究』昭和女子大学国際文化研究所紀要 Vol.12：205-230

生田　滋

1992 「琉球中山王国と海上貿易」『琉球弧の世界　海と列島文化6』小学館

伊藤忠太、鎌倉芳太郎

1937 『南海古陶瓷』寶雲舎

糸満市教育委員会編

1994 『糸満市文化財調査報告書第8集　佐慶グスク・山城古島遺跡―喜屋武・山城線道路改良工事に伴う発掘調査報告―』糸満市教育委員会

井上和人

2012 「越南河内昇龍皇城遺跡の宮殿遺構―ベトナム・タンロン皇城遺跡の保護に関する国際協力―」『ユネスコ日本信託基金　タンロン・ハノイ文化遺産群の保存事業　日越タンロン城関連研究論集』東京文化財研究所：253-287

井上正夫

2009 「国際通貨としての宋銭」、井原弘編『宋銭の世界史』勉誠出版：29-45

井上泰成
　　2009　「宋代貨幣システムの継ぎ目―短陌慣行論―」、井原弘編『宋銭の世界史』勉誠出版：46-63
岩生成一
　　1940　『南洋日本町の研究』南アジア文化研究所
　　1966　『南洋日本町の研究』岩波書店
　　1985　『新版朱印船貿易史の研究』岩波書店
茨城県教育財団編
　　2005　『村松白根遺跡　茨城県教育財団文化財調査報告　第250集』茨城県教育財団
入田整三
　　1920　「発掘銭に就ての考察」『考古学雑誌』第20号
上田秀夫
　　1982　「14~16世紀の青磁碗の分類について」『貿易陶磁研究』No.2：55-70
上田裕之
　　2009　『清朝支配と貨幣政策：清代前期における制銭供給政策の展開』汲古書院
上野邦一
　　2005　「ハノイの歴代宮殿跡の考察」『東アジアの古代文化』123号：124-133
宇野公一郎
　　1998　「ムオン・ドンの系譜―ベトナム北部ムオン族の領主家の家譜の分析―」『東京女子大学紀要論集』
　　　　　第49巻2：137-198
雲南省文物考古研究所編
　　2006　『雲南考古報告集　之2』雲南出版集団公司雲南科技出版社
永生会、㈱第三開発編
　　2004　『東京都新宿区大京町東遺跡』
榎本　渉
　　2007　『東アジア海域と日中交流―9~14世紀』吉川弘文館
栄原永遠男
　　2011　『日本古代銭貨研究』清文堂出版
汪　大淵
　　1981　『中外交通史籍叢刊　蘇繼頤校釈　島夷誌略校釋』中華書局
王　連茂
　　1988　「泉州と琉球―双方の関係史に関する若干の問題についての調査考証―」浦添市教育委員会編『琉
　　　　　球―中国交流史をさぐる―』浦添氏教育委員会
大分市教育員会編
　　2002　『大友府内4～中世大友府内町跡第4次発掘調査報告書』
扇浦正義、川口洋平
　　2003　「長崎出土の東南アジア陶磁」『陶磁器が語る交流―九州・沖縄出土の東南アジア産陶磁器―』東
　　　　　南アジア考古学会・九州国立博物館誘致推進本部・鹿児島大学埋蔵文化財調査室：15-30
大阪市文化財協会編
　　1999　『細工谷遺跡発掘調査報告Ⅰ』
　　2004　『大阪城Ⅱ』

大田由紀夫
    1995　「12～15世紀初頭東アジアにおける銅銭の流布―日本・中国を中心として―」『社会経済史学』第61巻第2号：20-48
    2011　「15～16世紀の東アジア経済と貨幣流通」『新しい歴史学のために』No.279：19-35

大西和彦
    2005　「ベトナム胡朝城とその周辺」『ベトナム胡朝城の研究Ⅰ―15世紀の王城跡の史跡整備にともなう考古学的研究―』昭和女子大学菊池誠一研究室：21-26

大橋康二
    1982　「伊万里染付見込荒磯文碗・鉢に関する若干の考察―佐賀県有田町長吉谷古窯出土品を中心として」『白水』9
    1989　『肥前陶磁―考古学ライブラリー55』ニューサイエンス社
    2013　「トロウラン遺跡出土の陶磁器」『2013年度東南アジア考古学会大会　発表要旨集』東南アジア考古学会：23-26
    2015　「インドネシア・トロウラン遺跡出土の貿易陶磁器」『14・15世紀海域アジアにおけるベトナム陶磁の動き―ベトナム・琉球・マジャパヒト―』昭和女子大学国際文化研究所紀要vol.21：59-80

大橋康二、尾崎葉子
    1986　『有田町史古窯編』有田町史編纂委員会

大橋康二、坂井隆
    1999　「インドネシア・バンテン遺跡出土の陶磁器」『国立歴史民俗博物館研究報告第2集』国立歴史民俗博物館：47-94

小川　博編
    1998　『中国人の南方見聞録　瀛涯勝覧』吉川弘文館

奥田誠一
    1954　『安南陶磁図鑑』国際商事

岡野智彦
    2013　「西アジアの陶磁器生産と海外輸出」『陶磁器流通の考古学　アジアの考古学1』高志書院：43-65

岡本弘道
    1999　「明朝における朝貢国琉球の位置づけとその変化―14・15世紀を中心に―」『東洋史研究』57-4：587-621

沖縄県教育委員会編
    1993　『沖縄県文化財調査報告書第111集　湧田古窯（Ⅰ）―県庁舎行政棟建設にかかわる発掘調査―』
    1994　『沖縄県文化財調査報告書第121集　湧田古窯（Ⅱ）―県庁舎議会棟建設にかかわる発掘調査―』
    1998　『沖縄県文化財調査報告書　第132集　首里城跡―京の内跡発掘調査報告書（Ⅰ）―』

沖縄県立埋蔵文化財センター編
    2001　『沖縄県立埋蔵文化財センター調査報告書第3集　首里城跡―下之御庭跡・用物座跡・瑞泉門跡・木曳門跡発掘調査報告書―』
    2005　『沖縄県立埋蔵文化財センター調査報告書第29集　首里城跡―二階殿地区発掘調査報告書』
    2010　『首里城跡―御内原北地区発掘調査報告書（Ⅰ）―』
    2013　『沖縄県立埋蔵文化財センター調査報告書第69集　首里城跡―御内原北地区発掘調査報告書(2)―』

小野正敏
    1982　「15～16世紀の染付碗、皿の分類と年代」『貿易陶磁研究』No.2：71-87

小葉田淳
  1943a 『海南島史』東都書籍
  1943b 『改訂増補　日本貨幣流通史』刀江書院
小畑弘己
  2003 「出土銭貨からみた琉球列島と交易」、木下尚子編『先史琉球の生業と交易―6~7世紀の琉球列島における国家形成過程解明に向けた実証的研究（改訂版）』熊本大学文学部：145-162
片倉　穣
  1967 「ヴェトナム李朝の貿易に関する一考察」『歴史教育』15（7）：76-81
  1972 「ベトナム・中国の初期外交関係に関する一問題―交趾郡王・南平王・安南国王などの称号をめぐって―」『東方学』第47輯：1-16
  1978 「ベトナムの馬をめぐる二、三の考察」『内田吟風博士頌寿記念東洋史論集』同朋舎：149-170
勝連町教育委員会編
  1983 『勝連町の文化財第5集　勝連城跡　昭和56年度本丸南側城壁修復に伴う遺構発掘調査報告』
  1984 『勝連町の文化財第6集　勝連城跡―南貝塚および二の丸北地点の発掘調査―』
金沢　陽
  2010 『明代窯業史研究―官民窯業の構造と展開―』中央公論美術出版
川口洋平
  2010 「長崎出土のベトナム陶磁とアジア海域交流」『海の道と考古学―インドシナ半島から日本へ―』高志書院：218-231
川戸貴史
  2005 「撰銭現象の再検討―収取の現場を中心に―」『人民の歴史学』166：12-22
河原昌博
  1975 「李朝と宋との関係（一〇〇九―一二二五年）」、山本達郎編『ベトナム中国関係史』山川出版社：29-82
亀井明徳
  1983 「グスク採集の輸入陶磁」『沖縄出土の中国陶磁（下）』沖縄県立博物館
  2010 「ベトナム青花瓷の年代」『トローラン遺跡発見陶磁瓷の研究』専修大学アジア考古学チーム：512-517
亀井明徳編
  2007 『カラコルム遺跡出土陶瓷器調査報告書　専修大学アジア考古学研究報告書2』専修大学文学アジア考古学研究室
  2009 『カラコルム遺跡出土陶瓷器調査報告書Ⅱ　専修大学アジア考古学研究報告書3』専修大学文学アジア考古学研究室
菊池誠一
  1998a 「近年のベトナム陶磁史研究の成果と課題」『物質文化』第64号：29-40（のちの［菊池2003：第2部第1章］
  1998b 「ベトナム中部の沈没船引き揚げ陶磁器」『貿易陶磁研究』No.18：137-148
  2001 「北部ベトナムと中部ベトナムの肥前磁器―受容のありかたと輸出年代をめぐって―」『昭和女子大学文化史研究』第5号、昭和女子大学文化史学会：45-63（のちの［菊池2003］第2部第6章）
  2003 『ベトナム日本町の考古学』高志書院

菊池誠一編
    1998　『ベトナム・ホイアンの考古学調査報告書』昭和女子大学国際文化研究所紀要 Vol.4
    2005　『ベトナム胡朝城の研究Ⅰ―15世紀の王城跡の史跡整備にともなう考古学的研究―』昭和女子大学菊池誠一研究室
    2009　『ベトナム北部の一括出土銭の調査研究』昭和女子大学国際文化研究所紀要 Vol.12
    2013　『ベトナム北部の一括出土銭の調査研究Ⅱ』昭和女子大学国際文化研究所紀要 Vol.16

菊池誠一、阿部百里子
    1998　「フンカインの土器づくり―南蛮縄簾のふるさと―」『東国史論』15号：135-144

菊池誠一、阿部百里子編
    2010　『海の道と考古学　インドシナ半島から日本へ』高志書院

北川香子
    2001　「ハーティエン」『岩波講座　東南アジア史』4、岩波書店：189-210

九州国立博物館編
    2013　『大ベトナム展公式カタログ　ベトナム物語』

金　永鍵
    1937　「雲屯と日本人」『歴史学研究』第7巻第8号：66-70（のちの［金1943：170-177］）
    1939　「仏領印度支那東京興安に於ける舗客に就いて」『史学』第18巻第1号（のちの［金1943：199-234］）
    1943　『印度支那と日本との関係』冨山房

金武正紀
    2002　「琉球国の東南アジア貿易と沖縄出土のベトナム陶磁器」、櫻井清彦、菊池誠一編『近世日越交流史　日本町・陶磁器』柏書房：237-252
    2004　「沖縄から出土したタイ・ベトナム陶磁」『陶磁器が物語る交流―九州・沖縄から出土した東南アジア産陶磁器―』東南アジア考古学会、九州国立博物館誘致推進本部、鹿児島大学埋蔵文化財調査室：67-84

グエン・クアン・ゴック、ヴー・ドゥオン・ルオン（阿部百里子訳）
    2010　「17世紀のアジア貿易ネットワークへのベトナムの加入―原因・出現・結末―」『海の道と考古学―インドシナ半島から日本へ―』高志書院：110-126

グエン・ディン・チエン、阿部百里子
    2006　「ベトナム・ハノイ昇龍皇城遺跡発見の貿易陶磁器」『貿易陶磁研究』26：165-163

グエン・ヴァン・キム（阿部百里子訳）
    2008　「ベトナム史における貨幣鋳造と使用」『昭和女子大学国際文化研究所紀要　ベトナム北部の一括出土銭の調査研究』Vol.12：159-163

黒田明伸
    2007　「東アジア貨幣史の中の中世後期日本」『貨幣の地域史　中世から近世へ』岩波書店：9-42

黒田基樹
    2003　「戦国大名の撰銭対策とその背景」『中近世移行期の大名権力と村落』校倉書房：334-377

桑原隲蔵
    1935　『蒲壽庚の事蹟』岩波書店

小山富士夫
    1946　『安南の陶磁（陶器講座21）』雄山閣
    1956　「安南の陶磁」『世界陶磁全集12』河出書房

佐伯弘次
2001 「中世の尾崎地域と早田氏」美津島町文化財保護協会編『美津島町文化財保護協会調査報告書第1集　水﨑（仮宿）遺跡』美津島町文化財保護協会

堺市教育委員会編
1989 『堺環濠都市遺跡発掘調査報告―大町東1丁SKT112地点』

堺市埋蔵文化財センター編
2004 『堺市文化財調査概要報告第103冊　堺環濠都市遺跡（STK263）発掘調査概要報告』

坂井　隆
2009 「インドネシア、トロウラン遺跡とベトナムタイル」『金沢大学考古学紀要』30：28-41
2010 「インドネシアに輸出されたベトナムタイル」『海の道と考古学―インドシナ半島から日本へ』高志書院：156-172

坂詰秀一編
1986 『出土渡来銭―中世―』ニューサイエンス社

佐久間重男
1992 『日明関係史の研究』（第1編第4章の初出：1975「明代の琉球と中国との関係―交易路を中心として―」『明代史研究』第3号、第2編第1章の初出：1953「明代海外私貿易の歴史的背景―福建省を中心として―」『史学雑誌』第52編第1号）吉川弘文館

桜井英治
2007 「銭貨のダイナミズム　中世から近世へ」、鈴木公雄編『貨幣の地域史―中世から近世へ―』岩波書店：313-344

櫻井清彦、菊池誠一編
2002 『近世日越交流史―日本町・陶磁器』柏書房

桜井由躬雄
1980a 「10世紀紅河デルタ開拓試論」『東南アジア研究』17-4：597～632
1980b 「李朝期（1010-1225）紅河デルタ開拓試論」『東南アジア研究』18-2：271-314
1989 「陳朝期紅河デルタ開拓試論1.　西氾濫原の開拓」『東南アジア研究』27巻3号：275-300

櫻木晋一
1992 「北九州市八幡西区本城出土の備蓄銭」『古文化談叢』第27集：3-41
2005 「中世出土銭貨研究の課題と展望」『考古学ジャーナル』No.526：15-18
2007 「出土銭貨からみた中世貨幣流通」鈴木公雄編『貨幣の地域史―中世から近世へ―』岩波書店：45-80
2009a 『貨幣考古学序説』慶応義塾大学出版会
2009b 「第3章　調査報告2.　2号資料」『ベトナム北部の一括出土銭の調査研究』昭和女子大学国際文化研究所紀要 Vol.12：84-86
2013 「第2章　調査報告2.　5号資料」『ベトナム北部の一括出土銭の調査研究2』昭和女子大学国際文化研究所紀要 Vol.16：47-48

櫻庭美咲
2009 「オランダ東インド会社の公式貿易による肥前磁器の輸出」、『オランダ東インド会社貿易史料にみる日本磁器』、九州産業大学21世紀COEプログラム柿右衛門様式陶芸研究センター：17-24

佐藤由似
2015 「14・15世紀のカンボジアとベトナム陶磁」『14・15世紀海域アジアにおけるベトナム陶磁の動

き―ベトナム・琉球・マジャパヒト―』昭和女子大学国際文化研究所紀要 vol.21：125-134

島田竜登
 2010 「世界の中の日本銅」『日本の対外関係6　近世的世界の成熟』吉川弘文館：305-319

清水菜穂
 2010 「ヴィエンチャン旧市街地内出土の肥前陶磁器―ラオス・ラーンサーン王朝下における伊万里・唐津の搬入と流通―」『世界に輸出された肥前陶磁』九州近世陶磁学会：133-176
 2012 「ラオス・ラーンサーン期の在地産灰釉陶器（前篇）―ヴィエンチャン出土資料におけるその組成と生産の背景」『東南アジア考古学』32、東南アジア考古学会：29-41
 2013a 「ラオス・ラーンサーン期の在地産灰釉陶器（後篇）―ヴィエンチャン出土資料におけるその組成と生産の背景」、『東南アジア考古学』33、東南アジア考古学会：15-26
 2013b 「ラオス出土のベトナム陶磁」『国際シンポジウム：14・15世紀海域アジアにおけるベトナム陶磁の動き―ベトナム・琉球・マジャパヒト』昭和女子大学国際文化研究所：35-43
 2015 「ラオス出土のヴェトナム陶磁」『14・15世紀海域アジアにおけるベトナム陶磁の動き―ベトナム・琉球・マジャパヒト―』昭和女子大学国際文化研究所紀要 vol.21；109-124

謝　明良
 2012 「乾隆皇帝和他収蔵的越南白瓷碗」『陶瓷手記2　亜州視野下的中国陶瓷文化史』石頭出版股份有限公司：261-334

庄田知充
 2003 「石川県広坂遺跡・高岡町遺跡と出土陶磁器　ヴェトナム青花等と産地不明の褐釉四耳壺」、『貿易陶磁研究』No23：23-29

新宿区生涯学習財団編
 2002 『東京都新宿区水野原遺跡　第二分冊』

杉山正明
 1995 『クビライの挑戦―モンゴル海上帝国への道』朝日新聞社

鈴木公雄
 1992 「出土備蓄銭と中世後期の銭貨流通」『史学』（三田史学会）第61巻第3・4号：1-56
 1999 『出土銭貨の研究』東京大学出版会

鈴木恒之
 2001 「オランダ東インド会社の覇権」、『岩波講座　東南アジア史第3巻　東南アジア近世の成立』岩波書店：95-120

鈴木裕子
 2001 「ベトナム産印判手鉄絵菊花文深皿について―江戸、長崎、インドネシア・バンテンの出土資料を中心に―」『東京考古』19：119-131

施　静菲
 2008 「雲南地区青花瓷器的変遷―兼談其興江西景徳鎮和越南青花瓷的関連」『国立台湾大学美術史研究集刊　越南美術史専号』国立台湾大学芸術史研究所：171-270

専修大学アジア考古学チーム編
 2010 『インドネシア・トローラン遺跡発見陶瓷の研究』

曹　永和
 1996 「琉球的朝貢貿易与东亚海域交易圏」『中琉历史关系学术会议论文集』第5届、福建教育出版社：870-878

高木久史
    2002　「撰銭令の再検討―食糧需給の視点から―」『ヒストリア』179：44-60
    2009　「日本戦国時代の撰銭と撰銭令」井原弘編『宋銭の世界史』勉誠出版：154-175

田中和彦
    2015 「フィリピン出土のベトナム陶磁器の調査と研究」『14・15世紀海域アジアにおけるベトナム陶磁の動き―ベトナム・琉球・マジャパヒト―』昭和女子大学国際文化研究所紀要 vol.21：155-180

檀上　寛
    1997　「明初の海禁と朝貢―明朝専制支配の理解に寄せて―」『明清時代史の基本問題』汲古書院：203-234
    2004　「明代海禁概念の成立とその背景―違禁下海から下海通蕃へ―」『東洋史研究』第63巻第3号：1-35
    2005　「明代「海禁」の実像―海禁＝朝貢システムの創設とその展開」歴史学研究会編『港町と海域世界』青木書店：145-177

千枝大志
    2007　「15世紀末から17世紀初頭における貨幣の地域制」『貨幣の地域史　中世から近世へ』岩波書店：127-124

張　秀民
    1992　『中越関係史論文集』文史哲出版社

ティエリー・フランソア（中島圭一・阿部百里子訳）
    2009　「黎朝（1428～1789）下のベトナムにおける貨幣流通」『出土銭貨』第29号：54-72

デュムティエ・ギュスターブ
    1891　「印度支那」『東邦協会報告』第7：23-39

續　伸一郎
    2010　「堺環濠都市遺跡から出土したベトナム陶磁器」『海の道と考古学―インドシナ半島から日本へ―』高志書院：232-247

東京大学埋蔵文化財調査室編
    1999　『東京大学構内遺跡調査研究年報2』

東京文化財研究所編
    2012　『ユネスコ日本信託基金　タンロン・ハノイ文化遺産群の保存事業　日越タンロン城関連研究論集』東京文化財研究所

東南アジア考古学会、九州国立博物館誘致推進本部、鹿児島大学埋蔵文化財調査室編
    2004　『シンポジウム　陶磁器が語る交流―九州・沖縄から出土した東南アジア産陶磁器―』

東野治之
    1997　『貨幣の日本史』朝日選書574、朝日出版社

トン・チュン・ティン（菊池誠一訳）
    2002　「ベトナム海域で引き揚げられた陶磁器」『近世日越交流史』柏書房：167-176

永井久美男
    1999　「渡来銭の時代」『東北中世考古学会第5回研究集会資料集　東北地方の中世出土貨幣』東北中世考古学会
    2001a「模鋳銭の全国的様相」、東北中世考古学会 編『中世の出土模鋳銭』高志書院：7-46
    2001b「中世と近世初期の埋蔵銭の時代区分―ヴェトナムの後黎（前期）銭と漠銭による新説―」『出土

銭貨』第 15 号：91 - 102

2002 『新版　中世出土銭の分類図版』高志書院

2009 「中世の出土銭貨―埋められた銭の正体」『日本の美術』至文堂 512 号：86 - 98

長崎県教育委員会編

1998 『原の辻遺跡調査事務所調査報告書第 3 集　覩城跡』

長崎市教育委員会

2003 『勝山町遺跡』

2013 『唐人屋敷跡』

長崎市埋蔵文化財調査協議会編

2002 『金屋町遺跡オフィスメーション　㈱ビル建設に伴う埋蔵文化財発掘調査報告書』

中島圭一

1992 「西と東の永楽銭」、石井進編『中世の村と流通』吉川弘文館：144 - 172

2003 「室町時代の経済」、榎原雅治編『日本の時代史 II　一揆の時代』吉川弘文館：141 - 172

2005 「撰銭再考」『考古学と中世史研究 2　モノとココロの資料学　中世史料論の新段階』高志書院：27 - 54

永積洋子

2001 『朱印船』吉川弘文館

長橋明子、菊池誠一

2003 「ベトナム青花の生産地」『ベトナム・ホイアン地域の考古学的研究』昭和女子大学国際文化研究所紀要 Vol.8：149 - 156

中山　圭

2011 「天草における中世の交流―天草の遺跡出土貿易陶磁から―」『周縁の文化交渉学シリーズ 4　陶磁器交流と西海地域』関西大学文化交渉学教育研究拠点：57 - 86

今帰仁村教育委員会編

1991 『今帰仁村文化財調査報告書第 14 集　今帰仁城跡発掘調査報告 II』

2007 『今帰仁村文化財調査報告書第 24 集　今帰仁城跡周辺遺跡 III―村内遺跡発掘調査報告―』

那覇市教育委員会編

1999 『那覇市文化財調査報告書第 42 集　天界寺跡―首里城線街路事業に伴う緊急発掘調査報告―』

2000 『那覇市文化財調査報告書第 43 集　天界寺跡―首里城公園整備事業に伴う緊急発掘調査報告―』

西野範子

2001 「ヴェトナム陳朝期の「天長府製」陶磁器」『陶説』577 号：39 - 43

2008 「模仿陝西耀州窯系與廣西嚴關窯青瓷的越南陶瓷―以河内郊外 Kim Lan 遺跡、Nam Dinh 省出土資料為中心的分析―」『國立臺灣大學美術史研究集刊　越南美術史專號』：97 - 130

2010 「日本の伝世ベトナム茶陶」『周縁の文化交渉学シリーズ 1　東アジアの茶飲文化と茶業』関西大学文化交渉学教育研究拠点：163 - 200

2011 「14 世紀から 17 世紀における九州出土ベトナム陶磁の分析」『周縁の文化交渉学シリーズ 4　陶磁器交流と西海地域』関西大学文化交渉学教育研究拠点：23 - 55

2013 「陳朝・天長府遺跡群出土のヴェトナム陶磁について」『ヴェトナム陶磁の二千年―舞田コレクション―』町田市立博物館：219 - 222

西野範子、西村昌也

2008 「ヴェトナム・ナムディン省コンティン・コンチェー遺跡の位置づけ」『東南アジア考古学』28 号：87 - 97

西村昌也
- 2005 「キムラン研究覚え書き：川べりの手工業専業集落の歴史地理的概要」『ベトナムの社会と文化』5・6：80-93
- 2011 『ベトナムの考古・古代学』同成社
- 2013 「紀元2000年紀の紅河平原域無釉陶器編年」『金沢大学文化資源学研究』第6号、金沢大学国際文化資源学研究センター：23-89

西村昌也、西野範子
- 2005 「ヴェトナム施釉陶器の技術・形態的視点からの分類と編年—10世紀から20世紀の碗皿資料を中心に」『上智アジア学 特集：東南アジアの土器と施釉陶磁器；第1部：東南アジア産施釉陶磁器の生産技術と編年』23号：81-122
- 2013 「キムラン：バッチャンに南接する窯業集落の発見」『ヴェトナム陶磁の二千年—舛田コレクション—』町田市立博物館：216-218

日本ベトナム研究者会議編
- 1993 『海のシルクロードとベトナム—ホイアン国際シンポジウム—』（アジア文化叢書10）、穂高書店

根津美術館編
- 1993 『南蛮・島物—南海将来の茶陶』

橋口定志
- 1998 「銭を埋めること—埋納銭をめぐる諸問題」『歴史学研究』711号：55-66
- 2002 「中世大量出土銭貨の性格」『季刊考古学』78号：24-27

橋口　亘
- 1998 「撰銭令と列島内外の銭貨流通—"銭の道"古琉球を位置付ける試み—」『出土銭貨』9号
- 2011 「南九州出土の東南アジア産陶磁についての一考察」『周縁の文化交渉学シリーズ4　陶磁器交流と西海地域』関西大学文化交渉学教育研究拠点：13-21

長谷部楽爾
- 1990 『インドシナ半島の陶磁』瑠璃書房

平尾良光、飯沼賢司
- 2009 「大航海時代における東アジア世界と日本の鉛流通の意義—鉛同位体比をもちいた分析科学と歴史学のコラボレーション—」、別府大学文化財研究所・九州考古学会・大分県考古学会編『キリシタン大名の考古学』（別府大学文化財研究所企画シリーズ②「ヒトとモノと環境が語る」）、思文閣出版

平戸市教育委員会編
- 1993 『平戸市の文化財35　平戸阿蘭商館跡の発掘Ⅳ　馬込遺跡の発掘Ⅰ　坊主畑第3遺跡の発掘』

ハ・ヴァン・タン編著（菊池誠一訳）
- 1991 『ベトナムの考古文化』六興出版

バンテン遺跡研究会編
- 2000 『バンテン・ティルタヤサ遺跡発掘調査報告書』上智大学アジア文化研究所

深見純生
- 1987 「三仏斉の再検討—マラッカ海峡古代史研究の視座転換」『東南アジア研究』25巻2号：205-232
- 2006 「ターンブラリンガの発展と13世紀東南アジアのコマーシャルブーム」『国際文化論集』34号：81-97
- 2015 「15世紀のマジャパヒト」」『14・15世紀海域アジアにおけるベトナム陶磁の動き—ベトナム・琉球・マジャパヒト—』昭和女子大学国際文化研究所紀要 vol.21：43-57

ピレス・トメ（生田滋他訳）
  1966 『東方諸国記』岩波書店
福岡市教育委員会
  1992 『博多30』福岡市埋蔵文化財報告書第285集
福岡市美術館編
  1992 『ベトナムの陶磁』
ファン・ダイ・ゾアン（大西和彦訳）
  2002 「17世紀のあるベトナム―日本人家族について―バッチャンの阮氏家譜を通じて」『近世日越交流史―日本町・陶磁器』柏書房：89-94
ブイ・ミン・チー
  2013 「李朝から黎朝にかけてのタンロン遺跡出土のヴェトナム施釉陶磁器」『ヴェトナム陶磁の二千年―舛田コレクション―』町田市立博物館：214-215
フォルカー・T（前田正明訳）
  1954 「磁器とオランダ連合東インド会社　43〜45」『陶説』：365-367
藤田豊八
  1918 「宋代輸入の日本貨」『東洋学報』第8巻第2号：267-274
藤原利一郎
  1949 「広南王阮氏と華僑」『東洋史研究』10巻5号：378-393（のちの［藤原1986］第2部1）
  1975 「黎朝前期の明との関係（1428-1527）」、山本達郎編『ベトナム中国関係史』山川出版社1986：253-332（のちの［藤原1986］第1部4）
  1986 『東南アジア史研究』宝蔵館
古田元夫
  1991 『ベトナム人社会主義者の民族政策史―革命の中のエスニシティー―』大月書店
  1995 『ベトナムの世界史　中華世界から東南アジア世界へ』東京大学出版会
本多博之
  2006 『戦国織豊期の貨幣と石高制』吉川弘文館
町田市立博物館編
  1993 『ベトナム陶磁』
  1999 『フィリピンにわたった焼き物―青磁と白磁を中心に―』
  2001 『ベトナム青花―大越の至上の華―』
  2003 『精選　東南アジア陶磁』
  2013 『ヴェトナム陶磁の二千年―舛田コレクション―』
松浦　章
  2010 「ベトナム北東沿海港バンドンと中国帆船貿易」『東アジア文化交渉研究　物質文化の環流と継承からみた東アジア』3、関西大学文化交渉学教育研究拠点：321-333
繭山康彦
  1974 「デマク回教寺院の安南青花陶磚について」『東洋陶磁』1973-1974：41-57
三浦 吾泉編
  1963-1975 『安南泉譜〈手類銭部〉〈大銭銀銭部〉〈歴代銭部〉』三浦 清吾
三上次男
  1984 「ベトナム陶磁と陶磁貿易」、三上次男編『世界陶磁全集16　南海』小学館

満岡忠成、西田宏子
- 1984 「南海陶磁と日本」、三上次男編『世界陶磁全集 16　南海』小学館

美津島町教育委員会編
- 1999 『美津島町教育員会調査報告書第 8 集　水﨑（仮宿）遺跡』

美津島町文化財保護協会編
- 2001 『美津島町文化財保護協会調査報告書第 1 集　水﨑（仮宿）遺跡』

峰岸純夫
- 1999 「中世の「埋蔵銭」についての覚書―財産の危機管理の視点から―」『越境する貨幣』青木書店：247-266
- 2002 「中世史研究と埋蔵銭」『季刊考古学』78 号：49-52

三宅俊彦
- 2005 『中国の埋められた銭貨』同成社
- 2009 「東アジア銭貨流通におけるベトナム出土銭の位置づけ」『ベトナム北部の一括出土銭の調査研究』昭和女子大学国際文化研究所紀要 Vol.12：178-186

宮澤知之
- 1998 『宋代中国の国家と経済：財政・市場・貨幣』創文社

向井亙
- 2003 「タイ黒褐釉四耳壺の分類と年代」『貿易陶磁研究』No.23 号：90-105
- 2015 「14～15 世紀、タイ出土のベトナム陶磁器」『14・15 世紀海域アジアにおけるベトナム陶磁の動き―ベトナム・琉球・マジャパヒト―』昭和女子大学国際文化研究所紀要 vol.21：135-154

向　正樹
- 2008 「クビライ朝初期南海招諭の實像―泉州における軍事・交易集團とコネクション」『東方学』116 集：127-145

村井章介
- 2000 「東南アジアの中の古琉球」『歴史評論』No.603：16-30
- 2010 「倭寇とはだれか―十四～十五世紀の朝鮮半島を中心に―」『東方学』119：1-21

村上直二郎（訳注）、中村孝志（校注）
- 1970 『バタヴィア城日誌』1、平凡社東洋文庫
- 1972 『バタヴィア城日誌』2、平凡社東洋文庫

桃木至朗
- 1982 「陳朝期ヴィエトナムの政治体制に関する基礎的研究」『東洋史研究』41（1）：84-121
- 1987 「ヴェトナム李朝の軍事行動と地方支配」『東南アジア研究』24（4）：403-417（のちの桃木 2011：第 6 章に組み込み）
- 1990 「10-15 世紀の南海交易とヴェトナム」『世界史への問い 3　移動と交流』岩波書店、225-256 頁（のちの桃木 2011：第 3 章に組み込み）
- 2001 「唐宋変革とベトナム」『岩波講座　東南アジア史』2、岩波書店：29-54
- 2005 「ベトナム北部・北中部における港市の位置」『港町と海域世界　シリーズ港町の世界史①』青木書店：179-205
- 2011 『中世大越国家の成立と変容』大阪大学出版会

桃木至朗編
- 2008 『海域アジア史研究入門』岩波書店

森　克己
    1950　「宋銅銭の我が国流入の端初」『史淵』第43集：1-25
    1975　『日宋貿易の研究』国書刊行会
森田　勉
    1982　「14～16世紀の白磁分類と編年」『貿易陶磁研究』No.2：47-54
森　達也
    2001　「16・17世紀のベトナム青花―倣・中国青花を中心に―」『ベトナム青花―大越の至上の華―』町田市立博物館：8-10
森　毅
    2002　「大阪出土のベトナム陶磁器」『近世日越交流史』柏書房：299-315
森村健一
    2004　「堺出土ベトナム陶磁による近世茶の湯スタイルの確立―16世紀末葉～1615年において―」『ベトナム・ホイアンの学際的研究』昭和女子大学国際文化研究所紀要 Vol.9：139-146
森本朝子
    1993a　「ベトナムの貿易陶磁―日本出土のベトナム陶磁を中心に―」『上智アジア学　第11号』：47-73
    1993b　「ベトナムの古窯址」『南蛮・島物―南海将来の茶陶』根津美術館：125-154
    1993c　「日本出土のベトナム陶磁器とその産地」『東洋陶磁』第23・24号：45-64
    2000　「日本出土の東南アジア産陶磁の様相」『貿易陶磁研究』No.20　日本貿易陶磁研究会
    2002　「ベトナム陶磁―日本における研究の成果と課題―」『東洋陶磁史―その研究の現在―』東洋陶磁学会：284-291
八尾隆生
    2009　『黎初ヴェトナムの政治と社会』広島大学出版会
家島彦一（訳注）
    2007　『中国とインドの諸情報〈1〉第一の書』平凡社東洋文庫
矢島律子
    1998-1999　「ベトナム青花の変遷―文様を中心に―」『東洋陶磁』第28号：29-42
    2001a　「ベトナム青花研究ノート―編年資料概観―」『陶説』第577号：3-19
    2001b　「ベトナム青花―大越の至上の華―について」『ベトナム青花―大越の至上の華―』町田市立博物館：4-7
    2002　「東南アジアの陶磁―研究の現況と視点」『国立歴史民俗博物館研究報告　陶磁器が語るアジアと日本：貿易陶磁と在来陶磁』94号：297-311
    2015　「14～15世紀のヴェトナム施釉陶磁の編年について―鉄絵陶磁を定点として―」『14・15世紀海域アジアにおけるベトナム陶磁の動き―ベトナム・琉球・マジャパヒト―』昭和女子大学国際文化研究所紀要 vol.21：81-89
山内晋次
    1996　「東アジア海域における海商と国家―10～13世紀を中心とする覚書―」『歴史学研究』681：16-28
山中　章
    2004　「ヴェトナム　バーディン皇城遺跡」『考古学研究』51-2：125～129
山本達郎
    1939　「安南の貿易港雲屯」『東方学報』第9冊：1-33
    1950　『安南史研究Ⅰ』山川出版社

1975a 「陳朝と元との関係（1225-1400）」、山本達郎編『ベトナム中国関係史』山川出版社：83-153

1975b 「明のベトナム支配とその崩壊（1400-1428）」山本達郎編『ベトナム中国関係史』山川出版社：155-25

山本達郎編

1975 『ベトナム中国関係史』山川出版社

山本信夫

1995 「ベトナム中部の陶磁器生産と貿易—ゴーサイン2・3号窯の発掘調査—」『東洋陶磁』Vol.23-24：93-111

山脇悌二郎

1988 「貿易編—唐・蘭船の伊万里焼輸出—」『有田町史商業編Ⅰ』有田町史編纂委員会

葉文程　編

2003 『中国古陶瓷標本—雲南玉渓窯』嶺南美術出版社

横田賢次郎

1991 「大宰府出土のベトナム陶磁」『貿易陶磁研究』No.11：101-110

吉田　寛

2004 「大分・府内から出土した東南アジア産陶磁」『陶磁器が物語る交流—九州・沖縄から出土した東南アジア産陶磁器—』東南アジア考古学会、九州国立博物館誘致推進本部、鹿児島大学埋蔵文化財調査室：31-46

四日市康博

2002 「鷹島海底遺跡に見る元寇研究の可能性—元寇遺物実見報告—」『史滴』24：111-124

2006 「元朝南海交易経営考—文書と銭貨の流れから—」『九州大学東洋史論集』34：133-156

2013 「元末明初の中国と東南アジア」『国際シンポジウム：14・15世紀海域アジアにおけるベトナム陶磁の動き—ベトナム・琉球・マジャパヒト』昭和女子大学国際文化研究所：1-6

2015 「13～14世紀における中国—東南アジアの交通と貿易—元朝から見た西洋航路上の南海諸国との関係を中心に—」『14・15世紀海域アジアにおけるベトナム陶磁の動き—ベトナム・琉球・マジャパヒト—』昭和女子大学国際文化研究所紀要 vol.21：13-41

米田該典

2000 「ラオスの香の旅（3）—沈香資源のこと—」『香料』No.205：33-38

リ・タナ（中砂 明徳訳）

2004 「海からの眺望—地域世界からみたベトナム北部海岸」『東洋史研究』63-3：527-551

陸鵬亮

2007 「両"南"之器、他山之石、14・15世紀雲南、越南与景徳鎮青花瓷比較研究」『中国古陶瓷研究』13／中国古陶瓷研究会、中国古外銷陶瓷研究会：390-397

和田久徳

1959 「東南アジアにおける初期華僑社会（960-1279）」『東洋学報』第42巻第1号：76-106

◆ベトナム語

Bùi Minh Trí

2006 "Gốm sứ Việt Nam", *Hoàng Thành Thăng Long*, Viện Khoa học Xã hội Việt Nam, Viện Khảo cổ học.

Bùi Minh Chí, Đỗ Đức Tuệ

2012 "Nhận thức mới về đồ sành tại di tích Hoàng Thành Thăng Long",『日越タンロン城関連研究論集』（独）

国立文化財機構東京文化財研究所：175‐182.

Bùi Minh Chí, Kerry Nguyen Long

2001　*Gốm hoa Lam Việt Nam*, Nhà xuất bản Khoa học Xã hội Hà Nội.

Bùi Vinh, Đào Quý Cảnh, Trần Hà

1998　"Khu sản xuất gốm sứ Vạn Ninh", *Những phát hiện hiện mới về khảo cổ học năm 1997*: 557-558.

Dampier W. (Hoàng Anh Tuấn trans.)

2007　*Một chuyến du hành đến Đàng Ngoài năm 1688*, Nhà Xuất Bản Thế Giới.

Đặng Văn Thắng

1999　*Gốm Việt Nam*.

Đinh Bá Hòa

2008　*Gốm cổ Champa, Bình Định*, Nhà xuất bản Khoa học Xã hội Hà Nội.

Đỗ Bang

1994　"Mối quan hệ giữa các phố cảng Đàng Trong với Phố Hiến thế kỷ XVII-XVIII", *Phố Hiến*, Ủy ban nhân dân tỉnh Hải Hưng: 188-195.

Đỗ Văn Ninh

1974　"Những khu mộ Mường ở Hòa Bình", *Khảo cổ học*-16: 139-140.

1976　"Khu lò nung gốm sứ Bút Tháp", *Khảo cổ học*-20: 18-23.

1979　"Những đồng tiền cổ giả tạo", *Những phát hiện hiện mới về khảo cổ học năm 1978*: 368-371.

1991　"Đồng tiền Bùa Tan Nguyên Cập Đệ", *Những phát hiện hiện mới về khảo cổ học năm 1990*: 163-164.

1992　*Tiền cổ Việt Nam*, Nhà xuất bản Khoa học Xã hội Hà Nội: 12-13.

1993　"Đồng tiền Ngũ Tử Đang Khoa", *Những phát hiện hiện mới về khảo cổ học năm 1992*: 175.

1997　*Huyện Đạo Vân Đồn*, Ủy ban Nhân dan huyện Vân Đồn.

2000　"Những ý kiến mới về mảnh khuôn đúc tiền núi voi", *Những phát hiện hiện mới về khảo cổ học năm 1999*.

Đào Đình Tửu

1970　*Mỹ Thuật Thời Trần*, Bảo Tàng Mỹ thuật Hà Nội: 89-92.

Diệp Đình Hoa

1977　"Vài nhận xét tản mạn về chất liệu tiền cổ nước ta", *Những phát hiện mới về khảo cổ học năm 1976*: 400-404.

Farrington A.

1994　"Những tài liệu của công ty Đông Ấn Anh liên quan đến Phố Hiến và Đàng Ngoài", *Phố Hiến*, Ủy ban nhân dân tỉnh Hải Hưng.

Hà Văn Tấn

2001　*Khảo cổ học Việt Nam tập 3*, Nhà xuất bản Khoa học Xã hội Hà Nội.

Hoàng Văn Khoán

1996　"Đôi điều về các chặng đường hình thành và phát triển tiền cổ ở Việt Nam", *Kỷ yếu hội thảo-Tiền Việt Nam qua các triều đại*, Ngân hàng Nhà nước Việt Nam.

Hoàng Anh Tuấn

2007　*Silk for Silver: Dutch-Vietnamese Relations 1637-1700*. Koninklijke Brill NV. Leiden.

2008　"Vùng duyên hải đông bắc Việt Nam với các người phương Tây thế kỷ XVII", *Thương cảng Vân Đồn – Lịch sử, tiềm năng kinh tế và các mối giao lưu văn hóa*, Ban quản lý các di tích trọng điểm tỉnh Quảng Ninh: 327-349.

2010	*Tư liệu các công ty Đông Ấn Hà Lan và Anh về Kẻ Chợ-Đàng Ngoài thế kỷ XVII*, Nhà xuất bản Hà Nội.
2011a	"Vị trí của Việt Nam trong hệ thống thương mại Biển Đông thời cổ trung đại", *Người Việt với Biển*, Nhà xuất bản Thế Giới: 138-156.
2011b	"Gốm sứ Đàng Ngoài xuất khẩu ra Đông Nam Á thế kỷ 17-Tư liệu và nhận thức", *Người Việt với Biển*, Nhà xuất bản Thế Giới.

Lê Đình Phụng, Phan Tiến Ba

1986	"Khu mộ Mường Đông Thếnh (Hà Sơn Bình)", *Khảo cổ học*-3: 43-51.

Nguyễn Anh Huy

1994	"phát hiện mới về Tiền Kẽm thời Chúa Nguyễn", *Những phát hiện mới về khảo cổ học năm 1993*: 239-241.
1997	"Phát hiện mới về "Họ Mạc đúc tiền…", *Những phát hiện mới về khảo cổ học năm 1996*: 543-546.
2001	"Những phát hiện mới về Họ Mạc đúc tiền", *Khảo cổ học*, 2001-3: 51-62.
2005	"Tiền thời Cảnh Hưng, một bí ẩn lịch sử cần được khai phá", *Khảo cổ học*, 2005-4: 55-65.
2006a	"Lấp lánh hồn Việt", *Kỷ yếu hội thảo-Tiền Việt Nam các giá trị lịch sử, kinh tế và xã hội*, Ngân hàng Nhà nước Việt Nam.
2006b	"Tiền cổ qua cái nhìn văn bản học", *Kỷ yếu hội thảo-Tiền Việt Nam các giá trị lịch sử, kinh tế và xã hội*, Ngân hàng Nhà nước Việt Nam: 55.
2007	"Luận về tiền nhà Mạc", *Những phát hiện mới về khảo cổ học năm 2006*: 667-670.

Nguyễn Đình Chiến

1999	*Cẩm nang đồ gốm Việt Nam có minh văn thế kỷ 15-19*, Viện Bảo tàng Lịch sử Việt Nam.

Nguyễn Đình Chiến, Nguyễn Văn Hưng

1983	"Phát hiện một sưu tập tiền cổ ở Đa Tốn", *Những phát hiện mới về khảo cổ học năm 1982*: 229-231.

Nguyễn Hữu Tâm

1999	"Những đồng tiền cổ Việt Nam tìm thấy tại tân cương-tây bắc Trung Quốc", *Những phát hiện mới về khảo cổ học năm 1999*: 612-613.
2002	"Việc lưu thông tiền đồng thời Lê Trung hưng, thời Tây Sơn ở Trung Quốc và đối sách của nhà Thanh", *Những phát hiện mới về khảo cổ học năm 1996*: 705-706.

Nguyễn Mạnh Lợi

1980	"Khái quát Túc Mạc (Hà Nam Ninh)", *Những phát hiện mới về khảo cổ học năm 1979*.

Nguyễn Quốc Hội, Nguyễn Xuân Nam, Trần Đăng Ngọc

1996	"Kết quả đào thám sát Bãi Hạ Lan, xã Lộc Vương ngoại thành Nam Định", *Những phát hiện mới về khảo cổ học năm 1995*.

Nguyễn Văn Anh, Bùi Thu Hương

2012	"Vật liệu kiến trúc ở Hoàng thành sau 5 năm nghiên cứu", 『日越タンロン城関連研究論集』（独）国立文化財機構東京文化財研究所：163-170.

Nguyễn Văn Hảo

2007	*Khu di tích Lam Kinh*, Nhà xuất bản Văn hóa Thông tin.

Nguyễn Văn Kim

2008	"Tính hệ thống và quy mô của Vân Đồn: Vai trò và vị thế của một thương cảng", *Thương cảng Vân Đồn-Lịch sử, tiềm năng kinh tế và các mối giao lưu văn hóa*, Ban quản lý các di tích trọng điểm tỉnh Quảng Ninh: 276-296.
2014	*Vân Đồn: Thương cảng quốc tế của Việt Nam*, Nhà xuất bản Đại Học Quốc Gia Hà Nội

Nguyễn Quang Ngọc

2008 "Domea trong hệ thống thương mại Đàng Ngoài thế kỷ XVII-XVIII", *Sư Tư và Rồng*, Nhà xuất bản Thế Giới.

Nishino Noriko, Nishimura Masanari

2001 "Niên đại, Kỹ thuật và vai trò góm sứ ở di chỉ Cồn Che, Cồn Thịnh, huyện Mỹ Lộc, tỉnh Nam Định", *Những phát hiện mới về khảo cổ học năm 2000*: 552-558.

Phạm Như Hồ, Doãn Quang, Phan Thúy Vân

2004 "Khai quật bến Cái Làng", *Những phát hiện mới về khảo cổ học năm 2003*: 356-357.

Phạm Quốc Quân

1994 "Các di tích mộ Mường cổ ở Hòa Bình và Hà Tây", Tư liệu về Khảo cổ học.

1998 "Những khu mộ Mường cổ Hòa Bình-Hà Tây", *Thông Báo Khoa Học Viện Bảo tàng Lịch sử Việt Nam- 1994*: 144-156.

2006 *Kho báu tiền cổ Đại Việt*, Viện Bảo tang Lịch Sử Việt Nam.

Phạm Quốc Quân, Nguyễn Đình Chiến

2005 *Tiền kim loại Việt Nam*, Bảo tàng Lịch sử Việt Nam: 12.

2006 "Những xu hướng nghiên cứu chính về tiền cổ Việt Nam hiện nay", *Kỷ yếu hội thảo-Tiền Việt Nam các giá trị lịch sử, kinh tế và xã hội*, Ngân hàng Nhà nước Việt Nam: 5.

Phan Huy Lê

2012 "Giá trị toàn cầu của khu di tích trung tâm Hoàng Thành Thăng Long Hà Nội"『日越タンロン城関連研究論集』（独）国立文化財機構東京文化財研究所：107 - 121.

Phan Huy Lê, Nguyễn Đình Chiến, Nguyễn Quang Ngọc

1995 *Gốm Bát Tràng thế kỷ XIV-XIX*, Nhà xuất bản Thế Giới.

Phan Huy Lê（ed.）

2005 *Hoàng Thành Thăng Long-Phát hiện khảo cổ học*, Hội Khoa học Lịch sử Việt Nam.

Phạm Hổ Đấu, Tống Trung Tín, Nguyễn Kim Dung

1992 "Khu lò nung gốm, ngói thời Lê ở xã Hạnh Phúc huyện Thọ Xuân-Thanh Xuân", *Những phát hiện mới về khảo cổ học năm 1991*: 129.

Phòng Nghiên cứu KCH lịch sử và Bảo tàng tỉnh Hải Hưng（ed.）

1991 "Khai quật di chỉ Hợp Lễ và Cậy (xã Long Xuyên-Cẩm Bình-Hải Hưng)", *Những phát hiện mới về khảo cổ học năm 1990*: 188-192.

Rhodes A. de

1994 *Lịch sử vương quốc Đàng Ngoài*, Ủy ban đơn kết công giáo TP Hồ Chí Minh.

Tavernier J. B., Lê Tư Lành（Trans.）

2007 *Tập Du Ký Mới và Kỳ Thú về Vương Quốc Đàng Ngoài*, Nhà Xuất Bản Thế Giới.

Tăng Bá Hoành

1987 "Hợp Lễ-một trung tâm sản xuất gốm to lớn và phồn thịnh thời Lê (Hải Hưng)", *Những phát hiện mới về khảo cổ học năm 1986*: 290-292.

1988a "Khai quật Chu Đào-Hợp Lễ (Hải Hưng) lần thứ hai", *Những phát hiện mới về khảo cổ học năm 1987*: 212-214.

1988b "Khai quật di tích lò gốm Văn Yên (Hải Hưng)", *Những phát hiện mới về Khảo cổ học năm 1987*: 215.

1993 *Gốm Chu Đậu (Chu Dau Ceramics)*, Kinh Books.

1994 "Phố Hiến, qua kết quả nghiên cứu khảo cổ học", *Phố Hiến*, Ủy ban nhân dân tỉnh Hải Hưng: 89-95.

Tống Trung Tín, Bùi Minh Trí（ed.）

2010　*Thăng Long-Hà Nội-Lịch sử nghìn năm từ đất*, Nhà xuất bản Khoa học Xã hội Hà Nội.

Trần Khoa Trịnh

1968　"Phát hiện tiền vàng, cục vàng, gói bạc cổ trong thành nhà Mạc tại Cẩm Phả, tỉnh Quảng Ninh", *Nghiên cứu Lịch sử 1968-3*.

Trần Khánh Chương

1986　*Gốm Việt Nam từ đất nung đến sứ*.

2001　*Gốm Việt Nam*, Bảo tàng Lịch sử Việt Nam. Nhà xuất bản Mỹ thuật, Tp. HCM: 10-29.

Trần Anh Dũng, Hà Văn Cẩn, Phạm Quốc Quân, Nguyễn Văn Đoàn, Nguyễn Văn Thắng

1998　"Khai quật địa điểm khảo cổ học xóm Hống（Hải Hưng）", *Những phát hiện mới về khảo cổ học năm 1997*: 321-323.

Trần Anh Dũng, Trần Đình Luyện

1989　"Di chỉ lò gốm Phả Lại（Quế Võ）và một vài suy nghĩ về các địa điểm sản xuất gốm thời Lê-Nguyễn ở Hà Bắc", *Khảo cổ học*, 1989-4: 125-136.

Trận Trọng Hà

2008　"Góp phần tìn hiểu về lịch sự phát triển ,quy mô, hệ thống thương cảng Vân Đồn", *Thương cảng Vân Đồn-Lịch sử, tiềm năng kinh tế và các mối giao lưu văn hóa*, Ban quản lý các di tích trọng điểm tỉnh Quảng Ninh: 265-275.

Trịnh Cao Tưởng

2000　*Báo cáo sơ bộ về cuộc điều tra nghiên cứu thương cảng Vân Đồn đề tài khoa học Viện Khảo cở học*, Tư liệu về Khảo cổ học.

Trịnh Cao Tưởng , Phạm Thị Liên, Lê Đình Phụng, Lê Thị Liên

1984　*Báo cáo khai quật khu mộ Mường, Đồng Thếch（Hà Sơn Bình）*, Tư liệu về Khảo cổ học.

Ủy ban nhân dân tỉnh Hải Hưng

1994　*Phố Hiến*.

William Dampier, Hoàng Anh Tuấn（trans.）

2007　*Một chuyến du hành Đằng Ngoài năm 1688*, Nhà xuất bản Thế Giới.

◆欧文

Aoyagi Y.

2002　"Excavation of the Go Sanh kiln Complex-Champa ceramics in the history of the maritime route of silkroad- ", in Aoyagi Y. and Hasebe G.（eds.）, *Champa Ceramics: Production and trade*, Japan: 5-18.

Barker R.A

2004　*The Historical Cash Coins of Viet Nam-Vietnam's Imperial as Seen Through its Currency*, COS Printer Pte Ltd, Singapore.

Baron S.

1723　*A description of the kingdom of Tonqueen*, London（公益財団法人東洋文庫所蔵　請求記号　Ｏ-11-45）

Bezacier L.

1951　Le royale de la dynastie de Le posie'srieus（hau Le）, BEFEO, T. XLIX 1947-1950, fasc 1.

Bronson B.

1977 "Exchange at the upstream and downstream ends: note toward a functional model of the CoastalState in Southeast Asia", in K.L. Hutterer ed, *Economic Exchange and Social Interaction in Southeast Asia: Perspectives from Prehistory, History, and Ethnography*, Ann Arbor.

Brown R.M.

2004 "The'Mac Gap'and Vietnamese Ceramics", *Intrenational Conference of Vietnamese Studies*, Ho Chi Minh.

Crick M.

2002 "Typolgy: Porcelains and Ceramics" ,in Goddio F. (*et al.*), *Lost at Sea-The strange route of the Lena Shoal Junk*, Periplus Publishing London: 98-233.

Désiré L.

1900 *Numismatique Annamite*, Publications de l'École Francaise d'Extrême-Orient, Saigon.

Dizon E.Z.

1996 "Anatomy of a Shipwreck: Archaeology of the 15th Century Pandanan Shipwreck", in Loviny C. (*ed.*), *Pearl Road: Tales of treasure ships in the Philippines*, Asiatype Inc and Loviny C.: 63-93.

Diem A. I.

1996 "Relics of a Lost Kingdom: Ceramics from the Asian Maritime Trade", in Loviny C. (*ed.*), *Pearl Road: Tales of treasure ships in the Philippines*, Asiatype Inc and Loviny C.: 95-109.

Depoizat M. F., Naniek H.

2007 *Catalogue of the Chinese style Ceramics of Majapahit*, Cahiersd' Archipel 36.

Dror O., Taylor (eds.)

2006 *Views of seventeenth-century Vietnam*, Cornell University.

Dumoutier G.

1895 *Lex compioirs Hollandais de Pho Hien ou Pho Khach fres de Hung Yen (Tonkin) au 17e siècle*. BGHD.

Fox R.B.

1959 "The Calatagan excavation: Two 15th century Burial sites in Batabagas, Philippines", *Philippine Studies*, Vol.7, No.3: 1-74.

1970 *The Tabon caves Archaeological explorations and excavations on Palawan Islands, Philippines*, Monograph of the National Museum No.1

Goddio.F, Person. S.Crick, M.

2000 *Sunken Treasures: Fifteenth Century, Chinese Ceramics from the Lena Cargo*, Periplus Publishing London.

Goddio F.

2002 "The Wreck on the Lena Shoal", in Goddio F. (*et al.*), *Lost at Sea-The strange route of the Lena Shoal Junk*, Periplus Publishing London: 1-41.

Guy J.

1988 *The Vietnamese Wall Tiles of Majapahit*, Transaction of Oriental Ceramics Society.

2000 "Vietnamese Ceramics, New Discoveries", *Treasures from the Hoi An Hoard*, Butterfields.

Harrisson B.

1982 "Correlations and Types of Vietnamese Trade Wares: 13th-19th centuries", *Vietnamese Ceramics*, Southeast Asian Ceramic Society.

Lammers. C., Ridho. A.

1974 *Annamese Ceramics in the Museum Pusat Jakaruta*, Jakarta.

Li Tana

2006 "A view from the sea: Perspectives on the Northern and central Vietnamese coast", *Journal of southeast Asian Studies*, 37, 1.

Lieberman V.

1993 "Local Integration and Eurasian Analogies: Structureing Southeast Asian History, c.1350-1830", *Morden Asian Studies* 27-3: 475-572

Masuhara Y.

2003 "Foreign Trade of the Lan Xang Kingdom (Laos) during the Fourteenth through Seventeenth Centuries", in Hayashi Yukio and Thongsa Sayavongkhamdy (ed.), *Cultural Diversity and Conservation in the Making of Mainland Southeast Asia and Southwestern China: Regional Dynamics in the Past and Present*, The Center for Southeast Asian Studies, Kyoto University: 54-77.

Nguyen Dinh Chien, Pham Quoc Quan

2008 Ceramics on five Shipwrecks off the coast of Viet Nam, National Museum of Vietnamese History.

Nguyen Thanh Nha

1970 *Tableau Economique du Viet Nam aux XVII at XVIII siècles*, Editions Cujas.

Nishino N.

2002 "Classsification and chronological sequence of Tran dynasty ceramic of Vietnam"『東南アジア考古学』22号：81‐106.

Nishimura M. and Nishino. N

2003 "Chronological sequence for late 14th to early 15 th century Vietnamese ceramics from Bai Ham Rong, Kim Lan site and Ho Citadel"『東南アジア考古学』23号：145‐163.

Permar B.J.

1963 *Catalogue of Annam Coins 958-1955*, The University of California.

Southeast Asian Ceramics Society

1982 *Vietnamese Ceramics*, Singapore.

Souza G.B.

1986 *The Survival of Empire, Portuguese Trade and Society in China and the South China Sea 1630-1754*, Cambridge University Press.

Spoehr A.

1973 *Zamboanga and Sulu-An archaeological approach to ethnic diversity-*, Ethnology Monographs No.1, Department of Anthropology, University of Pittsburgh.

Thierry F.

1987 *Catalogue des monnaies vietnamiennes*, Bibliothèque Nationale published, Paris.

Whitmore J.K.

1983 "Vietnam and Monetary Frow of Eastern Asia, Thirteenth to Eighteenth Centuries", in J.F. Richards (ed.) *Precious Metals in the Later Medieval and Early Modern Worlds*, Carolina Academic Press: 263-393.

2011 "Van Don, The 'Mac Gap', and the Jiaozhi Ocean System: Trade and State in Dai Viet, Cira 1450-1550", *The Tongking Gulf through History*, University of Pennsylvania Press: 101-110.

Wade G

1993 "On the Possible Cham Origin of the Philippine Scripts", *Journal of Southeast Asian Studies*, 24. 1: 44-87.

2009 "An Early commerce in Southeast Asia, 900-1300 CE", *Journal of Southeast Asian Studies*, 40. 2: 221-265

■著者紹介

菊池（阿部）百里子　きくち（あべ）ゆりこ

東京都生まれ。
東京大学大学院総合文化研究科博士後期課程修了。博士（学術）。
現在、大学共同利用機関法人人間文化研究機構特任研究員、昭和女子大学国際文化研究所客員研究員、上智大学非常勤講師。

《主要著書・論文》
「陶磁器から見た北部ベトナムの貿易様相」菊池誠一・阿部百里子編著『海の道と考古学―インドシナ半島から日本へ―』高志書院、2010年
「ベトナムの華人街フォーヒエンの歴史的変遷」『東南アジア考古学』33号、2013年
「ベトナム陶磁の生産と海外輸出」（共著）『陶磁器流通の考古学』高志書院、2013年
「ベトナム一括出土銭調査成果からみた近世の貨幣流通」in: *History, Culture and Cultural Diplomacy: Revitalizing Vietnam – Japan Relations in the New Regional and International Context*, Vietnam National University Press, 2014

2017年2月28日　初版発行　　　　　　　　　　　　　　　　　　　　《検印省略》

ベトナム北部における貿易港の考古学的研究
―ヴァンドンとフォーヒエンを中心に―

著　者　　菊池百里子
発行者　　宮田哲男
発行所　　株式会社 雄山閣
　　　　　東京都千代田区富士見2-6-9
　　　　　ＴＥＬ　03-3262-3231／ＦＡＸ　03-3262-6938
　　　　　ＵＲＬ　http://www.yuzankaku.co.jp
　　　　　e-mail　info@yuzankaku.co.jp
　　　　　振　替　00130-5-1685
印刷・製本　株式会社ティーケー出版印刷

©Yuriko Kikuchi 2017　　　　　　　　　　　ISBN978-4-639-02468-2 C3022
Printed in Japan　　　　　　　　　　　　　N.D.C.223　244p　28cm